CW00670987

THÉÂTRE

****

Né en 1960, normalien et docteur en philosophie, Eric-Emmanuel Schmitt s'est d'abord fait connaître en tant que dramaturge avec *Le Visiteur*, devenu un classique du répertoire théâtral international. Plébiscitées tant par le public que par la critique, ses pièces ont été récompensées par plusieurs Molière et le Grand prix du théâtre de l'Académie française. Son théâtre, qu'il met parfois en scène lui-même, est traduit dans plus de quarante langues et désormais joué dans le monde entier. Sa carrière de romancier, initiée par *La Secte des Égoïstes*, s'est poursuivie avec *L'Évangile selon Pilate*, *La Part de l'autre*, *Lorsque j'étais une œuvre d'art*, *Ulysse from Bagdad*, *La Femme au miroir*, *Les Perroquets de la place d'Arezzo*. Il pratique l'art de la nouvelle avec bonheur : *Odette Toulemonde*, *La Rêveuse d'Ostende*, *Concerto à la mémoire d'un ange* (prix Goncourt de la nouvelle 2010), *Les Deux Messieurs de Bruxelles*. Son cycle de l'invisible (*Milarepa*, *Monsieur Ibrahim et les fleurs du Coran*, *Oscar et la dame rose*, *L'Enfant de Noé*, *Le sumo qui ne pouvait pas grossir*, *Les dix enfants que madame Ming n'a jamais eus*) a remporté un immense succès en France et à l'étranger. En 2006, il écrit et réalise son premier film, *Odette Toulemonde*, suivi en 2009 de sa propre adaptation d'*Oscar et la dame rose*. Mélomane, Eric-Emmanuel Schmitt est aussi l'auteur de *Ma vie avec Mozart* et *Quand je pense que Beethoven est mort alors que tant de crétins vivent*. En 2015, il publie un récit autobiographique, *La Nuit de feu*. Il a été élu à l'académie Goncourt en janvier 2016.

ERIC-EMMANUEL SCHMITT

(de l'académie Goncourt)

Théâtre

****

La Tectonique des sentiments

Kiki van Beethoven

Un homme trop facile

The Guitrys

La Trahison d'Einstein

ALBIN MICHEL

The Guitrys : avec l'autorisation de la succession de Sacha Guitry.

Kiki van Beethoven est extrait de *Quand je pense que
Beethoven est mort alors que tant de crétins vivent…*

La Tectonique des sentiments

En hommage à Diderot,
une fois de plus,
dont un passage de Jacques le Fataliste
inspira cette histoire.

PERSONNAGES

RICHARD.
DIANE.
MME POMMERAY, *mère de Diane*.
RODICA NICOLESCOU.
ELINA.

1

Chez Diane

Tout commence par un baiser.

L'homme garde la femme enlacée contre lui. Debout, ils s'embrassent de façon longue, soutenue.

Puis l'homme détache ses lèvres et murmure avec douceur :

RICHARD. Je reviens.

Aux gestes qu'elle a pour le retenir, on devine qu'elle souhaiterait que leurs caresses durent davantage.

Il insiste avec grâce.

RICHARD. Cinq minutes ?

On dirait qu'il négocie.

RICHARD. Cinq minutes ?

D'un sourire résigné, elle consent à son départ.

DIANE. Va.

RICHARD *(attendri)*. Tu survivras à ces cinq minutes ?

DIANE. Peut-être.

RICHARD. Jure-le-moi.

DIANE. Non, c'est un risque que tu prends. Et toi, tu survivras ?

RICHARD. J'essaierai ; moi, je te le jure.

Il s'éloigne, élégant, nonchalant, plein de l'assurance propre aux hommes qui plaisent et se savent aimés.

Entre d'un autre côté Madame Pommeray, la mère de Diane, qui aperçoit Richard en train de quitter le salon.

MADAME POMMERAY. Où va-t-il ?

DIANE. Chercher les journaux.

MADAME POMMERAY. Ah ! Encore une séparation ?

DIANE. De cinq minutes.

MADAME POMMERAY *(bouffonnant)*. Quel drame ! Je vais t'aider à traverser cette épreuve. *(Elles rient.)* Respire lentement, détends-toi, songe qu'il parviendra au kiosque sans traverser la rue et rappelle-toi que, ces derniers temps, les avions ne s'écrasent plus beaucoup sur Paris. Ça va ?

Diane approuve avec une mine malicieuse tandis que Madame Pommeray continue à s'amuser en prenant soudain une mine tragique.

MADAME POMMERAY. Restent les renards ! Oui ! On n'y réfléchit pas assez, mais il est fort possible qu'un renard enragé bondisse d'un jardin et lui morde le mollet gauche ! Ou le droit !

DIANE (*jouant le jeu avec humour*). Oui, tu as raison, on n'y réfléchit pas assez.

MADAME POMMERAY. Le cas échéant, il va revenir blessé, l'œil fixe…

DIANE. … la bave aux lèvres…

MADAME POMMERAY. … fiévreux…

DIANE. … contaminé…

MADAME POMMERAY. … contagieux…

DIANE. … mais il m'embrassera, je serai condamnée à mon tour, et nous mourrons quelques jours plus tard enlacés dans notre tombe en une étreinte éternelle, ensemble. Donc tout va bien.

MADAME POMMERAY. Tout va bien ! Je casserai même ma tirelire de retraitée pour vous porter des chrysanthèmes. (*Soupirant.*) Ah, Diane, je n'aurais pas imaginé voir ma fille aussi heureuse. C'est à en faire pipi de bonheur.

DIANE (*grondant*). Maman…

MADAME POMMERAY. Si. Toi qui étais si sérieuse, absorbée par tes études, tes concours, ta carrière politique, toi qui au Parlement t'occupes des femmes en général, jamais de toi en particulier, toi qui as manqué de chance dans ton premier couple…

DIANE. Maman, s'il te plaît, il est inutile de me raconter ma vie.

MADAME POMMERAY. Mais j'adore raconter ta vie ! Dès que tu n'es pas là, je soûle la terre entière avec ton histoire.

DIANE. Je suis là, retiens-toi.

MADAME POMMERAY *(battant des mains)*. Bref, tout est mal qui finit bien : ma fille qui n'avait pas de goût pour l'amour savoure désormais le grand amour.

DIANE *(dubitative malgré elle)*. Oh, le grand amour…

MADAME POMMERAY. Si ! Un homme qui se bat plusieurs années pour attirer ton attention, qui te fait la cour comme on assiège une ville fortifiée, qui t'aime plus que tu ne l'aimes, longtemps avant que tu ne l'aimes, moi, désolée, j'appelle ça le grand amour !

DIANE *(troublée)*. Il m'aime plus que je ne l'aime ? Tu penses ça, vraiment ?

MADAME POMMERAY. Oui.

DIANE. Qu'est-ce qui te pousse à le croire ?

MADAME POMMERAY. Que n'as-tu pas inventé afin de le décourager ? Non seulement tu l'as écarté pendant deux ans mais, quand tu l'as enfin laissé approcher, tu lui as expliqué que ta carrière passerait avant ton compagnon, que ton mariage avait représenté les années les plus ennuyeuses de ta vie, que vous n'habiteriez pas ensemble. Il a tenu envers et contre toi. Rarement un homme s'est démené comme lui pour obtenir une femme. D'ailleurs, tu n'es pas une femme : tu es une victoire.

DIANE. Pourquoi ne m'épouse-t-il pas ?

MADAME POMMERAY *(suffoquée)*. Mais… ! Parce que tu ne veux pas !

DIANE. Et alors ?

MADAME POMMERAY. J'hallucine ! Tu déclines ses propositions de mariage et tu lui reproches ensuite de ne pas t'épouser !

DIANE. J'ai toujours agi ainsi et ça ne l'a jamais arrêté. Pourquoi s'en tient-il, cette fois, à mon refus ?

MADAME POMMERAY. J'ai enfanté un monstre !

Un temps. Madame Pommeray discerne que Diane demeure perplexe.

MADAME POMMERAY. Il ne t'a pas redemandée en mariage ?

DIANE. Pas ces derniers mois.

MADAME POMMERAY. Le cas échéant, tu l'épouserais ?

DIANE. Je ne sais pas.

MADAME POMMERAY. Quelle sale gosse !

DIANE. Non, maman, je suis inquiète. J'ai peur. Il ne se comporte plus comme avant. Parfois, il bâille quand nous lisons côte à côte. Il n'arrive plus en courant lorsque nous avons été séparés quelques heures, avec cet air d'enfant bouleversé qui vient d'échapper à une catastrophe. S'il me serre toujours dans ses bras, comme tout à l'heure, il ne me broie plus contre lui. D'ailleurs, il n'a plus cette fébrilité, ces gestes fous qui exprimaient son impatience, ces gestes qui me faisaient souvent mal. *(Avec détresse.)* Maman, il ne me fait plus mal.

MADAME POMMERAY. Il s'affine. N'oublie pas que ce n'est qu'un homme.

DIANE. Il supporte que ses voyages d'affaires nous éloignent l'un de l'autre plusieurs jours ; auparavant, ça le rendait malade d'anxiété.

MADAME POMMERAY. Ça signifie qu'il a confiance en vous.

DIANE *(très sincère).* On ne peut pas être amoureux et avoir confiance.

MADAME POMMERAY. Si !

DIANE. Non !

MADAME POMMERAY. C'est ton avis, pas le sien.

DIANE. Qu'en sais-tu ?

MADAME POMMERAY. Et toi ? *(Avec douceur.)* Demande-le-lui.

DIANE. Je crains d'avoir compris.

MADAME POMMERAY. Les femmes ne peuvent comprendre que ce qu'il y a de féminin dans un homme, et les hommes que ce qu'il y a de masculin dans une femme : autant dire qu'aucun sexe ne comprend l'opposé. En interprétant sa conduite, tu es certaine de te tromper.

DIANE. L'homme et la femme demeurent étrangers l'un à l'autre ?

MADAME POMMERAY. Naturellement, c'est pour ça que ça marche depuis si longtemps.

DIANE. C'est surtout pour ça que ça ne marche pas.

MADAME POMMERAY *(avec une autorité claire)*. Demande-le-lui.

DIANE. Non ! Ce serait avouer mes inquiétudes.

MADAME POMMERAY. Demande.

DIANE. Non ! J'ai trop peur de ce qu'il répondra.

MADAME POMMERAY. Diane, cesse de répliquer à sa place. Demande-le-lui ! Mais comme une femme… Pas de façon ouverte… Sois fine… Parle-lui comme s'il s'agissait de toi : « Richard, n'as-tu pas remarqué que je bâille lorsque nous lisons côte à côte, que je n'arrive plus en courant, comme avant, lorsque nous avons été séparés quelques heures, que, si je te serre dans mes bras, je ne te fais plus mal, etc. » Tu verras comment il l'interprète.

Quoique tentée par la proposition de sa mère, Diane tremble encore.

DIANE. Jamais je ne m'étais attachée à un homme comme à lui, maman.

MADAME POMMERAY. Je sais, ma chérie. Raison de plus pour nettoyer ces vilains doutes qui te noircissent l'imagination.

DIANE. Tu crois ?

MADAME POMMERAY. Écoute-moi : tu auras une bonne surprise.

DIANE. Je ne survivrai pas à une déception.

À cet instant, Richard revient, les journaux sous le bras. À peine a-t-il le temps d'apercevoir leur attitude anormale que les deux femmes reprennent une contenance ordinaire. Madame Pommeray, pour distraire son attention, fonce vers lui.

MADAME POMMERAY. Ah, voici Richard et ses journaux ! Toujours les journaux ! Encore les journaux !

RICHARD. Oui, je sais, c'est une drogue. Je ne peux plus m'en passer, je recommence chaque jour. Typique d'un malade.

MADAME POMMERAY. À mon avis, vous ne savez même plus pourquoi vous les lisez.

RICHARD *(parcourant les titres)*. Mm ?

MADAME POMMERAY. D'ailleurs, vous dispensent-ils encore le moindre plaisir ? Y a-t-il un moment où c'est meilleur qu'un autre ?

RICHARD. Le lundi. Parce que j'en ai été privé le dimanche.

MADAME POMMERAY. Voyez, la dépendance totale ! Mon pauvre garçon, je vous plains.

RICHARD. Ingrate, moi qui vous fournis généreusement en mots croisés !

MADAME POMMERAY. Chacun sait que les journaux n'ont été inventés que pour procurer des mots croisés. Sinon, quelle utilité ? Des nouvelles qui changent tous les jours, des informations périmées le lendemain, des textes imprimés qui perdent leur valeur d'heure en heure : vous trouvez ça sérieux, vous ?

RICHARD. Tout change tous les jours, c'est vous qui ne l'acceptez pas.

MADAME POMMERAY. Taratata, je n'entreprends pas une discussion de fond avec vous : vous n'avez pas le niveau.

Il éclate de rire devant tant d'allègre insolence.

RICHARD. Je m'incline.

MADAME POMMERAY. À tout à l'heure.

RICHARD. À tout à l'heure, jolie maman.

Moitié par jeu, moitié par galanterie, il lui baise la main. Ravie des rapports qu'elle entretient avec son beau gendre, Madame Pommeray glousse avant de se sauver.

Richard sélectionne quelques journaux et les tend à Diane.

RICHARD. Voici les tiens.

DIANE. Merci.

Ils s'assoient pour lire.
Richard s'absorbe dans son quotidien tandis que Diane garde le nez en l'air.

DIANE. Es-tu sérieux, Richard, lorsque tu affirmes que « tout change tous les jours » ?

RICHARD *(écoutant à peine)*. Je suis rarement sérieux avec ta mère. Comment ?

DIANE. « Tout change tous les jours », tu le penses ?

RICHARD. Sans doute.

DIANE. J'aimerais que ce soit faux.

Jusqu'ici retenu par la lecture d'un article, il a négligé de réagir ; or il entend ce que Diane vient d'exprimer et, en se tournant vers elle, découvre qu'elle arbore une mine sombre.

RICHARD. Que se passe-t-il ?

DIANE. Richard, il y a longtemps que j'ai envie de te faire une confidence.

Un silence. Il s'inquiète.

RICHARD. Oui ?

DIANE *(fuyant dans le rire)*. Non, je suis désolée. Si je réfléchis, il vaut mieux que je me taise…

RICHARD. Diane, la première de nos conventions a été celle-ci : tout nous dire.

Il l'incite à se livrer avec une claire autorité d'homme, en lui tenant les mains ; Diane, troublée, doit obéir. Elle se détache de lui pour en avoir le courage, penche la nuque en avant, la voix altérée.

DIANE. As-tu remarqué que j'ai changé ?

Il la fixe. Il ne répond pas.
Un temps.
Elle frémit.

DIANE. Donc, tu as remarqué.

RICHARD *(très inquiet)*. De quoi parles-tu ?

DIANE. Oui, tu as remarqué. Tu as remarqué que, parfois, je bâille quand nous lisons côte à côte. Que je n'arrive plus en courant, comme avant, lorsque nous avons été séparés quelques heures. Que je ne te fais plus mal si je te serre dans mes bras. Que je supporte mieux tes voyages d'affaires qui nous éloignent l'un de l'autre.

Atterré, il la contemple ; s'il n'était pas assis, il tomberait.

Diane ne perçoit pas la douleur qu'elle lui inflige ; au contraire, elle interprète son silence comme une absence de démenti ; du coup, rageuse, elle continue :

DIANE. Au début, j'exigeais de rester seule avec toi ; puis nous sommes sortis en ville, un soir par semaine, un soir sur deux, et maintenant j'apprécie que nous dînions dehors avec des amis. Tu l'as remarqué ?

Intense silence. Il est devenu pâle comme un mort. Exaspérée, elle charge encore.

DIANE. Je n'insiste plus pour que nous passions toutes les nuits ensemble. Un début de rhume, un plat difficile à digérer, un peu de travail, une pointe de fatigue justifient que je te demande de retourner dormir chez toi.

Elle le scrute. Lui, en sueur, sans couleurs, les yeux exorbités, ne bouge toujours pas.

DIANE. T'es-tu rendu compte que je n'ai plus la même gaieté ? Je manque d'appétit, je ne bois et ne mange que par nécessité, j'ai du mal à dormir. Pourquoi ai-je si souvent envie de solitude ? La nuit, je m'interroge : est-ce lui ? Est-ce moi ? A-t-il changé ? Non. Est-il moins aimable ? Non. Alors c'est moi qui change. Que se produit-il ? Bien sûr, ce ne sont que des symptômes, mais des symptômes de quoi ?

Épuisée, à bout de nerfs, elle s'arrête.

Bouleversé, Richard se lève, s'approche d'elle, lui saisit la main, la porte à sa bouche et l'embrasse longuement ; puis, vidé de ses forces, il se laisse tomber à ses pieds.

RICHARD *(avec douleur)*. Je t'adore.

DIANE. Pardon ?

RICHARD. Je t'adore, Diane, je t'aime plus que tout.

Elle rosit d'espoir devant ce préambule : se serait-elle trompée ?

DIANE. Quoi ? Après ce que je viens de te dire ?

RICHARD *(fiévreux)*. Tu es une femme hors du commun.

DIANE. Pardon ?

RICHARD *(les larmes aux yeux)*. Au-dessus des autres.

DIANE. Pardon ?

RICHARD. Je ne te mérite pas. C'est d'ailleurs ce que j'ai toujours pensé.

Il se relève et, avec difficulté, entraîné par la volonté, poursuit sur un ton grave :

RICHARD. Oui. Tu as raison.

DIANE. Moi ?

RICHARD. Tu as raison.

DIANE. Comment ? Je n'ai rien dit.

RICHARD. Si. Toi, tu as osé. Toi, tu as eu le courage
que je n'aurais pas eu. Toi, tu oses déclarer ce que je
tais, ce que je te cache, ce que je me cache.

DIANE *(pâlissant)*. Quoi ?

Il s'assoit très près d'elle. Diane commence à redouter
ce qu'elle va entendre.

RICHARD. Tu as parlé la première mais ton histoire
est mot pour mot la mienne. Oui, Diane, moi aussi,
malgré moi, contre moi, mon sentiment faiblit.

Il la regarde avec une étrange dureté.
Choquée, parcourue de frissons, Diane ferme les paupières et détourne la tête. Elle voudrait l'interrompre,
cependant c'est trop tard : Richard est maintenant lancé.

RICHARD. Nous ne sommes plus comme avant.
L'amour s'estompe. Je voudrais que ce ne soit pas
ainsi, or ma volonté n'y peut rien, toute ma bonne
volonté…

Les larmes emplissent les yeux de Diane.

DIANE. C'est donc vrai ?

RICHARD. Rien de plus vrai.

Il la fixe.
Un temps.

DIANE. Alors ?

Richard pousse un soupir.

RICHARD. C'est à mon tour d'être aussi courageux que toi... *(Il prend sa respiration, se lève, glisse derrière elle, l'enserre de ses bras.)* Cessons de jouer : séparons-nous.

Des larmes flottent dans ses yeux. Diane, quoique suffoquant, se contrôle.

DIANE. Je suis d'accord.

Surpris, il s'attendait à des hurlements. Or elle continue à se maîtriser.

DIANE. C'est plus honnête.

RICHARD *(approuvant faiblement).* C'est plus honnête.

Elle se dégage de son emprise. En se relevant, elle chancelle et comprend que, dans quelques secondes, elle ne parviendra plus à donner le change.

DIANE. Ça ne te gêne pas si nous en restons là ?

RICHARD. Nous ne déjeunons plus ensemble ?

DIANE. J'ai besoin de réfléchir.

RICHARD *(avec douleur).* Oui. *(Un temps.)* C'est mieux.

DIANE. Oui, c'est mieux.

Alors qu'elle s'éloigne, il la retient par le coude, sous l'effet d'une pulsion, comme s'il allait oublier ce qu'il a proclamé pour l'étreindre sauvagement.

Cependant, lorsqu'il se trouve face à face avec elle, il se contrôle, se force à sourire.

RICHARD. Nous allons devenir de grands amis.

DIANE. Bien sûr.

RICHARD. Les plus grands amis du monde.

DIANE. Au moins.

Gêné, il va l'embrasser sur la bouche, puis, au dernier moment, réalise que ce serait malvenu et dévie son baiser vers le front.

Diane maintient dans ses poings fermés une envie de frapper.

RICHARD. Amis ?

DIANE. Amis !

Elle se retire.

Richard, ému, sonné, désire s'enfuir au plus vite. Tandis qu'il ramasse ses journaux, arrive Madame Pommeray.

MADAME POMMERAY. Quoi ? Vous partez ? Nous ne vous gardons pas pour le déjeuner ?

RICHARD. Diane vous expliquera.

Madame Pommeray opine comme si elle avait déjà compris.

MADAME POMMERAY. À bientôt ?

RICHARD (*fuyant*). À bientôt.

Elle l'arrête avant qu'il ne sorte, sans noter sa fébrilité.

MADAME POMMERAY. Richard, je vais me mêler de ce qui ne me regarde pas – ce qui du reste est dans mes habitudes – mais, puisque je vous aime tous les deux et que je déchiffre bien ma fille, je vais vous donner un conseil : proposez-lui de l'épouser.

RICHARD. Pardon ?

Il subit un deuxième K.-O.

MADAME POMMERAY. Je sais que vous avez essuyé un refus il y a plusieurs mois. Cependant, je suis sûre que si vous le lui reproposiez maintenant, elle accepterait.

Richard, au comble de l'embarras, ne sait que répondre.

MADAME POMMERAY. En réalité, elle ne rêve que de ça.

Pressé d'en finir, Richard se précipite sur Madame Pommeray, l'embrasse sur les deux joues, au risque de la broyer.

RICHARD. Au revoir, jolie maman.

MADAME POMMERAY. Au revoir, Richard.

Il bat en retraite, jetant depuis le pas de la porte un œil effaré sur cet endroit où, quelques heures plus tôt, il vivait un enchantement…

2

Rue

Dans une rue mal éclairée, entre les ponts routiers et les voies pour camions, à la lisière grondante de la ville, une jeune femme se tient debout, appuyée au mur, sous la lumière sale d'un néon. Fatiguée, droguée, elle attend les clients dont on voit défiler les ombres sur elle.

La tristesse qui l'accable n'arrive pas à atténuer sa beauté.

D'un café enfumé où grésille une radio crachant les chansons du moment, Diane et une femme mûre sortent brusquement. Leur entrevue s'achève sur le trottoir.

RODICA. Voilà. Je vous ai dit ce que je savais.

DIANE. Merci. Merci infiniment, madame Nicolescou.

Rodica Nicolescou, une cinquantaine d'années, le corps et le visage usés, boudinée dans des vêtements trop sexy, détend ses jambes, s'étire, allume une cigarette comme pour s'oxygéner.

RODICA. Vous croyez que ça vous servira ?

Diane finit de ranger ses dossiers au fond de sa mallette.

DIANE. Une fois que j'aurai rédigé mon rapport, je tâcherai de sensibiliser le Parlement pour que nous améliorions vos vies. Je vous le promets.

Diane remarque la très jeune femme sur le trottoir d'en face.

RODICA. Vous êtes une personne respectable, une députée, vous avez un métier, des responsabilités et vous vous intéressez à nous : pourquoi ?

DIANE. Lorsque j'ai fini mes études, presque seule femme au milieu de tant d'hommes, je me suis juré, si je réussissais en politique, de travailler sur la condition féminine.

RODICA. La condition féminine, d'accord. Mais les prostituées ?

DIANE. Si on les traite si mal, c'est bien parce qu'elles sont des femmes, non ?

RODICA. Vous n'avez pas quelqu'un dans votre famille, quelqu'un qui...

DIANE *(interloquée)*. Non.

RODICA. Une sœur... une mère...

DIANE *(amusée)*. Non, pas du tout. D'ailleurs, ma mère serait sans doute choquée d'apprendre que j'ai exigé cette mission !

RODICA. Vous êtes très large d'esprit.

DIANE. Pas une seconde : j'exerce mon métier. Croyez-vous qu'un médecin refuse de soigner un malade sous prétexte que l'usage qu'il fait de son corps ne lui plaît pas ?

RODICA. Ça s'est vu.

DIANE. Non, pas un bon médecin, un humaniste, un homme qui croit à son devoir. Même si l'on a horreur de la prostitution, on ne doit pas agir comme si elle n'existait pas.

Diane va enchaîner en demandant qui est la jeune femme sous le néon lorsque Rodica l'arrête par son commentaire.

RODICA. Ah vous voyez que ça vous déplaît !

DIANE. Quoi ?

RODICA. La prostitution.

DIANE. Évidemment, ça me déplaît. Pas à vous ?

RODICA *(approuvant)*. Houla, moi, c'est ma vie, alors évidemment que ça me déplaît !

DIANE. Peu importe que le monde ne me séduise pas, je le prends tel qu'il est, le monde, et je relève mes manches. Je ne crois pas qu'on modifie les hommes, encore moins qu'on le doive ; pis, je me méfie des politiciens qui avoueraient cette ambition : ils finissent dictateurs. Ni vous ni moi ne réformerons l'humanité, madame Nicolescou ! Toutefois nous pouvons améliorer les lois, les rendre moins hypocrites. Je ne rédige ce rapport que pour m'assurer qu'on ne piétine plus vos droits, votre santé, votre dignité.

RODICA. Alors bingo ! Si vous ne craignez pas l'ouvrage, vous êtes tombée au bon endroit !

Diane désigne la très belle jeune femme, fine, distinguée, aux yeux baissés.

DIANE. Qui est-ce ?

RODICA. Oh, ça, c'est de la pauvre fille !

DIANE. Mais encore ?

RODICA *(avec mépris)*. On l'appelle « l'intellectuelle ». Une gamine qui vous récite des heures de poésie. Vous imaginez comme c'est utile dans notre profession !

DIANE. J'ai rarement vu une femme aussi belle.

RODICA *(mauvaise)*. Ah oui ? Vous pensez comme les clients !

DIANE. Et si triste…

RODICA. Heureusement… y en a que ça repousse.

DIANE *(songeuse)*. Vous me la présentez ?

RODICA *(stupéfaite)*. La présenter… *(Haussant les épaules.)* Elina, s'il te plaît, viens nous rejoindre. Elina, Elina, viens !

La jeune femme ne bronche pas.
Rodica s'approche, accompagnée par Diane.

RODICA. Je te présente Madame Pommeray, qui est députée et qui rédige un rapport sur nous afin que les politiques arrangent notre situation. Dis bonjour.

ELINA *(sans expression)*. Bonjour, madame.

DIANE. Bonjour.

Diane tente, en vain, de capter le regard d'Elina.

RODICA. Je lui expliquais que tu savais des poèmes français. Des tas de poèmes par cœur. Que tu les avais appris, là-bas, en Roumanie.

Elina demeure indifférente.

RODICA. Montre-lui.

ELINA. Je suis fatiguée.

RODICA. Allons, mauvaise graine, montre-lui qu'elle comprenne qu'en Roumanie, il y a des gens comme toi.

ELINA. Je ne vis plus en Roumanie.

RODICA. Tête de bois ! Ça ferait bon effet qu'une fille comme nous prouve qu'elle a de la culture. Ça servirait la cause.

ELINA. Je suis fatiguée.

RODICA. Fichu caractère ! *(À Diane.)* Faut l'excuser, madame. Elle entamait des études de littérature française à Bucarest quand des hommes lui ont proposé un poste de jeune fille au pair en France, lui promettant qu'elle pourrait s'inscrire à l'université, découvrir Paris, les librairies, les bibliothèques, les théâtres… Une fois qu'elle a débarqué ici, ils l'ont violée, rouée de coups, puis ils lui ont confisqué ses papiers et l'ont posée sur le trottoir. Le classique, quoi !

DIANE *(révoltée)*. Il faut porter plainte !

Elina baisse la tête. Rodica répond à sa place :

RODICA. Comment porte-t-on plainte lorsqu'on n'a plus de papiers ? Lorsqu'on est illégale ? Lorsque l'on sait que, si le réseau l'apprend, ils mettront leur chantage à exécution.

DIANE. De quoi la menace-t-on ?

RODICA. Amener sa petite sœur en France, la mettre, elle aussi, sur le trottoir. Un classique aussi, ça !

Entendant cela, Elina a un geste qui trahit son angoisse, puis elle parvient à se contrôler et s'absente de nouveau.
Diane prend la situation très à cœur.

DIANE. C'est monstrueux. J'engagerai tous mes moyens pour vous aider, mon rapport sera éloquent, je le conduirai pas à pas, de commission en commission, dans les couloirs de l'Assemblée jusqu'à ce qu'il provoque des réformes, une amélioration… Mes paroles ne sont ni des indignations vertueuses ni des promesses électorales, croyez-le bien.

RODICA. Je vous crois, madame. Merci.

DIANE *(se tournant vers la jeune fille)*. Je compatis, Elina, même si ça ne change rien pour l'instant, sachez que je compatis.

Elina semble n'avoir pas entendu.
Diane n'insiste pas et s'apprête à partir.
À peine a-t-elle avancé de trois pas qu'Elina l'arrête.

ELINA. Attendez. Je vais vous dire un poème.

RODICA *(irritée)*. Ce n'est plus utile, Elina ! Et puis c'est trop tard, maintenant !

Diane sourit à Elina puis lui murmure avec beaucoup d'humanité :

DIANE. Je serai ravie de l'entendre.

ELINA. Des vers de Baudelaire. Je les ai appris depuis que je suis ici.

Elina, offrant son visage parfait à la lumière, commence à réciter.

ELINA.
« Si vous la rencontrez, bizarrement parée,
Se faufilant au coin d'une rue égarée,
Et la tête et l'œil bas comme un pigeon blessé,
Traînant dans les ruisseaux un talon déchaussé,

Messieurs, ne crachez pas de jurons ni d'ordure,
Au visage fardé de cette pauvre impure

Que déesse Famine a par un soir d'hiver
Contrainte à relever ses jupons en plein air.

Cette bohème-là, c'est mon tout, ma richesse,
Ma perle, mon bijou, ma reine, ma duchesse,
Celle qui m'a bercé sur son giron vainqueur,
Et qui dans ses deux mains a réchauffé mon cœur. »

Lumineuse, pure comme une madone, elle achève le
poème les larmes aux yeux.
Diane la contemple avec émotion.

3

Chez Diane

Brandissant une bouteille de champagne, Richard, habillé pour le soir, chic, sombre et séduisant, déboule dans le salon de Diane, s'empare de deux coupes.

RICHARD (*à la cantonade*). Champagne !

DIANE (*off*). Champagne ?

RICHARD. Champagne !

DIANE (*off*). Pourquoi ?

RICHARD. Avant d'aller au restaurant, nous devons fêter ça.

En appuyant sur un bouton, il déclenche un air de musique – du jazz sud-américain – et amorce, seul, quelques pas de danse. Il ondule de manière sensuelle, avec une grâce nonchalante.

DIANE (*entrant*). Que fêtons-nous ?

Diane apparaît, superbe.
Appuyant un regard qui apprécie sa beauté, Richard s'approche d'elle en balançant et lui tend un verre.

RICHARD. Notre lucidité.

Elle s'en saisit avec élégance.

RICHARD. Enterrons, avec ces quelques bulles, la perte du sentiment fragile qui nous unissait.

DIANE. Aux illusions…

RICHARD. … perdues !

Ils trinquent.
Leur joie révèle quelque chose de sec, de forcé.
Après avoir bu une gorgée, Diane s'assied sur l'accoudoir d'un fauteuil.

DIANE. Y as-tu songé ? Comment vivrions-nous si l'un de nous deux avait cessé d'aimer pendant que l'autre continuait…

RICHARD (*riant*). Oh oui…

DIANE. Imagine que ton amour ait duré plus longtemps que le mien…

RICHARD. Quelle horreur !

DIANE. Ou l'inverse…

RICHARD (*riant davantage*). Une tragédie !

DIANE. Une tragédie…

Richard, emporté par la musique, l'aborde et l'invite. En esquissant les gestes, sans danser vraiment, ils nous font percevoir qu'ils devaient être très bons amants et que ce souvenir ne s'est pas refroidi dans leurs corps, loin de là.

DIANE. Lequel de nous a cessé d'aimer le premier ?

Richard réfléchit quelques pas puis lance, comme s'il se jetait à l'eau :

RICHARD. J'ai peur que ce soit moi.

DIANE. Ah oui, qu'est-ce qui te fait dire ça ?

RICHARD. Je ne voyais aucun signe de refroidissement chez toi alors que je les constatais en moi. Depuis plusieurs mois, je m'estimais coupable.

DIANE. Combien ?

RICHARD. L'automne dernier.

DIANE *(s'arrêtant, choquée)*. Presque un an, donc ? *(Se contrôlant de nouveau, reprenant la chorégraphie.)* Coupable de quoi ?

RICHARD. Coupable d'avoir consacré des années à te suggérer de m'aimer, et, lorsque le bonheur s'installe, lorsque nous vibrons à l'unisson, de découvrir que l'amour s'exténue en moi.

DIANE. Peut-être ne m'aimais-tu qu'à condition que je ne t'aime pas ?

RICHARD. Non, je n'ai jamais été aussi heureux que pendant nos années de passion partagée, ça je te le jure.

Il a déclaré cela avec intensité, en favorisant le rapprochement de leurs corps. On a l'impression qu'il va l'embrasser.

Troublée, Diane feint de tomber en arrière sur un
canapé afin de se détacher.

DIANE. Peut-être préfères-tu te battre plutôt que
savourer ? N'es-tu pas ainsi dans tes affaires, acharné
à conquérir des marchés, à écraser la concurrence, surtout soucieux de victoires ? Tu prospères mais tu pro-
fites peu de tes richesses. Si tu avais la même démarche
en amour ? Si tu souhaitais seulement gagner ?

Il remplit de nouveau leurs coupes de champagne.

RICHARD. Ce serait odieux…

DIANE. Peut-être es-tu odieux ? Peut-être ne devrais-
tu pas te plaire autant que tu te plais ?

Choqué, il se retourne et la scrute avec étonnement.
Elle s'esclaffe pour dissiper la gêne.

DIANE. Je plaisante ! Tu ne serais un monstre que si
moi, je n'avais pas changé, que si moi, j'avais continué à t'aimer…

RICHARD. C'est vrai.

Il soupire de satisfaction, stoppe la musique, lui tend
sa coupe.

RICHARD. Tout va être simple désormais.

DIANE. Je te sens soulagé.

RICHARD. Oui.

DIANE. Soulagé d'être guéri de l'amour ?

RICHARD. Oui.

DIANE *(avec tristesse)*. C'était donc une maladie ?

RICHARD *(riant)*. Non, soulagé de mon mensonge. Nous allons entretenir des rapports sains désormais. *(Avec énergie.)* Tu m'as redonné de l'estime. Estime pour moi. Estime pour toi. Nous allons développer une vraie amitié.

Au terme « amitié », un spasme secoue Diane. Quoique le remarquant, Richard continue, lyrique :

RICHARD. Nous nous raconterons tout. Tu m'annonceras tes nouveaux flirts et moi les miens.

DIANE. Tu comptes entamer une collection ?

RICHARD. J'en doute car tu m'as rendu difficile sur ce plan-là.

DIANE. Merci.

RICHARD. Mais si ça se produit, tu m'aideras de tes conseils. Et moi je te prodiguerai les miens si tu crois en avoir besoin.

La regardant étrangement, il ajoute :

RICHARD. Qui sait ce qui peut arriver ?

DIANE. Eh oui ! Qui sait ?

RICHARD. La passion va et vient mais les sentiments subsistent. Comme l'affection que j'éprouve pour toi, l'admiration, la tendresse… Qui sait ?

DIANE. Qui sait ?

RICHARD. Qui sait ? Je pourrais même redevenir amoureux de toi.

DIANE. Ah oui ? Et si ça revenait ?

RICHARD. Je serais l'homme le plus exaucé de la terre.

Il ne détache pas ses yeux d'elle. Elle frissonne, gênée, et, afin de se donner une contenance, se dirige vers l'appareil à musique.
Il la suit, se penche avec intérêt vers elle.

RICHARD. Et toi ?

DIANE. Quoi, moi ?

RICHARD. Si ça revenait ? Tes sentiments pour moi ?

DIANE. Ah… *(Avec assurance.)* Je pense que ça ne reviendra pas.

RICHARD *(choqué)*. Pourquoi ?

DIANE. Tu auras été la seule fièvre, la seule passion de mon existence. Vu que j'ai eu du mal à y céder, je ne m'abandonnerai plus.

RICHARD. Allons, tu plaisantes ! Tu n'aimeras plus ?

DIANE. Non.

RICHARD. Ni moi ni un autre ?

DIANE. Comme je t'ai aimé. Non. Plus personne. Jamais.

Elle appuie sur un bouton et lance un air de musique endiablé. On a l'impression qu'elle le nargue.

Touché, Richard voudrait réagir, or les mots lui manquent.

À son tour, Diane esquisse quelques mouvements de danse. Elle conclut sur un ton léger :

DIANE. À quoi bon, d'ailleurs, puisque, quoi qu'on fasse, un jour, ça disparaît. *(Avec une bonne humeur forcée.)* Champagne ?

RICHARD *(avec le même enjouement forcé)*. Champagne !

Empressé, il remplit deux coupes de vin mousseux.

RICHARD *(sur un ton ambigu)*. Tu es unique, Diane, vraiment unique. Grâce à toi, nous nous sommes épargné les mesquineries et les bassesses qui encombrent la vie des gens.

Ils trinquent.

RICHARD *(sincère)*. Jamais tu ne m'as semblé aussi belle ni aussi intelligente que ce soir.

DIANE *(le retenant)*. Chut ! Pas trop de déclarations d'amour… on sait où cela mène.

RICHARD. Judicieux.

Entre alors Madame Pommeray.

RICHARD. Bonsoir, jolie maman.

MADAME POMMERAY. Quoi ? *(Se rendant compte qu'elle n'entend pas.)* Attendez, Richard, je branche mes oreilles électriques.

Inquiète, Diane s'approche de Richard et lui ordonne à voix basse :

DIANE. S'il te plaît, pas un mot à maman : je ne lui ai encore rien dit.

RICHARD. D'accord.

Ils sourient à la vieille dame.

MADAME POMMERAY. Voilà : je vous entends.

RICHARD. Bonsoir, jolie maman. Comment allez-vous ?

MADAME POMMERAY. C'est une excellente question mais je n'y répondrai qu'en présence de mon avocat.

RICHARD. Et votre santé ?

MADAME POMMERAY. La santé n'est pas mon fort. Même si, depuis le temps, j'ai déjà fait mourir plusieurs médecins.

RICHARD. Vous savez que je vous aime beaucoup, jolie maman.

MADAME POMMERAY. Vous êtes si bel homme que je vous crois. Ce soir, vous sortez ensemble, bien sûr ?

RICHARD. Oui. *(Il s'approche et embrasse la vieille dame.)*
Bonne nuit. Je vais chercher la voiture qui est parquée
un peu loin. Diane, je t'attends devant la maison !

Alors qu'il s'éloigne avec vivacité, il s'arrête et gémit de
douleur. Chancelant, il se retient aux meubles. Diane se
précipite pour le soutenir.

DIANE *(inquiète)*. Ton dos ?

RICHARD. Oui. Toujours ce fichu dos…

MADAME POMMERAY. Il faut consulter, Richard. Si
vous voulez, je vous donnerai des adresses de médecins : à mon âge, on n'a plus que ça dans son carnet
de téléphone.

Diane lui frotte les reins, l'aidant à se remettre.

DIANE *(nerveuse)*. Il a subi des examens, maman : il
n'a rien.

RICHARD *(maugréant)*. Rien. À part mal, je n'ai rien.

MADAME POMMERAY. Pas de problème, j'ai aussi des
numéros de psychanalystes. Je les collectionne pour
mes amies du bridge.

RICHARD. Voilà, ça va aller… ça passe très vite…

Il se redresse avec volontarisme mais on doit saisir que
son corps inflige de vraies souffrances à cet homme courageux.
Afin d'effacer l'incident, il embrasse Madame Pommeray.

RICHARD *(avec tendresse)*. Bonsoir à la plus jolie des jolies mamans.

Il part.
La mère, rougissante, revient vers sa fille.

MADAME POMMERAY. Diane, je ne sais pas quelle danse du ventre tu lui as faite mais je n'avais pas vu Richard aussi détendu depuis des mois.

DIANE *(sombre)*. Moi non plus.

MADAME POMMERAY. Et toi qui, l'autre jour, doutais de sa passion ! Petite folle, va ! Te voilà rassurée, j'espère ?

Diane acquiesce de la tête.

DIANE. Bonsoir, maman, va te coucher.

MADAME POMMERAY. J'y vais, j'y vais. *(Elle obéit d'abord puis se ravise.)* Pardonne mon indiscrétion : t'a-t-il proposé le mariage ?

DIANE. Non.

MADAME POMMERAY. Eh bien, sans vouloir gâcher le suspens, je dois te souffler que ça ne m'étonnerait pas qu'il se déclare bientôt.

DIANE *(avec douleur)*. Je ne crois pas.

MADAME POMMERAY. Taratata… Où t'emmène-t-il au restaurant ?

DIANE. Chez Rosier.

MADAME POMMERAY. Chez Rosier ? Que disais-je : le cadre idéal pour une demande en mariage.

DIANE. Maman, débranche tes appareils et va te coucher.

MADAME POMMERAY. Tu vas voir, ma fille, tu vas voir. Ta mère n'est pas aussi gâteuse que tu le crois. La vie réserve bien des surprises. D'accord, d'accord. Je débranche mes appareils, là ! Je vais me coucher…

Madame Pommeray éclate de rire comme une enfant et s'éloigne, primesautière, sur un exultant « bonsoir » qu'elle module en chantonnant.

Demeurée seule, Diane ne cache plus sa peine. Son visage laisse apparaître la douleur. On croit qu'elle va pleurer… lorsque soudain, longuement, inexorablement, elle pousse un hurlement de bête blessée.

4

Couloir en mansarde

Diane arrive, suivie des deux Roumaines, Rodica et Elina, dans un couloir qui traverse l'ultime niveau d'un immeuble, l'ancien étage des domestiques.

Avec ses clés, elle ouvre la porte d'un appartement mansardé.

De la main, elle désigne l'intérieur que nous ne voyons pas.

DIANE. Voilà, ce serait ici.

Intimidées, Elina et Rodica passent la tête.

ELINA *(émerveillée)*. C'est magnifique.

DIANE. Magnifique ? Non. C'est simplement un petit appartement très clair sous les toits de Paris.

ELINA *(renchérissant)*. C'est magnifique.

DIANE. Ces dernières années, je le louais à des étudiantes. Si nous parvenons à trouver un accord, je pourrai le mettre à votre disposition. *(Elle indique un dossier qu'elle tient contre elle.)* Quant à vos papiers, mon cabinet a beaucoup avancé : voici déjà des attestations provisoires en attendant les cartes de séjour définitives. Dans dix jours, ça devrait être réglé.

Elina et Rodica reçoivent le dossier, contemplent les feuilles.

ELINA. Ah, madame, je ne sais trouver les mots pour…

DIANE. Tt tt… je vous laisse visiter le temps de résoudre un problème avec le concierge. Entrez et voyez si ça vous convient.

Diane descend l'escalier, abandonnant les deux femmes devant l'appartement.
Celles-ci ne réagissent pas de façon identique : Elina nage dans le bonheur tandis que Rodica marmonne, maussade, inquiète.

ELINA *(euphorique)*. Tu y crois, toi, Rodica, tu y crois ?

RODICA *(cassante)*. Non.

ELINA *(choquée)*. Quoi ? Ils ne sont pas réels, ces papiers ?

RODICA. Si.

ELINA. Et cet appartement ?

RODICA. Combien ça va nous coûter, tout ça ?

ELINA. Elle nous le prête pour rien jusqu'à ce que nous trouvions un véritable emploi.

RODICA. C'est bien ce que je dis : combien ? Qu'est-ce que ça cache ?

ELINA. Oh toi, toujours à te méfier de tout le monde !

RODICA. La vie m'a prouvé que j'avais raison d'être méfiante : je n'ai encore jamais rencontré le Père Noël.

ELINA. Enfin, une députée qui se bat pour que les femmes ne soient plus traitées comme nous le sommes, qui engage son nom, sa réputation en rédigeant un rapport parlementaire, tu en as rencontré beaucoup des comme ça ?

RODICA. Non, justement…

ELINA. Tu es indécrottable.

RODICA. D'accord sur ce qu'elle entreprend officiellement, là je ne doute pas de sa sincérité. Mais après ? La politique, d'accord. La charité, non. Inutile ! Pourquoi fait-elle un geste qu'elle n'est pas obligée de faire ? Avec son propre argent ? Un appartement qui lui remplit les poches… Pourquoi nous ? Toi et moi ! Des putes dans la détresse, elle en a rencontré des centaines pendant son enquête, alors celles-ci plutôt que celles-là… Crois-moi, elle n'agit pas pour tes beaux yeux.

ELINA. Tant mieux : jusqu'ici, j'ai détesté tous ceux qui ont agi pour mes beaux yeux.

RODICA. Elina, il y a un prix ! Rien n'est gratuit dans la vie.

ELINA. Elle va nous le préciser. De toute façon, je sais qu'elle est honnête.

RODICA. Ah oui, c'est marqué où ?

ELINA. Rodica, tu perds la tête ! Madame Pommeray nous aide à sortir de l'enfer et à reconstruire nos vies. S'il y a un prix à payer, je veux bien le payer, ça, je te l'assure. Plutôt deux fois qu'une.

RODICA. Moi aussi. J'espère simplement que j'en ai les moyens.

ELINA. Crois-tu qu'il y a pire que ce que nous faisons déjà ?

Rodica hausse les épaules.
Diane revient.

DIANE. Alors, l'endroit vous plaît-il ?

ELINA. Infiniment, madame. Infiniment.

Elle se précipite vers Diane, lui saisit les mains et les embrasse avec reconnaissance.

DIANE. Et vous, madame Nicolescou ?

RODICA. Faut voir…

ELINA. Elle n'ose pas vous le dire : elle adore.

Diane, fixant Elina, l'aborde avec franchise :

DIANE. Maintenant, Elina, je ne vais pas vous mentir : il y a un prix à payer pour cela.

RODICA. Ah !

ELINA. Naturellement ! Quelles sont vos conditions ?

DIANE. Mes conditions ? Non. J'ai un service à vous demander. Un très grand service.

Diane prend son temps, réfléchit puis débute sur un ton très posé :

DIANE. Voici : il s'agit de rendre un homme heureux.

Les deux femmes sont médusées.

DIANE. Je voudrais qu'un homme s'entiche d'Elina. Et qu'ils vivent ensemble une liaison.

ELINA. Mais…

RODICA. Pourquoi ?

DIANE. J'aime cet homme.

RODICA. Je comprends encore moins.

ELINA. Je vous assure, madame Pommeray, que moi non plus je ne vois pas ce que…

D'un geste, Diane leur intime de se taire. Luttant contre son propre désarroi, elle explique la situation :

DIANE. Il y a quelques semaines, Richard, mon amant, se plaignait de douleurs dans le dos. On lui a fait passer des examens médicaux. Officiellement, cette investigation n'a rien donné ; officieusement, elle a découvert un cancer généralisé. Un cancer si avancé qu'il est inutile de prodiguer des traitements qui fatigueraient le malade davantage. Richard ne sait rien, croit ne subir que des douleurs fugitives, ne soupçonne pas ce qui l'attend. Selon le médecin, il n'aurait plus que quelques mois à vivre. Moins d'un an.

Les deux femmes commencent à éprouver de la sympathie envers Diane.

DIANE. Quelques jours après que les médecins m'ont révélé ce secret, Richard m'annonce qu'il me quitte.

ELINA. Non !

DIANE. Si.

RODICA. Ah, les hommes !

DIANE. Qu'auriez-vous fait à ma place ? Lui auriez-vous crié : « Non, non, ne nous séparons pas, tu vas mourir bientôt, reste parce que sans moi tu agoniseras seul » ? Je me suis tue.

Elles approuvent de la tête. Agité, le corps de Diane tremble.

DIANE. J'ai même trouvé le courage de lui promettre que nous serions amis. (*Avec une sorte de rage.*) L'amitié ! Comme si j'allais me contenter d'une amitié avec l'homme que j'ai le plus passionnément aimé. (*Elle parvient à se contrôler.*) Et que j'aime encore.

Désorientée, elle tourne son visage vers les deux femmes.

RODICA. Il vous quitte pour une autre ?

DIANE. Non.

RODICA. Alors pourquoi ?

DIANE. La fatigue… l'usure…

ELINA. C'est parce qu'il est malade ! Vous devez le reconquérir.

DIANE (*avec fermeté*). Non. Pas après ce qu'il m'a dit.

Elles comprennent que l'orgueil de Diane a été si affecté qu'elles ne doivent pas insister.

DIANE. C'est là que vous arrivez ! Elina, vous avez un de ces visages qu'on n'oublie pas, un visage qui suscite l'émotion. Lorsque je vous ai vue, j'ai eu l'intuition – fausse peut-être – que Richard raffolerait de vous. Voilà, je voudrais lui offrir du bonheur, l'impression du bonheur, l'illusion du bonheur. (*Elle s'approche d'Elina.*) Je vous supplie de le rencontrer et de jouer la comédie de la séduction. Si cela fonctionnait, vous embelliriez ses derniers instants. Ainsi, il ne mourrait pas seul, sans femme auprès de lui. S'il vous plaît, acceptez. Je vous en prie, Elina : acceptez.

ELINA (*vacillante*). Mais vous savez ce que je suis…

DIANE. Vous passerez pour ce que vous êtes en vérité : une jeune étudiante roumaine férue de littérature. Comment se douterait-il d'autre chose ?

(Douce.) Après tout, il ne lui reste que quelques mois... Et il s'agit de mentir pour une noble cause... Voulez-vous essayer ?

ELINA. Bien sûr, madame, j'accepte avec plaisir.

DIANE. Oh merci ! Merci !

Elle serre Elina dans ses bras.

RODICA. Et moi ? Qu'est-ce que je fabrique dans le tableau ?

DIANE. Je propose que vous soyez la mère d'Elina.

RODICA *(éberluée)*. Sa mère !

DIANE. Oui. Une mère paisible, attentionnée, soucieuse du bien-être de sa fille, qui refrénera les ardeurs de Richard s'il veut aller trop loin, trop vite avec Elina. Vous apporterez un peu de respectabilité à tout cela.

RODICA. De la respectabilité... Ça, c'est nouveau.

ELINA. Oh, je t'en prie, Rodica, accepte. N'y a-t-il pas plus beau moyen de nous racheter ?

RODICA *(furieuse)*. Nous racheter ? Nous racheter de quoi ? Je suis une victime, moi, pas une criminelle.

ELINA *(corrigeant sa phrase)*. Nous en sortir. Oh, s'il te plaît, Rodica...

DIANE. S'il vous plaît.

RODICA. J'accepte.

DIANE. Merci. Alors mettons-nous d'accord. Contre ce service, mon secrétaire vous délivrera chaque lundi une enveloppe qui couvrira les dépenses de votre ménage. Pendant ce temps, je remplirai les papiers officiels qui vous permettront de toucher des aides et d'avoir accès aux soins médicaux. Lorsque nous serons prêtes – le plus tôt possible –, j'organiserai la rencontre avec Richard. Que mon projet rate ou réussisse, vous aurez quitté votre ancienne condition et vous aurez acquis le droit d'être libres. Dans tous les cas, vous y gagnez.

RODICA. C'est vrai.

DIANE. Je voudrais aussi que vous ne receviez personne, pas même vos voisines, et qu'Elina s'inscrive à l'université afin de poursuivre ses études. D'accord ?

ELINA. D'accord.

RODICA. Ça marche.

Diane, sortant une lettre de sa poche, la tend à Elina.

DIANE. Tenez, j'ai pris des précautions pour votre petite sœur. Voici son courrier, posté du pensionnat de jeunes filles, au sud du pays, où elle sera en sécurité, hors d'atteinte du réseau. Les hommes qui vous menacent ne devraient pas la retrouver.

Elina presse l'enveloppe contre son cœur.

ELINA. Oh merci ! Merci ! Nous allons réussir, vous savez, nous allons réussir.

DIANE. Je le souhaite.

Elle se force à paraître énergique mais sa voix se brise sous le coup de l'émotion.

DIANE. Richard doit partir dans sa tombe sans connaître notre secret. Jurez-moi que vous ne lui direz jamais qui vous êtes, ni ce que je vous ai demandé. Jamais. Jurez-le-moi.

ELINA. Je vous le jure.

RODICA. Je le jure.

Diane leur tend les clés de l'appartement.

5

Chez Diane

Chacun dans un fauteuil, Richard et Madame Pommeray parcourent les journaux.

Richard paraît nerveux, soucieux, une idée semblant lui brûler le cerveau et empêcher sa concentration. Il consulte perpétuellement sa montre.

N'ayant rien remarqué, Madame Pommeray s'exclame :

MADAME POMMERAY. Richard, venez à mon secours : je cale sur une colonne de mes mots croisés !

RICHARD. Je vous écoute.

MADAME POMMERAY. « Donne des ailes » en six lettres ?

RICHARD. Oiseau ?

MADAME POMMERAY. Non.

RICHARD. Alcool ?

MADAME POMMERAY. Non plus.

RICHARD. Espoir ?

MADAME POMMERAY. C'est ça ! J'avoue que c'est le genre de mot auquel je ne songe pas spontanément, surtout à mon âge.

RICHARD *(sincère, laissant percer son inquiétude)*. Comment va Diane, en ce moment ?

MADAME POMMERAY. Mon cher, c'est à vous qu'il faut demander ça ! C'est vous qui partagez sa vie, son lit, ses pensées… Moi, Diane, je me suis bornée à la mettre au monde puis à l'élever. Je suis sa mère, autant dire la personne qui la connaît le moins au monde.

RICHARD. Comment pouvez-vous affirmer ça ?

MADAME POMMERAY. Richard, iriez-vous prétendre que vos parents possèdent un savoir exhaustif sur vous ?

RICHARD *(amusé)*. Non.

MADAME POMMERAY. Ce sont les gens qui ont les souvenirs les plus anciens vous concernant, ceux qui ont sans doute vécu le plus d'heures dans votre proximité animale, mais vous ne sauriez assurer qu'ils déchiffrent votre mode d'emploi.

RICHARD. Ils m'aiment.

MADAME POMMERAY. Justement ! Aimer n'est pas connaître.

RICHARD *(confirmant)*. Aimer c'est privilégier. Tout le contraire de la science, plutôt le début d'un aveuglement.

MADAME POMMERAY. Évidemment : si chaque père et chaque mère préfèrent leurs enfants à ceux des autres, c'est rarement parce qu'ils ont étudié le marché.

RICHARD. D'ailleurs, est-ce intéressant de connaître quelqu'un ?

MADAME POMMERAY. Fréquenter suffit.

RICHARD *(soudain sombre)*. Sans une part de mystère, d'obscurité, d'insaisissable, on se lasserait…

MADAME POMMERAY. Exactement ! J'ai rencontré un gynécologue qui prétendait que si tous les hommes pratiquaient son métier, il n'y aurait plus de crimes passionnels.

Richard éclate de rire.
À cet instant-là, Diane entre, surprise par la présence de Richard. Il se précipite vers elle, plein de mille propos à lui confier.

RICHARD. Diane, enfin !

DIANE. Je ne pensais pas te trouver là.

RICHARD. Nous avions rendez-vous.

DIANE. C'est impossible, deux amies doivent prendre le thé ici.

RICHARD *(contrarié)*. Diane, nous avions décidé d'aller ensemble au cinéma.

DIANE. Tu crois ?

RICHARD. Oui. *(Avec force.)* Et j'ai besoin de te parler.

DIANE. Me parler ?

RICHARD. Oui. Je te l'ai même reprécisé hier soir au téléphone. *(Blessé.)* Comment as-tu pu oublier ?

DIANE. Excuse-moi, Richard, j'ai dû confondre les dates.

MADAME POMMERAY. Eh bien, quand tes amies vont sonner, nous n'aurons qu'à retenir notre respiration pour faire croire qu'il n'y a personne.

DIANE. Maman !

RICHARD. Vont-elles s'incruster ?

DIANE. Non, ce n'est qu'une visite de politesse.

RICHARD. Alors j'attends. Qui sont-elles ?

DIANE. En réalité, j'ai croisé la mère lors d'un voyage officiel en Roumanie il y a plusieurs années ; ayant appris qu'elle s'était rendue à Paris avec sa fille, par hospitalité, je lui ai proposé de passer. Ça risque d'être ennuyeux.

RICHARD. Je l'espère. L'entretien durera d'autant moins.

MADAME POMMERAY. J'ai rencontré un Roumain quand j'étais jeune. Oui, très beau, très brun, avec des yeux clairs, étranges, pailletés, entre le vert amande et le gris de l'huître. Il jouait merveilleusement de la guitare. D'ailleurs, il avait des doigts exquis.

DIANE *(l'interrompant).* Maman, quel rapport ?

MADAME POMMERAY. Tu as dit « Roumanie » et ça me rappelle le seul Roumain que j'ai fréquenté. Malgré mon âge, j'essaie de participer à la conversation.

DIANE. C'est raté.

MADAME POMMERAY. On voit que tu ne l'as pas connu.

DIANE. Non. Et je ne le connaîtrai pas. Donc…

MADAME POMMERAY. Ne t'en débarrasse pas si vite : il aurait pu être ton père…

DIANE. J'avais compris, merci. Mais ce n'est pas mon père ?

MADAME POMMERAY *(avec un soupir de regret)*. Non…

On entend sonner.

DIANE. Les voilà.

MADAME POMMERAY. Je retourne dans ma chambre pendant que tu reçois tes amies roumaines. Qu'en penses-tu ?

DIANE. Soit.

RICHARD. Je reste avec toi pour que nous nous en débarrassions plus vite. D'accord ?

DIANE. D'accord.

Diane sort accueillir ses invitées.

MADAME POMMERAY. Je ne sais pas ce que ma fille a contre ce jeune homme qui aurait pu être son père : il était très présentable, je vous assure. Un bon parti. Des dents parfaites. Excellent danseur. Une taille de guêpe. Des cravates choisies avec goût. Des gilets en soie brodée. Et il parlait au moins six langues.

Pendant qu'elle se justifie, Richard lui donne son bras pour l'amener dans sa chambre.

MADAME POMMERAY. On ne pouvait lui reprocher qu'une chose : il portait trop de bagues, une à chaque doigt. Cependant, il les posait le soir sur la table de nuit, comme tout le monde…

Ils ont disparu.
Diane revient avec Elina et Rodica.
Les deux femmes sont habillées de manière respectable, ce qui vieillit Rodica en lui donnant des airs de rombière mais rend Elina encore plus irrésistible.

DIANE (*à voix haute*). Entrez, entrez.

RODICA. C'est si gentil de votre part, madame Pommeray.

DIANE. Allons, allons, on croirait que je fais un effort…

RODICA. Nous ne fréquentons pas grand monde depuis que nous sommes installées à Paris.

Richard apparaît.

RICHARD. Bonsoir.

Les deux Roumaines frémissent, comme des prudes qui seraient gênées par l'irruption d'un homme. Elles se relèvent, confuses.

RODICA. Nous vous dérangeons alors que vous êtes en famille...

ELINA. Nous allons vous laisser...

RODICA. Nous ne voulons pas vous importuner...

Richard interrompt les protestations.

RICHARD. Du tout.

Il dévisage Elina. Découvrir cette jeune beauté freine soudain son impatience. Il sourit.

RICHARD. J'exige des présentations en règle.

DIANE. Richard, je te présente Rodica Nicolescou et sa fille... *(S'adressant à Elina.)*... Quel est votre prénom, déjà ?

ELINA. Elina.

Galant, Richard offre aux deux femmes un baisemain stylé, s'attardant davantage sur Elina.

RICHARD. Richard Darcy. Je suis un ami de Diane. Un ami intime.

DIANE. Ami intime ? C'est la première fois que tu te gratifies de ce titre.

RICHARD *(renfrogné)*. Ami intime, n'est-ce pas l'expression juste lorsqu'il n'y a pas d'intimité entre deux personnes ?

Cette remarque montre à quel point Richard, troublé par Elina, a envie de prendre ses distances avec son ancienne maîtresse, de signifier qu'il est libre. Quoique recevant le coup comme un poignard, Diane abonde dans son sens en ajoutant à l'intention des deux femmes :

DIANE. Vous n'interrompez pas une réunion de famille car Richard n'est ni mon mari ni mon fiancé.

RICHARD *(à Elina)*. Êtes-vous de passage à Paris ?

ELINA. Non, nous venons d'emménager. Je poursuis des études de littérature à la Sorbonne.

RICHARD. Sur quoi travaillez-vous ?

ELINA. Musset.

RICHARD *(sans réfléchir)*. Musset ? Quelle drôle d'idée…

ELINA. Pourquoi ?

RICHARD. Un bien vieil auteur, ça, Musset.

ELINA. Un auteur n'est vieux que lorsqu'il ne parle plus à la jeunesse.

RICHARD. Qu'a-t-il en commun avec les jeunes gens d'aujourd'hui, si matérialistes, si désabusés, qui ne croient plus en rien ?

ELINA. Il nous stimule, il nous encourage, il nous console, car il était comme nous.

Richard est ému par tant d'idéalisme et de passion chez la jeune fille. Cessant de se moquer, il devient plus doux.

RICHARD. Vraiment ? En vous suggérant quoi, par exemple ?

Elle rougit.

ELINA. Non, je ne veux pas vous embêter.

RICHARD. Mais pas du tout.

ELINA. Et je crains d'exprimer moins bien que lui ce qu'il écrit.

Rodica l'encourage en jouant la mère fière de sa fille.

RODICA. Elina, dis-nous du Musset.

ELINA. Maman, c'est ridicule.

RODICA. Si, si. Dis-nous du Musset.

DIANE. Nous serions ravis de vous entendre, Elina, car vous savez, Musset, sans vous, ce n'est plus guère que le nom d'une place ou d'un boulevard.

RICHARD. Oui, s'il vous plaît.

Elina donne l'impression de ne céder qu'à l'injonction de Richard. Rougissante, timide, elle lui destine ce texte.

ELINA. « Tous les hommes sont menteurs, inconstants, faux, bavards, hypocrites, orgueilleux et lâches, méprisables et sensuels ; toutes les femmes sont perfides, artificieuses, vaniteuses, curieuses et dépravées ; le monde n'est qu'un égout sans fond où les phoques les plus informes rampent et se tordent sur des montagnes de fange ; mais il y a au monde une chose sainte et sublime, c'est l'union de deux de ces êtres si imparfaits et si affreux. On est souvent trompé en amour, souvent blessé et souvent malheureux : mais on aime, et quand on est sur le bord de sa tombe, on se retourne pour regarder en arrière, et on se dit : J'ai souffert souvent, je me suis trompé quelquefois, mais j'ai aimé. C'est moi qui ai vécu, et non pas un être factice créé par mon orgueil et mon ennui. J'ai aimé. »

Richard dévore Elina des yeux, d'une façon si gênante qu'elle finit par baisser les paupières.

Le constatant, Diane et Rodica échangent un clin d'œil complice.

Richard se relève et éprouve alors une douleur aux reins. Les trois femmes le remarquent, comprennent qu'il souffre sans oser intervenir.

Il s'appuie sur le mur, reprend ses forces comme si de rien n'était.

RICHARD. Et vous, Elina, ce texte vous encourage ?…

ELINA. Oui.

RICHARD. À quoi ?

ELINA. À aimer…

RICHARD *(très songeur)*. À aimer…

6

Couloir en mansarde

Richard, manteau, gants, des paquets à la main, se tient devant l'appartement qu'occupent désormais les Roumaines.

Il lutte pour que Rodica admette sa présence et ses présents.

RICHARD. Enfin, madame Nicolescou !

RODICA. Non, je ne veux pas vous laisser entrer.

RICHARD. Prenez au moins mes cadeaux.

RODICA. Surtout pas.

RICHARD. Allons.

RODICA. Non, nous ne pouvons pas accepter.

RICHARD. Je vous les laisse.

Il dépose ses paquets au sol.

RODICA. Nous ne les ouvrirons pas. Je m'en veux déjà d'avoir ouvert les premiers. Comme il s'agissait de livres et qu'Elina adore la littérature, je n'ai pas eu le courage de l'en priver. Mais depuis que vous êtes passé à des cadeaux plus chers, je ne tiens même plus à savoir ce que vous achetez.

Quoique déchiffrant avec envie les noms des prestigieuses marques imprimés sur les sacs, elle les repousse vers lui. Il marque un chagrin sincère.

RICHARD. Vous m'humiliez.

RODICA. Vous aussi.

RICHARD. Moi ?

RODICA. Vous nous plongez le nez dans notre misère.

RICHARD. Madame Nicolescou, je ne vous apporte pas des cadeaux pour vous faire sentir que je suis riche mais pour vous procurer un peu de bonheur.

RODICA. Les cadeaux sont une monnaie. Je ne peux m'empêcher de penser que vous cherchez à obtenir quelque chose grâce à eux.

RICHARD. Quoi donc ?

RODICA. Plaire à ma fille.

Un temps.

RICHARD. C'est vrai. J'aimerais lui plaire.

RODICA. Pourquoi ?

Un temps.

RICHARD. Parce qu'elle m'a ému.

RODICA. Reprenez vos cadeaux.

RICHARD. S'il vous plaît…

RODICA. Reprenez vos cadeaux.

RICHARD. Puis-je voir Elina ?

RODICA. Non.

RICHARD. Madame Nicolescou, vous exagérez ! Elina est majeure… votre attitude me semble d'une époque révolue.

RODICA. Ah oui ? Si, dans notre siècle, les mères vendent leur fille au plus offrant, alors je ne suis pas de ce siècle. Je garde avec elle, pour elle, ce qu'Elina a de plus précieux : sa vertu.

RICHARD *(soufflé)*. C'est un vieux mot, vertu.

RODICA. Pas chez une jeune fille. *(Avec sévérité.)* Je suis d'accord avec vous, monsieur Darcy, notre pauvreté nous rend d'un autre temps car elle valorise un détail qui n'a plus d'importance aujourd'hui : la virginité d'une fille. Si vous voulez vous amuser avec des traînées, restez dans votre milieu, ne descendez pas jusqu'à nous.

Richard peine à croire qu'il a affaire à une femme aussi rétrograde mais il parvient à se contrôler.

RICHARD. Vous m'interdisez de revoir Elina ?

RODICA. Oui.

RICHARD. Elina est-elle d'accord avec vous ?

RODICA. Je ne lui ai pas demandé son avis.

RICHARD. Elle ne veut pas me voir ?

RODICA. Ça serait mentir que de le dire. Au contraire, même, elle adorerait vous revoir.

RICHARD. Alors !

Il laisse exploser sa joie. Elle le calme aussitôt.

RODICA. C'est moi qui m'y oppose.

RICHARD. Allons, madame Nicolescou…

RODICA. Regardez-vous, monsieur Darcy : vous êtes beau, vous êtes riche, vous êtes charmant.

RICHARD *(avec un sourire)*. Donc infréquentable ?

RODICA. Donc irrésistible. *(On sent qu'elle ne tiendrait pas tête à Richard s'il s'agissait d'elle-même.)* Or je veux que ma fille vous résiste.

Il réfléchit puis rebrousse chemin.

RICHARD. Je reviendrai.

RODICA. À votre aise.

Richard, avant de quitter les lieux, lâche d'un ton faussement distrait :

RICHARD. Une cigarette ?

RODICA *(sans réfléchir)*. Avec plaisir… *(Se ressaisissant.)* Non, merci, je ne fume pas.

Richard s'amuse qu'elle soit tombée dans le piège car elle a une voix de fumeuse.

RICHARD. Pas ?

RODICA. Plus.

RICHARD. Ah oui ?

RODICA. J'ai arrêté.

RICHARD *(concluant)*. Il vous arrive de changer d'avis ? Je peux donc garder espoir ?

Rodica grommelle quelques mots indistincts.

RICHARD *(jubilant)*. Au revoir, madame Nicolescou.

Il part.

RODICA. Vos cadeaux !

RICHARD *(avec légèreté)*. Trop tard !

Quand il va descendre les marches, il se retourne et, avec un sourire complice, lui lance son paquet de cigarettes. Par instinct, Rodica l'attrape puis, voyant qu'elle se trahit, le laisse tomber. Il dévale l'escalier en riant.

Lorsqu'elle est certaine qu'il est parti, Rodica se précipite sur l'étui et en tire une cigarette.

Elina apparaît à la porte, s'approche, les yeux brillants, de Rodica.

ELINA. Il était déçu ?

RODICA. Très.

ELINA. Tant mieux. *(Un temps.)* Tu n'as pas été trop dure ? Tu ne l'as pas complètement découragé ? Il va revenir au moins ?

RODICA. Je crois.

ELINA. Tant mieux.

Rodica scrute avec âpreté le visage d'Elina.

RODICA. Elina, ne tombe pas amoureuse !

ELINA *(avec fierté)*. C'est ce qu'on me demande, non ?

7

Chez Diane

Richard et Diane, chacun dans une méridienne, lisent côte à côte.

Incapable de se concentrer sur son journal, Richard, dont les yeux rêvent, sourit en regardant en l'air.

Diane le remarque.

DIANE. Que se passe-t-il ?

RICHARD. Rien.

DIANE. Allons, je ne vois pas là-haut ce qui te fait sourire comme ça… Explique-moi ce que mon plafond a de si parfaitement hilarant.

RICHARD. Je pensais…

DIANE. À quoi ?

RICHARD *(corrigeant)*. À qui ?

DIANE *(docile)*. À qui ?

RICHARD. À ton avis ?

Diane se referme. Cela amuse Richard. Par provocation, il murmure le nom de celle à laquelle il songe :

RICHARD. Elina…

DIANE. Ah, Elina… Encore… *(Perplexe.)* J'avoue que je ne sais si je dois dire « encore » ou « déjà ». Je te trouve tout à fait fou.

RICHARD. Ah bon ? Tu ne m'as jamais vu amoureux ?

DIANE. D'une autre, non.

Un temps. On perçoit qu'il y a entre eux un jeu cruel, subtil, consistant à agacer le partenaire pour le contraindre à avouer ses sentiments.

DIANE. C'est ce qui se passe ?

RICHARD. Je ne sais pas.

Il se lève et marque un mouvement d'arrêt sous le coup de la douleur, se retient à une commode afin de ne pas tomber.

DIANE. Toujours mal au dos ?

RICHARD. Oui. Non. Enfin, ça dépend des jours.

Il se touche les reins, inspire puis se détend.
Diane sourit de manière compréhensive. Richard se débarrasse du sujet en badinant :

RICHARD. On est injuste avec ce pauvre corps : on ne le félicite pas quand il fonctionne, on ne le remarque qu'aux instants où il grippe, et c'est quand il a mal qu'on lui en veut.

Diane approuve, préoccupée, puis prend un ton posé :

DIANE. As-tu revu Elina ?

RICHARD. Son dragon de mère refuse désormais mes cadeaux et me ferme sa porte.

DIANE. Normal : elle est fière.

RICHARD. Fierté mal placée.

DIANE *(ambiguë)*. Où va se loger la fierté ? Y a-t-il de bons endroits ? *(Un temps.)* Tu ne vois plus Elina ?

RICHARD *(radieux)*. Si.

DIANE. Ah ?

RICHARD. En cachette. Elle me rejoint au jardin public. Nous marchons ensemble.

DIANE *(un peu moqueuse)*. Comme c'est joli…

RICHARD. Je sens qu'elle m'aime. Ou qu'elle serait prête à m'aimer. Seulement…

DIANE *(s'amusant avec cruauté de la situation)*. Seulement, ça ne va pas plus loin que la promenade…

RICHARD *(avec humour)*… et l'échange de poèmes ! Musset, Verlaine, Baudelaire, je n'en peux plus ! *(Se blottissant contre Diane.)* Que dois-je faire ?

DIANE *(choquée)*. Si je comprends bien, tu me réclames des conseils ?

RICHARD. Enfin, Diane, es-tu mon amie, oui ou non ?

DIANE. Ton amie…

RICHARD. C'est ce que tu as souhaité, que nous restions amis, non ?

DIANE. Mon conseil ? Laisse tomber.

RICHARD. Pourquoi ?

Il s'approche, escomptant de la jalousie, cherchant une réaction passionnée de sa part.

DIANE *(se dégageant)*. Je suis l'amie d'Elina et de Rodica aussi. C'est pour elles que je refuse.

RICHARD. Je te demande pardon ?

DIANE *(forçant la note)*. Je ne veux pas qu'Elina s'embarque dans une liaison avec toi. Je te connais trop : l'amour te corrompt, Richard, tu pourrais accomplir de grandes choses au nom de l'amour, tu n'en commets que d'avilissantes.

L'atmosphère s'électrise.
Richard se met face à Diane et la contemple avec perplexité. On dirait deux duellistes qui se préparent au combat.

RICHARD. Abstinence, voilà ton conseil ?

DIANE. Abstinence, tel est mon conseil !

RICHARD *(d'une voix sourde)*. Attention, Diane, tu fonces vers le couvent : tu idolâtres la vertu en ce moment. N'oublie pas que tu es jeune, belle, et que tu disposes de plusieurs bonnes années pour accomplir des milliers de bêtises. Tu m'inquiètes. Serait-ce l'effet de notre rupture ?

DIANE. Qui sait ?

RICHARD. Ou alors, est-ce un concours entre nous deux ? Après notre séparation, qui mettra le plus de temps à refaire sa vie ? Qui sera l'ingrat qui cicatrisera vite, le fidèle qui n'oubliera pas ? Qui, de toi ou de moi, demeurera le veuf inconsolable de notre amour ? Qui vaut mieux que l'autre ?

DIANE. J'ai peur de posséder la réponse.

Il éclate d'un rire agressif.

RICHARD. C'est toi, naturellement ?

Elle répond avec beaucoup de sérieux :

DIANE. Non, toi.

RICHARD *(surpris)*. Moi ?

DIANE. Oui, toi. *(Elle s'approche de lui.)* Tes envies ont un fond simple, enfantin, égoïste ; en un mot, elles sont très saines. Tu ne dissimules rien de pervers ni de tortueux. Tu ne recherches que ce qui te donne du plaisir.

RICHARD. Tandis que toi…

DIANE *(violente)*. Moi ? Personne ne sait de quoi je suis capable.

Il la regarde, un moment impressionné. Puis il secoue la tête en riant.

RICHARD. Quelle comédienne ! J'ai failli te croire...

Elle rit à son tour.

DIANE. Ah bon ?

La tension s'est relâchée.

RICHARD. Soyons sérieux maintenant, revenons à Elina. Que dois-je faire ?

DIANE. Oublie-la. Oublie-les toutes les deux.

RICHARD *(fatigué par ses constantes ambiguïtés)*. Tu me dis ça pour elles ou pour toi ?

DIANE. Pour toi. Tu perds ton temps. Ces femmes-là, la pauvreté et le malheur les ont hissées à un niveau de vertu où tu ne peux plus les atteindre.

RICHARD. Si.

Diane se lève, excédée.

DIANE. N'y songe pas, Richard.

RICHARD. Si ! J'y arriverai. Je pense que je lui plais. Je l'aurai !

DIANE. Même pas en rêve !

RICHARD. Tu ne me connais pas !

DIANE. Si, je te connais…

RICHARD. Lorsque je veux une femme, je l'ai !

Un malaise s'installe entre eux.

8

Mansarde

Dans l'appartement au plafond bas troué par un vasistas, Rodica et Elina se tiennent, comme deux écolières impatientes, en face de Diane qui lit des documents.

ELINA. Cette fois-ci, on accepte.

RODICA. En tout cas, moi, je ne le retiens plus : j'ouvre la cage.

Arrivée au paragraphe final, Diane leur rend les feuilles.

DIANE. C'est non !

ELINA. Quoi !

RODICA. Enfin, madame Pommeray, il nous offre une maison à chacune. Une dans le Midi pour moi. Une pour Elina à Paris. Deux maisons ! Vous avez les actes notariés entre les mains, c'est clair, il n'y a pas d'entourloupe.

DIANE. Refusez.

RODICA. On ne peut pas.

ELINA. Non, on ne peut pas.

RODICA *(râlant)*. On ne m'a jamais proposé autant contre aussi peu.

DIANE. C'est non !

RODICA. C'est assez pour moi.

DIANE. Pas pour moi.

ELINA. Vous allez le tuer. Il a besoin de me voir, il a besoin de m'aimer. Je ne comprends pas ce que vous cherchez. De quoi nous aviez-vous suppliées ? De lui dédier quelques mois de bonheur avant que le cancer ne l'emporte. Ces mois-là, je veux les lui donner au plus vite.

DIANE. Trop tôt.

ELINA. Allons ! Il est malade.

DIANE. Je veux qu'il s'engage davantage.

ELINA. Il n'y a pas de temps à perdre.

DIANE. Calmez-vous. Il y a beaucoup à perdre en allant trop vite. Aujourd'hui, il vous offre une maison chacune si vous lui dites oui. Imaginez ce qu'il avancera demain si vous refusez encore.

RODICA. Rien.

DIANE. Si. Le mariage.

Les deux femmes demeurent interdites.

DIANE. Richard possède une fortune immense et manque d'héritiers directs. Si Elina l'épousait, elle serait bientôt bénéficiaire de plusieurs millions.

ELINA *(sincère)*. Mais je ne veux pas !

DIANE. Ne soyez pas sotte ! Préférez-vous que des neveux par alliance ou l'État reçoivent cet argent ? Si vous employez les dernières semaines de sa vie à jouer le rôle de son amante et de son infirmière, autant être rémunérée pour cela, non ?

RODICA. Ça ne me regarde pas, Elina, mais Madame Pommeray calcule juste. La tâche sera la même, le bénéfice plus important.

Elina se tord les mains.

ELINA. Non, j'ai hâte de lui rendre un peu d'amour, un peu d'attention. Laissons tomber cette idée de mariage.

DIANE. Vous m'obéissez.

ELINA. Je suis désolée de ne pas pouvoir.

DIANE. Elina, vous n'êtes là que par ma volonté et vous avez juré de m'obéir. Si vous reculez, je lui révèle tout.

ELINA *(avec violence)*. Non !

DIANE. Je lui dis tout.

Elina baisse la tête, contrainte de céder.

9

Deux téléphones dans la nuit

Deux lampes isolent deux téléphones dans l'obscurité : celui de Richard et celui de Diane.

Richard, en pardessus, une valise à la main, affiche un air sombre, souffre d'une respiration oppressée.

En revanche, dans son coin, Diane semble à son aise.

On entend une pluie torrentielle alentour.

RICHARD. Je pars. Je quitte la France.

DIANE. Où vas-tu ?

RICHARD. J'ai acheté un billet pour le bout du monde.

DIANE. Puis-je te demander pourquoi ?

RICHARD. Je préfère ne pas te répondre.

DIANE. Ah… c'est à cause d'elle… Elina ?

RICHARD. Je ne veux pas en parler.

DIANE. Où est-ce, le bout du monde ?

RICHARD. Le désert du Hoggar. Au Niger.

DIANE. Tu ne penses pas que c'est loin pour un simple rhume sentimental ?

RICHARD. Je t'informe, je ne commente pas.

DIANE. Bien.

RICHARD. Au revoir Diane.

DIANE. Au revoir, Richard. Prends soin de toi. Prends extrêmement soin de toi. Et appelle-moi à ton retour : j'irai t'accueillir à l'aéroport.

RICHARD. Ce n'est pas la peine.

DIANE. Si. J'y tiens. Juré ?

RICHARD. Juré.

10

Chez Diane

Nuit au-dehors.

Lumière tamisée dans l'appartement.

Répondant au coup de sonnette, Diane laisse pénétrer Rodica. Peu ravie de la voir, elle l'accueille à reculons.

DIANE. Je déteste ce genre d'initiative. Vous savez que je ne tiens pas à ce que vous veniez ici.

RODICA. Elina menace de se jeter par la fenêtre si je ne lui rapporte pas des nouvelles de Richard.

DIANE. Vous devez résister au chantage d'Elina.

RODICA. Je voudrais vous y voir… Elle n'arrête pas de pleurer depuis trois semaines. *(Changeant de ton.)* Où est Richard ?

DIANE. Je vous l'ai déjà dit. En Afrique.

RODICA. Quand rentre-t-il ?

DIANE. Ce soir. Il vient de m'appeler de l'aéroport.

RODICA. Enfin !

DIANE. Il va passer ici. Je ne tiens pas à ce qu'il vous voie.

RODICA. Dans un appartement pareil, il doit y avoir une sortie de service, non ?

DIANE. Oui, pourquoi ?

RODICA. S'il sonne, je m'éclipserai.

Sans attendre d'y être invitée, Rodica s'installe dans un fauteuil et croise les jambes.

RODICA. Maintenant, on arrête les simagrées. Je veux savoir ce qui se trafique. *(Elle dévisage Diane avec précision.)* Qui êtes-vous ?

DIANE. Je ne suis rien d'autre que ce que je fais.

RODICA. Que faites-vous justement ?

DIANE. Je sauve deux femmes de la prostitution et j'embellis la vie d'un homme qui va mourir.

RODICA. Je n'arrive pas à vous croire.

DIANE. Trop idéaliste, selon vous ?

RODICA. Je ne crois qu'au vice, au calcul, à l'intérêt, aux petites jouissances, au mal qui procure du bien. Dans ma vie, je n'ai rien vu de différent. Je n'ai rencontré que la laideur.

DIANE. Et la beauté d'Elina ?

RODICA. Ça aussi, c'est de la laideur. Cette beauté, ce fut sa poisse, sa malédiction, à Elina.

DIANE. Je vous plains, Rodica.

RODICA. Je ne supporte pas qu'on me plaigne.

DIANE. De cela aussi, je vous plains.

Rodica, furieuse, s'approche d'elle et la saisit par le bras.

RODICA. Cessez de mentir : pourquoi agissez-vous ainsi ? Nous arracher au trottoir, nous présenter Richard, le chauffer, le refroidir, attendre ! Pourquoi ?

DIANE. Rodica, vous êtes si habituée à subir que vous ne croyez pas aux bonnes intentions des gens.

RODICA. Pas aux vôtres, non. *(Un temps.)* Je vais vous dire ce que vous êtes : vous êtes mauvaise.

Diane lui éclate de rire au nez.
Rodica continue, impitoyable :

RODICA. Vous ne voulez pas nous aider mais vous servir de nous. Vous ne voulez pas rendre Richard heureux, mais malheureux.

DIANE *(crânant)*. Et pourquoi ?

RODICA. Parce qu'il a cessé de vous désirer. Vous tenez à ce qu'il souffre. Fort. Longtemps. Davantage que vous.

DIANE. Simpliste, non ?

RODICA. Quand une femme ne tient debout que soutenue par l'amour et que cet amour lui est brusquement retiré, si elle ne veut pas tomber, elle doit remplacer ce sentiment par un autre aussi fort : la haine. Vous vous vengez.

Diane hausse les épaules.

RODICA. Et vous avez raison. C'est bon, la haine, c'est chaud, c'est solide, c'est sûr. À l'opposé de l'amour, on ne doute pas, dans la haine. Jamais. Je ne connais rien de plus fidèle que la haine. Le seul sentiment qui ne trahit pas.

Diane détourne le visage.

RODICA. Si, si. On gagne au change, à sauter de l'amour à la haine. Comme je vous approuve. Vous savez quoi ? Vous me devenez beaucoup plus sympathique.

DIANE. Ah bon ?

RODICA. Une femme qui cherche à se venger d'un homme… n'importe quelle femelle comprend ça. Je vous aiderai. À travers vous, je me vengerai de ceux que je n'ai pas eu le temps de punir.

Diane esquisse un sourire, comme si elle luttait contre la nausée. Rodica lui secoue le bras.

RODICA. Maintenant, lâchez la vérité. Il ne va pas mourir ?

DIANE. Si.

RODICA. Non ! J'ai un œil pour voir les maladies. Autour de chaque personne, j'aperçois de la lumière, comme une auréole : si l'aura est pleine, le bonhomme jouit d'une santé solide ; si l'aura est déchiquetée, il va mourir.

DIANE *(indifférente)*. Très intéressant. Vous devriez ouvrir un cabinet : il y a assez de gogos pour que vous deveniez riche.

RODICA *(véhémente)*. Richard n'est pas malade ! Il ne va pas mourir !

Diane s'éloigne de quelques pas puis considère Rodica avec intérêt. Un sourire s'esquisse sur ses lèvres.

DIANE. Dites-moi, Rodica : vous ne seriez pas amoureuse ?

RODICA. Pardon ?

DIANE. Amoureuse de Richard ? Vous semblez si désireuse qu'il ne meure pas. On croirait qu'on vous blesse personnellement lorsqu'on évoque sa fin…

Touchée, Rodica se redresse, prête à bondir sur Diane telle une furie.
On entend la sonnette.

DIANE. C'est lui. Décampez.

Rodica hésite, puis obéit.
Diane indique la sortie de service.

DIANE. Par là.

RODICA. Vous...

DIANE. Sans bruit. Vite.

   Rodica s'esquive.
   Diane se recompose une contenance puis va ouvrir à Richard.
   Il entre, sombre, les traits creusés, les yeux fixes.

RICHARD *(anticipant sa remarque)*. Je sais : je n'ai pas bonne mine.

   Il se rue dans un fauteuil, comme furieux.

DIANE. Bonsoir.

RICHARD *(sans la regarder)*. Ah oui : bonsoir.

   Trop préoccupé, Richard, naguère l'homme le plus galant de la terre, a oublié la politesse élémentaire. Fiévreux, il éructe :

RICHARD. Quel diable de femme !

DIANE. Elina ?

RICHARD. Non, la mère. C'est elle qui manigance derrière ! Elle veut que je me couche devant sa fille.

DIANE. Ça, je crains fort que tu n'obtiennes cette fille qu'à des conditions qui ne sont pas de ton goût.

RICHARD. Je ne peux arracher cette passion de mon cœur.

Diane tressaille. Cette fois, elle comprend que Richard est devenu réellement amoureux d'Elina. Il frappe contre le mur.

RICHARD *(avec violence)*. Or je ne peux pas m'arracher le cœur.

DIANE. Que vas-tu faire ?

RICHARD *(hagard)*. Il me prend des envies de me jeter sous un train puis de courir tant que la terre me portera. Un moment après, la force m'abandonne, je reste comme anéanti, mon cerveau s'embarrasse, je deviens stupide.

Un temps. Il relève la tête, regarde enfin Diane dans les yeux, murmure comme un noyé :

RICHARD. Il vaut mieux épouser que souffrir : j'épouserai.

DIANE. Attention, la décision est grave et demande réflexion.

RICHARD. Il n'y a qu'une réflexion qui vaille : je ne veux pas être davantage malheureux que je ne le suis. Rends-moi ce service, je suis venu pour ça : vois la fille, vois la mère, communique-leur mes intentions.

Il ne soupçonne pas à quel point il choque Diane.

DIANE. Quoi ? C'est à moi de leur proposer ?

RICHARD. Moi, elles ne me recevront même pas.

DIANE. Débrouille-toi sans moi, je déteste le rôle que tu m'attribues.

Il fond sur elle, l'enlace et utilise son ascendant physique pour l'empêcher de résister.

RICHARD. Diane, si tu m'abandonnes, je suis perdu. Si tu ne me précèdes pas, j'irai là-bas, je forcerai leur porte, j'entrerai malgré la mère et dans l'état de violence où je suis, je ne sais… *(Avec émotion.)* Je t'en conjure, Diane, au nom de notre amitié.

DIANE. D'accord.

Il lui baise les mains avec effusion.

DIANE *(embarrassée)*. Eh bien, ne suis-je pas bonne ? Trouve une autre femme qui en ferait autant !

RICHARD. Merci. Tu es ma seule véritable amie. Quand vas-tu les voir ?

DIANE. Dès demain.

RICHARD *(l'implorant avec tendresse)*. Demain ? Demain soir ? Demain après-midi ?

DIANE *(cédant)*. Demain matin !

RICHARD. Merci, Diane, merci. Tu me sauves la vie. Je vais dormir un peu. Ou du moins essayer, cette fois.

Il l'embrasse et sort.

Diane demeure soucieuse.

Après quelques secondes, Madame Pommeray s'avance en tripotant les piles de sa prothèse auditive.

MADAME POMMERAY. Ah, tu es seule ? Il m'avait semblé entendre des voix.

Dépitée, elle donne une légère tape à son appareil.

MADAME POMMERAY. Mon médecin prétend que je deviens sourde alors que c'est tout le contraire : j'entends des voix que personne n'entend.

Diane ne réagit pas.

MADAME POMMERAY. Au fond, Tirésias, le devin de l'Antiquité, était comme cela : un voyant aveugle. Crois-tu que je devrais mettre une plaque sur ton palier : « Madame Tirésias, écouteuse de silence, capteuse de voix éteintes, sondeuse d'âmes disparues » ? Ça pourrait arrondir mes revenus…

Elle constate que sa fille, plongée dans ses pensées, ne cille pas.

MADAME POMMERAY. Toi, tu n'es pas sourde mais tu n'écoutes pas. *(Agitant ses mains.)* Coucou, c'est moi la fée Clochette !

N'obtenant pas de réponse, elle frappe dans ses mains. Diane se réveille.

MADAME POMMERAY. Tu as une drôle de tête. Tu as l'air sombre.

DIANE. Oui. Je viens de perdre tout le respect qu'il me restait pour l'amour.

11

Mansarde

À l'aube, Rodica et Elina parcourent leur modeste appartement avec nervosité. Tendues d'impatience, les deux femmes bondissent vers la porte dès qu'elles entendent les pas de Diane.

ELINA. Richard est revenu ?

DIANE. Oui.

ELINA. En bonne santé ?

DIANE. Non, il a mauvaise mine.

ELINA. Ah mon Dieu…

DIANE. Je l'ai trouvé fatigué. Très… Le mal progresse…

Elle insiste sur ces mots en fixant Rodica qui baisse la tête, gênée d'avoir émis des soupçons la veille.

ELINA. Il m'a oubliée ?

DIANE. Il a essayé. *(Un temps.)* Il n'y est pas arrivé.

Elle se retourne et ouvre ses bras en direction d'Elina.

DIANE. Il veut vous épouser, Elina.

Elina pousse un hurlement de joie puis s'élance vers Diane, l'embrassant avec gratitude.

Après quelques secondes d'hésitation, Rodica bafouille, honteuse, à Diane :

RODICA. Excusez-moi. Je me suis trompée. Sur toute la ligne. Comme d'habitude. C'est l'histoire de ma vie, ça : les erreurs.

12

Chambre de Diane

La musique de la *Marche nuptiale* retentit.

Diane, devant la fenêtre d'où coule un triste crépuscule, boit seule, sans joie, un verre de whisky. Peut-être n'est-ce pas le premier…

Intriguée par le bruit, Madame Pommeray pénètre dans la chambre, s'approche avec curiosité des haut-parleurs, croit qu'elle se méprend, tripote sa prothèse acoustique, puis vérifie qu'elle entend bien ce qu'elle entend.

MADAME POMMERAY. Je ne me trompe pas : tu écoutes la *Marche nuptiale* ?

DIANE. Oui. C'est la musique la plus comique que je connaisse.

MADAME POMMERAY. Tu ne confonds pas avec la musique militaire ?

DIANE. Non.

MADAME POMMERAY. Tu sais que ces accords, ma petite fille, c'est ce que l'orgue joue lorsque le monsieur habillé en pingouin et la dame déguisée en meringue se rendent vers l'autel où le curé va les unir ?

DIANE. Oui.

MADAME POMMERAY. Ah ! Tu trouves ça drôle ?

DIANE. C'est ironique, cette joyeuse ritournelle avant chaque grande catastrophe…

　Madame Pommeray hausse les épaules.

MADAME POMMERAY. J'en conclus que tu as encore refusé la demande en mariage de Richard ?

DIANE. Tu conclus bien.

MADAME POMMERAY. Ma pauvre fille… Enfin… Il y aurait trop long à dire… je préfère me taire…

DIANE. Va te coucher, maman.

MADAME POMMERAY. As-tu transmis mon message à Richard ? Cesser de te donner rendez-vous chez lui ? Je ne le vois plus ces derniers temps, plus du tout. Vous êtes trop égoïstes, vous deux. Il me manque.

DIANE. Oui, je lui ai transmis ta plainte. Il te prie de l'excuser.

MADAME POMMERAY *(abasourdie)*. Il me prie de l'excuser ? *(Elle soupire.)* Il me prie de l'excuser… Ah, ne vieillis pas, ma fille, surtout ne fais pas comme moi : ne vieillis pas.

　Elle sort.
　Diane va interrompre la musique de mariage lorsque le téléphone sonne.

DIANE. Allô ? Ah, Richard... Ça se passe bien ? Merveilleux. Non, n'insiste pas. Je sais, Richard, je sais qu'Elina et toi vous aviez envie que je sois avec vous aujourd'hui mais – je te l'ai expliqué – je ne me sens pas capable d'affronter ceux qui croient que j'aurais voulu être à sa place. Si... Ne ris pas. Certains le pensent. Oui, toi tu sais que non puisque j'ai toujours refusé tes propositions... je ne désire pas laisser traîner ce genre de regard sur moi, pitié ou ironie, peu importe. Voilà. Bon mariage à vous deux. Je vous souhaite tout le bonheur du monde. Embrasse Elina de ma part. De ma part, c'est-à-dire sur les joues, d'accord ? À bientôt.

Après avoir raccroché, elle met la musique plus fort et se ressert un verre de whisky.

13

Chez Richard

La même *Marche nuptiale*, mais langoureuse, cajolante, traitée de façon jazzy.

Richard apparaît en robe de chambre, heureux, décoiffé, les yeux brillants et lourds, le corps épuisé par la meilleure des fatigues, celle qui succède à une longue nuit ardente.

Il est dix heures du matin.

Richard prépare un plateau de petit déjeuner à l'intention d'Elina, en commençant par déposer une fleur dans un verre.

Soudain, on sonne à la porte. Il jette un œil sur l'écran de contrôle et constate qu'il s'agit de Diane.

Stupéfait, il actionne néanmoins le bouton d'entrée.

Pendant qu'elle arrive, il continue à se comporter en amoureux qui confectionne un plateau pour sa femme restée au lit.

Diane le rejoint.

RICHARD. Diane… je… je suis surpris…

DIANE. Je te dérange ?

RICHARD (*riant*). C'est le matin de ma nuit de noces !

DIANE. Je le sais.

RICHARD. Que se passe-t-il ?

DIANE. Ça, justement. Je viens te demander comment s'est déroulée ta nuit de noces.

RICHARD. Mais… mais… *(Riant.)* Tu es venue pour ça ?

DIANE. Oui.

RICHARD. Rien que pour ça ?

DIANE. Oui.

RICHARD *(soufflé)*. Tu es incroyable… *(Répondant à la question.)* Bien, très bien. Magnifique.

Gêné, il préfère continuer à préparer son plateau.
Diane se perche sur le rebord d'un siège.

DIANE. Comment était Elina ?

RICHARD. Diane !…

DIANE. Très timide ? Très amoureuse ? Très sensuelle ? Très réservée ?

RICHARD *(éclatant de rire afin de masquer sa gêne)*. Un peu de tout cela. *(Se reprenant.)* Excuse-moi, c'est… c'est ma vie privée…

Diane frémit à cette expression.

RICHARD. C'est… c'est intime… et ta curiosité me déconcerte…

DIANE *(avec brusquerie)*. A-t-elle saigné ?

RICHARD *(choqué)*. Pardon ?

DIANE. Tu m'as entendue, Richard : je te demande si elle a saigné.

RICHARD. Mais… *(embarrassé)*… oui, naturellement.

Du coup, interrompant sa préparation, il engloutit un verre d'eau pour se remettre de cet étrange interrogatoire.

Après avoir bu, il se sent plus réveillé et la regarde avec inquiétude.

DIANE. Au fond, tant mieux.

RICHARD. Diane, tu deviens folle.

DIANE. Non, je vérifie qu'Elina, en toute circonstance, se comporte d'une manière professionnelle.

RICHARD. Que dis-tu ?

DIANE. Rusée jusque dans les moindres détails.

RICHARD. Diane, tu ne m'amuses plus !

DIANE. Je m'en doute. Je suis là pour ça, justement.

RICHARD. De quoi parles-tu ?

DIANE. Je parle de l'ancien métier de ta femme.

Elle extrait de son sac un classeur qu'elle lui tend.

DIANE. J'aimerais que tu lises ça.

RICHARD. Qu'est-ce ?

DIANE. Un dossier. Constitué par quelqu'un de mon cabinet. Qui montre clairement qu'avant de te connaître, Elina se prostituait.

RICHARD. Pardon ?

DIANE. Lis.

Elle lui fourgue le document dans les mains. Il le refuse.

RICHARD. Non.

DIANE. Toutes les preuves sont réunies.

Elle ouvre le document, lui en inflige la vue et en détaille les éléments.

DIANE. Des photos. Elle a été arrêtée de nombreuses fois pour racolage. Plusieurs amendes aussi. Une professionnelle.

RICHARD. Non, non !

Il repousse le dossier, tremblant, choqué.

RICHARD. Je… je ne peux pas y croire.

DIANE *(le corrigeant)*. Tu ne veux pas y croire. Pourtant ces documents sont formels. On me les a remis ce matin. Trop tard.

Il ressaisit les feuilles, les écarte, les reprend, puis soudain se laisse tomber sur les genoux, à même le sol, en gémissant.

RICHARD. Qu'est-ce que j'ai fait ? Mon Dieu, qu'est-ce que j'ai fait ?

Diane le contemple avec satisfaction. Il échoue à formuler son trouble.

RICHARD. Comment ai-je pu ne pas m'en douter ? Aller aussi loin ?

DIANE. L'aveuglement.

RICHARD. C'est la plus grande erreur de ma vie.

DIANE *(cinglante)*. Je ne crois pas.

Il redresse la tête vers elle, désemparé.

DIANE. La plus grande erreur a été de m'abandonner, moi.

RICHARD. Oui… sans cela, rien ne serait arrivé.

DIANE. Exactement : rien ne serait arrivé. *(Elle se lève et le toise.)* Si tu ne m'avais pas abandonnée, je n'aurais pas été obligée d'aller chercher cette grue sur les trottoirs, de l'installer dans un appartement et d'inventer cette histoire d'étudiante pauvre, surveillée par sa digne mère ruinée. Une farce pathétique !

Elle tire un deuxième classeur de son sac.

DIANE. Tiens, le dossier de Rodica. Une pute elle aussi. Et pas plus la mère d'Elina que moi celle du pape.

Elle propulse le document devant lui. Richard, balbu-
tiant, ne comprend plus rien… Incapable de se contrôler, Diane libère soudain la colère qui bouillonnait en elle
depuis des mois.

DIANE. Un jour, tu m'as annoncé que tu ne m'aimais plus. Figure-toi que je m'en doutais, ou plutôt
que je le craignais. Cependant, pour sauver la face,
j'ai prétendu glisser sur la même pente descendante
que toi. Soulagé, tu m'as promis ton amitié. Ton
amitié ! Je n'en voulais pas de ton amitié ! C'était
ton amour ou rien. J'ai donc décidé de me venger.
(Avec rage.) C'est moi ! C'est moi qui ai organisé
cette mascarade, dans laquelle, je dois te rendre
hommage, tu as plongé à pieds joints ! J'aurais pu
te le cacher mais ma volupté, ma délectation, c'est
de te le dire.

RICHARD. Pourquoi ? Pourquoi ?

DIANE. Tout simplement parce que je te hais.

Il se relève, violent lui aussi. On a l'impression qu'il va
la frapper.
Ils se font face, ils se toisent, elle lui tient tête.

RICHARD. Moi aussi je te hais.

DIANE. Enfin !

Il est démangé par l'envie de la frapper mais il se maîtrise.
La tension entre eux est intenable.

RICHARD. Je n'aime pas ma haine.

DIANE. Moi aussi, je me déteste de te haïr mais je ne parviens pas à m'en empêcher ; alors, je me suis arrangée.

RICHARD (*avec douleur*). Diane, tu es une salope !

DIANE. Qui m'a rendue méchante ?

Elle fonce vers la porte puis s'arrête sur le palier.

DIANE. Déteste-moi. Déteste-moi bien, s'il te plaît. Bienvenue au royaume des abusés, Richard. Je t'y attendais, toute seule dans l'ombre, depuis des mois. Je suis ravie de t'y accueillir. J'espère que tu y souffriras autant que moi, sinon davantage.

Elle disparaît.
Richard demeure comme hébété.
Quelques secondes plus tard, Elina surgit, en robe de nuit, légère, soyeuse, amoureuse.

ELINA. Richard… tu es déjà levé…

Il ne répond pas.
Elle le rejoint.

ELINA. Mon chéri, à qui parlais-tu ?

Elle veut se blottir contre lui.
Étrangement, il la laisse approcher.

Mieux, il la saisit entre ses bras, l'embrasse avec force sur la bouche. Un long baiser. Un baiser plein de passion. Un baiser qui surprend même Elina tant il est intense.

Puis, cette étreinte achevée, il la repousse avec douceur.

RICHARD. Voilà, c'était la dernière fois.

Elle veut revenir contre lui. Il refuse.

ELINA. Richard…

RICHARD (*d'une voix brisée*). C'est fini.

Il parcourt la pièce en quelques enjambées désordonnées. Dès qu'elle va à sa rencontre, il lui fait signe de reculer, cherchant un endroit où se réfugier.

ELINA. Richard, que se passe-t-il ?

Il secoue la tête, incapable de répondre.

ELINA. Je ne te plais plus ?

RICHARD (*les larmes aux yeux*). Si…

ELINA. Ce n'était pas bien, cette nuit ?

RICHARD (*encore plus perturbé*). Si…

Elle l'enlace. Il l'évite, comme effrayé par elle.

ELINA. Qu'ai-je fait ?

RICHARD. Tu… je…

Il promène les yeux autour de lui et achève d'une voix mal assurée :

RICHARD. Ce n'est pas toi qui pars, c'est moi.

ELINA. Richard…

RICHARD. Oui, tu garderas cet appartement. Je ne l'ai jamais apprécié mais, depuis cette nuit, j'y ai un trop bon souvenir.

Richard tremble. Ses yeux se remplissent de larmes. Il est devenu un enfant qui subit une colossale injustice : il aime Elina et il doit la quitter.

RICHARD. Adieu, Elina. Tu recevras les papiers du divorce.

ELINA. Richard ! Richard !

Lorsqu'elle se jette vers lui, il l'arrête, lui désigne, d'une main qui vacille, les documents qui jonchent le sol.
À terre, elle découvre les dossiers apportés par Diane ; d'un regard, elle comprend.
Elle s'affaisse et lance un cri de détresse :

ELINA. Non !

14

Chambre de Diane

Diane, lovée sur son lit, écoute distraitement de la musique.

Sa mère entre, nerveuse, dans l'état de celle qui tourne en rond depuis longtemps.

MADAME POMMERAY. Je n'ai plus de mots croisés.

Diane lui tend quelques journaux qu'elle avait mis de côté au pied du lit.

DIANE. Tiens, j'y avais pensé.

Madame Pommeray les reçoit puis, furieuse, les balance au loin.

MADAME POMMERAY. J'en ai assez des mots croisés.

Diane remarque alors l'extrême instabilité de sa mère.

DIANE. Maman, que se passe-t-il ?

MADAME POMMERAY. Pourquoi Richard ne vient-il plus ?

DIANE. Je te l'ai déjà rabâché cent fois : il se trouve en Afrique depuis deux mois.

MADAME POMMERAY. Tu mens.

DIANE. Maman !

MADAME POMMERAY. Tu mens ! S'il était parti en voyage, il serait venu m'embrasser.

DIANE. Il m'a demandé de te l'annoncer. Cent unième édition.

MADAME POMMERAY. Tu mens !

DIANE. Maman !

MADAME POMMERAY. Tu mens !

DIANE *(émue)*. Maman, je t'interdis de me parler comme ça.

MADAME POMMERAY. Je sens qu'il est arrivé un malheur à Richard. Un malheur que tu me caches. Confie-moi la vérité, Diane, la vérité.

DIANE. Après tout… *(Un temps.)* Nous nous sommes séparés.

MADAME POMMERAY. Séparés ? Que lui as-tu fait ? Que lui as-tu dit ?

DIANE. Maman… il a provoqué la rupture, pas moi.

MADAME POMMERAY. Ttt, tt, s'il est parti, c'est que tu l'as éloigné. Je te connais, ma pauvre fille, incapable de retenir un homme, trop fière, trop orgueilleuse. Tiens, il aurait mieux valu que tu sois laide, au moins tu aurais eu une juste excuse pour épouvanter les hommes.

DIANE. Cesse de me reprocher mes rapports aux hommes ! Les hommes ! Les hommes ! Il y a d'autres buts, dans la vie !

MADAME POMMERAY. Ah, tu vois, c'est de ta faute, tu l'admets toi-même !

DIANE. Oui, je n'ai pas envie de minauder devant les hommes, de battre des cils, de leur chercher leurs pantoufles, d'avaler leurs mensonges, de me soumettre à leurs caprices. Grâce à mon métier, je me suis consacrée à des tâches plus capitales ; je crois que, par certaines décisions que j'ai prises ou que j'ai déclenchées, j'ai rendu des centaines d'hommes et de femmes heureux !

MADAME POMMERAY. Des centaines sans doute, des milliers plus sûrement, je n'en doute pas car tu es un personnage politique important. Mais ta mère ? Diane, ta mère ? L'as-tu rendue heureuse ?

DIANE *(les larmes aux yeux)*. Maman…

MADAME POMMERAY. Et moi, oui, moi, as-tu un seul instant pensé à moi en te séparant de Richard ?

DIANE. Enfin, Maman…

MADAME POMMERAY. Je l'aimais, moi, Richard. C'était mon dernier béguin. Oh, je ne t'arrachais rien, j'en profitais, c'est tout. Sans un homme, sans un bel homme dans mes environs, je me dessèche, je perds le goût, je n'ai plus envie de vivre. Lorsque

Richard est survenu, j'ai cessé de souhaiter mourir. C'est idiot ? C'est comme ça. Je ne suis pas une femme de tête, comme toi, une intellectuelle ; je ne suis qu'une minuscule créature féminine, avec des idées très conventionnelles, des plumes et une cervelle d'oiseau. Sans homme, je dépéris. Et voilà que tu m'enlèves Richard !

DIANE. Maman, tu es monstrueuse ! Je n'allais pas garder Richard pour toi.

MADAME POMMERAY. Tu as raison : tu n'allais pas garder Richard pour moi. Alors ce qui me démolit, c'est que je n'ai pas pesé un gramme dans sa décision car, en te quittant, il me quittait aussi, sans regretter mes plaisanteries, mes taquineries, mes sourires. Merci, ma fille, vraiment merci, tu viens de me confirmer ce que je n'osais pas m'avouer : je ne suis qu'une vieille toupie sans intérêt qui n'amuse plus personne. À partir de maintenant, j'ai cent ans ! Je demeurerai seule à jamais ! Joyeux anniversaire !

DIANE. Maman… je suis là, moi. Et je t'aime…

MADAME POMMERAY *(sans écouter)*. Pourquoi ai-je fait une fille, pas un garçon ? Ah, si on pouvait choisir ces choses-là…

DIANE. Maman !

MADAME POMMERAY. J'aurais tant aimé qu'un garçon sorte de mon ventre. Avec un sexe, des testicules et de grands pieds. De mon ventre ! Pour le coup, ça m'aurait épatée : au lieu de ça, ça a été toi. Quelle misère ! Certes, tu es un peu garçon manqué mais garçon manqué, ça veut bien dire ce que ça veut dire : « garçon manqué », c'est-à-dire pas garçon et complètement manqué. Ah oui, d'un garçon, tu as les caractéristiques : la pugnacité, le sens du combat, l'ambition professionnelle, l'autonomie, la sécheresse du cœur... Les défauts ! Rien que les défauts. Pas les qualités.

DIANE. Maman, te rends-tu compte de ce que...

MADAME POMMERAY. Tais-toi ! Tu restes une fille ! Une fille ! Et tu ne m'apportes pas de fiancés, pas d'amants, pas de gendres. Ni même des petits-fils. Inutile ! Définitivement inutile !

Elle s'en va, laissant Diane effondrée.

15

Rue

Rodica effectue les cent pas sur le trottoir, guettant une porte.

Soudain Richard, son manteau sur les épaules, quitte l'immeuble cossu où il loge. Au moment de franchir le seuil, il découvre Rodica qui l'attend sur le palier.

Il marque un arrêt lorsqu'il la voit.

RICHARD. Comment osez-vous ?

RODICA. Vous me détestez ? Correct ! Moi aussi, si on m'avait fait ce que l'on vous a fait, j'aurais envie de vous foutre sur la gueule.

RICHARD. Nous sommes donc d'accord.

Alors qu'il veut passer, elle se met en travers de son chemin.

RODICA. J'ai quelque chose à vous apprendre. Quelque chose d'essentiel.

Il lui intime de s'écarter.

RICHARD. Adieu.

RODICA. S'il vous plaît. C'est encore plus important pour vous que pour moi.

RICHARD. Adieu.

RODICA. Nom de Dieu, essayez de comprendre que si je viens vers vous, faut qu'il y ait une bonne raison, je ne suis pas masochiste.

RICHARD *(sceptique)*. Oh, quand on exerce votre métier…

RODICA. D'accord, je suis une pute, d'accord, je vous ai menti depuis le premier jour, mais j'avais une excuse : on me l'avait demandé.

RICHARD. Je suis au courant, adieu.

Elle se jette contre lui afin de le retenir.

RODICA *(avec violence)*. Avez-vous un cancer, oui ou non ?

RICHARD. Pardon ?

RODICA. Avez-vous un cancer ?

Il tombe des nues.

RICHARD. Mais non.

Profitant de l'étonnement sincère de Richard, Rodica essaie d'aller plus loin.

RODICA. Écoutez, Elina n'a accepté de jouer cette comédie que parce que Madame Pommeray nous avait convaincues que vous n'aviez plus que quelques mois à vivre. Elina devait vous offrir quelques semaines de bonheur avant la fin ; elle s'est tellement appliquée qu'elle est tombée amoureuse de vous.

RICHARD. Qu'est-ce que ça change ?

RODICA. Tout.

RICHARD. Rien. Elle demeure une menteuse.

RODICA. Ça n'avait pas d'importance, puisque vous deviez mourir. Madame Pommeray nous en avait persuadées. Même qu'on se sentait moins sales à cause de ça.

RICHARD. Pourquoi me dites-vous ça ? Vous et pas Elina ?

RODICA. Parce qu'elle a juré de se taire. Elle préfère que vous la méprisiez plutôt que vous apprendre que vous êtes malade.

RICHARD. Mais je ne suis pas malade !

RODICA. Vrai ?

RICHARD. Mais oui ! J'en suis sûr.

RODICA. C'est ce que je pensais : vous n'êtes pas malade.

RICHARD. Mais oui ! *(Piqué par le doute.)* Enfin, je le crois… je l'espère… je…

Soudain altéré, dévoré d'inquiétude, il se met à bafouiller en palpant son dos dont il souffre.

RICHARD. Je ne suis pas malade… Enfin… pas à ce point-là…

RODICA. Non, c'est ce que je voyais aussi : vous n'allez pas mourir…

RICHARD. Moi, mourir ?

Comme si l'inquiétude de Richard était contagieuse, Rodica revient en arrière.

RODICA. Avez-vous passé un scanner et subi une série d'examens il y a quelques mois ?

RICHARD. Oui. Mais les résultats se sont révélés négatifs… je n'ai pas de cancer.

RODICA. Pourquoi avez-vous mal au dos ?

RICHARD. Des douleurs intermittentes. Une scoliose qui date de l'enfance. Rien de nouveau.

RODICA *(pas convaincue mais feignant de l'être)*. Dans ce cas…

Richard panique soudain.

RICHARD. On m'aurait informé, tout de même, non !

RODICA. Pas obligé.

RICHARD. Si… on me l'aurait dit… Les médecins… Diane… On ne ment pas autant à quelqu'un ?

Rodica *(sceptique)*. Ça !

Richard porte ses mains à ses lombaires qui lui font mal.

Richard. Je vais bien… *(le répétant pour se convaincre)*… je vais bien… je ne suis pas malade… je vais bien…

En réalité, il transpire d'angoisse.

16

Jardin public

Elina attend sur un banc, au milieu d'un parc vert, fleuri, résonnant de cris d'enfants.

Richard apparaît.

Émus de se revoir, ils se scrutent avec gêne et restent debout, à distance respectueuse.

RICHARD. Que deviens-tu ?

ELINA. Je travaille dans une boulangerie.

Un temps.
Elle ose à peine le regarder.

ELINA. Et toi ? Tu étais parti…

RICHARD. Oui. Je rentre de voyage. L'Afrique.

ELINA. L'Afrique ? Encore l'Afrique ! Ça ne t'a pas trop fatigué ?

RICHARD. Non. Reposé.

ELINA. Tu te sens bien ?

RICHARD. Physiquement ?

ELINA. Oui ?

RICHARD. Oui.

Elina enregistre l'information avec soin.

ELINA. Et ton dos ?

RICHARD. Elina, tu me demandes des nouvelles comme le ferait une infirmière : tu me crois malade ?

ELINA. Pas du tout. Excuse-moi.

Richard la contemple, presque reconnaissant du soin avec lequel elle a menti.

RICHARD. Sais-tu pourquoi j'ai voulu te revoir ?

ELINA (*frissonnant*). Non.

RICHARD. Parce que je n'ai pas écouté tes explications.

Elina se décompose.

RICHARD (*avec douceur*). Comment te justifies-tu à tes yeux ? Car je suppose que tu ne t'estimes pas coupable…

ELINA. Si.

RICHARD. Non.

ELINA. Si.

RICHARD. L'être humain est si merveilleusement constitué qu'il rejette ses fautes sur les autres ; sinon, il se trouve des circonstances atténuantes.

ELINA. Pas moi.

RICHARD. Elina, je souhaiterais apprendre comment tu te racontes notre histoire.

Elle le dévisage avec inquiétude et bluffe.

ELINA. Comme toi !

RICHARD *(avec douceur)*. Tu me mens.

Elina baisse la tête, comme vaincue, sans démentir.

RICHARD. Selon toi, m'as-tu trahi ?

ELINA. J'ai été sincère. Tout le temps. Alors que je devais simuler, je suis tombée amoureuse de toi. Et j'ai voulu que tu sois heureux, Richard, de tout mon cœur. Il y a même des moments où j'oubliais ce que j'avais été. *(Elle se tourne vers lui.)* Je n'en avais pas le droit, je sais, et mon tort a été de te le cacher, mais en dehors de ça, j'étais sincère. Oh, si tu pouvais me croire…

RICHARD. Pourtant, tu te doutais que la vérité surgirait un jour ? *(Elle se tait.)* Non ?

ELINA. Je te l'aurais cachée aussi longtemps que possible.

RICHARD. Jusqu'à ma mort ?

ELINA *(corrigeant avec angoisse)*. Jusqu'à ma mort !

Il la scrute. Elle l'évite.
Attendri par le mensonge maladroit d'Elina, il se détend.

RICHARD. Elina, j'ai deux choses à te dire.

Elina baisse les yeux.

RICHARD. La première, c'est que j'ai appris le secret concernant mon… état de santé.

Elina panique.

ELINA. Quoi ? Tu sais ?

Il opine du chef.

ELINA. Comment ? Parce que tu as mal ? Tu souffres ?

RICHARD. Rodica me l'a avoué.

ELINA. Quelle idiote ! Non, elle n'en avait pas le droit !

Richard prend sa respiration et lui annonce avec calme :

RICHARD. Elina, je viens de subir de nouveaux examens, j'ai vérifié : je suis en parfaite santé. Voici les analyses.

Elina compulse les papiers.

RICHARD. Comme tu le vois, je n'ai pas de cancer.

ELINA. Mais… mais y a-t-il bien tout ? Je veux dire… est-ce qu'on ne pourrait pas te dissimuler un élément ?

RICHARD. Lis la conclusion signée du Professeur Martin, spécialiste émérite, certifiant qu'il n'y a aucune trace de métastase en moi.

Elina saisit la lettre, la déchiffre, et, presque malgré elle, l'embrasse en la portant contre son cœur.
Richard est renversé par ce geste spontané.

RICHARD. Elina, tu… m'aimes vraiment ?

Il s'approche, la prend dans ses bras bien qu'elle tremble de tout son corps.
Ils joignent leurs lèvres.

17

Bar d'un grand hôtel

Dans un cabinet renfoncé, discret, au sein d'un bar chic, Diane, assise derrière une table, boit un verre puis consulte sa montre.

Richard, entrant d'un pas rapide, la rejoint.

DIANE *(sarcastique)*. Quelle exactitude !

RICHARD. Je n'étais pas certain que tu m'attendrais.

DIANE. En effet.

RICHARD. Merci d'avoir accepté ce rendez-vous.

DIANE. Je me demande encore pourquoi je suis venue…

RICHARD. La curiosité ?

Elle le dévisage sans amabilité.

DIANE. Mon pauvre Richard…

Loin de le vexer, ce ton l'amuse.
Un temps.

RICHARD. Tu sais… ?

DIANE. Que tu vis de nouveau avec ta femme ? Qui l'ignore ? Tout Paris en parle ! Ça fait beaucoup rire, d'ailleurs.

RICHARD. Ah oui ?

DIANE. On s'amuse que tu sois tombé si bas.

RICHARD. Prévisible. Après toi, on tombe forcément de haut.

Ils échangent une grimace aigre.

RICHARD. Tout Paris sait-il aussi le rôle que tu as joué dans ce feuilleton ?

DIANE (*mal à l'aise*). Il ne le saura que si tu le dis.

RICHARD. Sois tranquille. Il me suffit qu'on sache que j'ai épousé une ancienne pute ; inutile qu'on apprenne que je fréquentais auparavant un monstre.

DIANE (*avec un sourire crâne*). Te croirait-on seulement ?

RICHARD. Veux-tu que j'essaie ?

Elle le fixe avec rudesse.
Il conclut, presque léger :

RICHARD. J'ai l'intention de m'en tenir là.

DIANE. Qui me vaut tant de sollicitude ?

RICHARD. Comment va ta mère ?

DIANE. Très bien. Quel rapport ?

RICHARD. C'est la réponse.

DIANE. La réponse à quoi ?

RICHARD. À ta question : qui me vaut tant de sollicitude ? Je réponds : comment va ta mère ?

DIANE. Tu m'épargnes à cause d'elle ?

RICHARD. Voilà.

DIANE. Elle serait ravie de l'apprendre.

RICHARD. Sauf que tu ne le lui répéteras pas.

Diane agrée sèchement. Richard s'en amuse. Des deux, c'est lui qui domine leur rencontre.
Un temps.

DIANE. Que faisons-nous ici ?

RICHARD. J'ai besoin de t'avouer un détail.

DIANE. Un détail ?

RICHARD. Un détail.

DIANE. J'écoute.

RICHARD. Te rappelles-tu ce jour où tu m'as annoncé que quelque chose avait changé entre nous, où tu m'as confié que tu n'avais plus le même besoin de moi, que tu ne m'attendais pas avec autant d'impatience, que tu bâillais, que tu préférais dormir seule ?

DIANE. Évidemment.

RICHARD. Peut-être as-tu gardé dans l'esprit que je me suis tu un bon moment ?

DIANE. Eh bien ?

RICHARD. Tu ne t'es pas demandé pourquoi ? Je me taisais parce que je n'avais rien remarqué de tel. Ni en toi ni en moi. Un refroidissement ? Où ça ? Pour moi, c'était le printemps, l'été, tout allait au mieux. Et voilà que, devant moi, tu mettais en pièces notre couple, notre bonheur, ce que je croyais notre grand amour… Avec méticulosité, obstination, sans t'arrêter, tu déchirais tout, tu déformais tout, tu tuais tout. J'ai failli m'évanouir. Alors j'ai menti.

DIANE. Quoi ?

RICHARD. J'ai menti, Diane, j'ai crâné, j'ai prétendu que, moi aussi, comme toi, j'aimais moins. Ce n'était pas vrai.

DIANE. Si, c'était vrai !

RICHARD. Non.

DIANE. Si !

RICHARD. Non.

DIANE. Pourquoi aurais-tu menti ?

RICHARD. Par orgueil.

DIANE (*refusant de le croire, elle reçoit la révélation avec ironie*). Très amusant, ton petit scénario.

RICHARD. Je n'ai pas fini, Diane. Quelques semaines plus tard, j'étais revenu chez toi pour tenter de renouer, de te convaincre que nous devions partir en vacances, reprendre la vie ensemble, recommencer, dépasser un court moment de froideur comme en traverse n'importe quel couple.

DIANE. Tu te moques de moi ?

RICHARD. Ce jour-là, non seulement tu m'as évité en arrivant en retard, mais tu m'as présenté Elina. *(Diane tressaille.)* Présenté ? Que dis-je ? Tu m'as jeté dans ses bras.

DIANE *(se rendant compte)*. Non !

RICHARD. Ne soyons pas hypocrites : elle m'a plu, elle m'a plu tout de suite. Cependant, je ne me serais pas accroché à elle si… Je ne sais comment se passaient nos discussions mais, lorsque je venais te voir, j'en ressortais chaque fois le cerveau à l'envers, avec l'envie encore plus pressante de la conquérir…

DIANE. Tu… tu… tu m'aimais toujours ?

RICHARD. Oui, Diane.

DIANE. Et maintenant ?

RICHARD. Maintenant, j'aime Elina, Elina m'aime. Et notre amour est simple.

Diane, livide, prononce d'une voix mourante :

DIANE. Qu'est-ce que j'ai fait, mon Dieu, qu'est-ce que j'ai fait ?

Elle agrippe Richard avec violence.

DIANE. Richard, je t'en prie. Maintenant que nous savons, retournons en arrière.

RICHARD. Trop tard. Entre êtres humains, on n'appuie pas sur la touche « rejouer ».

DIANE. Si ! Puisque maintenant nous connaissons la réalité.

RICHARD. Non. C'est justement ça, la réalité : ce qu'on ne peut pas rejouer.

Il se lève.
Maladroite, elle se précipite après lui, le rattrape.

DIANE. Richard, et si je m'abaissais à…

RICHARD. Oui ?

DIANE. … te demander… de revenir ?

RICHARD (*choqué*). T'abaisser ?

Il lui enserre les poignets.

RICHARD. T'abaisser ? Ne vois-tu pas que c'est cela qui n'allait pas dans notre couple.

DIANE. L'orgueil, n'est-ce pas ? J'ai trop d'orgueil.

RICHARD (*avec douceur*). C'est contagieux, l'orgueil. Si l'un l'attrape, l'autre est contaminé sur-le-champ.

DIANE. C'est ma faute.

RICHARD. Encore ton orgueil ! C'est notre faute.

Il la ramène à la banquette.

RICHARD. Adieu, Diane. Embrasse ta mère pour moi.

Diane baisse la nuque, vaincue, telle une marionnette à fils qu'on range sur une étagère.

DIANE. Richard, te rends-tu compte qu'après cela, il ne me reste plus… qu'à mourir ?

Richard hésite, cherche une réponse, ne la trouve pas et quitte le bar.

18

Chapelle ardente

Antichambre d'une chapelle ardente.

Quelques sièges posés çà et là.

À l'intérieur de la pièce attenante – on le devine – un corps gît dans un cercueil. Par la porte, s'échappent des effluves d'encens et une suave musique d'harmonium.

Au loin, dehors, presque étouffées, les lourdes cloches d'une église sonnent, célébrant un enterrement.

Rodica surgit, habillée de noir, empruntée, mal à l'aise. N'osant pas pénétrer dans la chapelle ardente, elle préfère s'arrêter au seuil en s'agitant nerveusement.

Entre ensuite Richard, dont le visage porte les marques d'un vrai, profond chagrin.

En voyant sa mine ravagée, Rodica bondit vers lui pour lui saisir les mains avec effusion.

Richard accepte le geste, comme s'ils partageaient une véritable intimité. Elle lui tapote l'épaule en jetant des regards furtifs autour d'elle.

RODICA. J'ai un de ces cafards !

Richard la considère avec bonté. Du menton, Rodica désigne la pièce attenante.

RODICA. Elle est là. Vous voulez la voir ?

RICHARD. Je n'ai pas le courage. Pas encore.

RODICA. J'espère qu'elle est partie sans souffrir.

RICHARD *(avec violence)*. Ces bêtises qu'on ressasse aux enterrements… « Elle est partie sans souffrir… » Tant mieux ! Mais elle est tout de même partie ! Et si elle avait souffert en mourant, souffririons-nous davantage ?

> Rodica, intimidée, ne trouve rien à répondre.
> À cet instant, Elina arrive, essoufflée.

ELINA. Je ne parvenais pas à garer la voiture. Je suis en retard ?

RICHARD. Promets-moi d'être toujours en retard, ma chérie, avec la mort.

> Ils s'embrassent.
> Sortant de la chapelle, apparaît Diane, livide, le visage douloureux, le maintien raide à force de contrôle. Lente, silencieuse, tel un grand cygne, elle impressionne autant qu'elle émeut.
> Lorsqu'elle voit Richard, elle marque un temps d'arrêt.
> Richard tente de lui adresser ses condoléances puis renonce.
> Ils se contemplent.
> Enfin, Richard, reprenant l'initiative, se penche vers Elina et Rodica.

RICHARD. Allez dans la chapelle ardente, je vous rejoins.

ELINA. Je la connaissais à peine…

RODICA. Je ne suis venue que pour vous accompagner, vous et Elina… je…

RICHARD (*avec douceur*). Allez. S'il vous plaît.

Rodica et Elina, comprenant qu'elles doivent laisser Richard en tête à tête avec Diane, s'éloignent, discrètes.

Demeurés seuls, Richard et Diane s'observent d'abord sans bouger.

RICHARD. Comment vas-tu ?

DIANE. Maman me manque mais je finirai par m'y habituer.

RICHARD. J'aimais beaucoup ta mère…

DIANE. Ma mère, tu l'as comblée. Elle t'adorait. Ces dernières années, elle imaginait que tu venais à la maison pour elle, que tu t'habillais pour elle… En tout cas elle, elle s'habillait pour toi, si coquette, si charmante, si désireuse de plaire… Tout ce que je ne suis pas.

Elle s'interrompt, soudain douloureuse.

RICHARD. Maintenant, dis-moi la vérité : comment te sens-tu ?

DIANE. Bien. Comme jamais.

Par une grimace, Richard exprime son absence de conviction. Elle le remarque et en sourit.

DIANE. Vous souhaiteriez, toi et ta femme, que je sois détruite ?

RICHARD *(gêné)*. Allons…

DIANE. Naturellement.

RICHARD. Non…

DIANE. Si ! Diane a fait beaucoup de mal, maintenant elle va le payer. Qui n'a pas cette idée enfantine qu'une justice existe ? Une justice tissée dans la trame du monde qui, un jour ou l'autre, serre ses filets, punit les scélérats et récompense les gentils.

Elle rit. Richard la dévisage avec méfiance.

DIANE. Qui est bon ? Qui est méchant ? Ça n'existe pas, les bons, les méchants, il n'y a que des actes mauvais ou des actes bons, et, entre eux, des humains qui s'agitent.

RICHARD *(essayant de l'apaiser)*. Allons, Diane…

DIANE. J'ai voulu te punir de me quitter et je me suis vengée ! Résultat ? Tu es heureux. Elina est heureuse.

Épuisée, elle s'assoit.
Touché, Richard s'assoit à côté d'elle.

RICHARD. La tectonique des sentiments.

DIANE. Pardon ?

RICHARD. La tectonique des sentiments. Rappelle-toi, nous en avions parlé un soir. Les sentiments se déplacent comme les croûtes qui forment la Terre. Lorsqu'ils remuent, les continents entraînent des frottements, des raz de marée, des éruptions, des tsunamis, des tremblements... C'est ce que nous venons de vivre.

DIANE. Par orgueil, par précipitation, j'ai bousculé les plaques et provoqué une catastrophe.

RICHARD *(lui saisissant la main)*. Voilà. C'est fini. Maintenant, c'est l'accalmie.

DIANE. Non, Richard, les plaques flottent, se déplacent à la surface mais le moteur des collisions subsiste, le feu qui monte des profondeurs, la surchauffe radioactive, la fusion constante. *(Avec violence.)* Même si je refusais d'éprouver des émotions, je ne cesserais pas de les subir. Tant que j'aurai un cœur...

Elle n'ose continuer sur ce ton et rejette la tête en arrière.

DIANE. Je ne t'aimais pas.

RICHARD. Toi ?

DIANE. Je ne t'aimais pas. Ou bien je t'aimais mal. En réalité, j'étais surtout en compétition avec toi.

(Un temps.) J'ai toujours agi comme un homme, Richard, peut-être parce que je ne voulais pas devenir une femme-enfant comme ma mère, peut-être parce que j'avais manqué d'un père, peut-être parce que, dans ma carrière, je rivalisais avec des hommes. Mais les hommes, on ne doit pas les aimer comme on les combat. Si j'ai remporté beaucoup de victoires professionnelles, en revanche ma vie amoureuse... *(Avec douleur.)* Elina, tu l'aimes comme tu n'as aimé personne, tu as gagné une épouse vraie... sincère. Pourquoi ? Parce qu'on n'arrive pas à l'amour sans passer par l'humiliation. Je vous ai humiliés, elle, toi. Par ma faute, vous êtes descendus au plus bas de la honte, chacun a dû ramper, et là vous avez découvert que vous ne sauriez vous priver l'un de l'autre... Alors vous vous êtes autorisés à vous aimer.

Elle soupire avec une grâce nostalgique.

DIANE. Je suis une infirme, inapte aux sentiments car je n'y comprends rien, aux sentiments.

RICHARD. Faux. Tu as su aimer ta mère.

DIANE. Maman ? Une femme-enfant, une femme-oiseau, le contraire de ce que j'apprécie...

RICHARD. Pourtant tu n'as cessé de l'aimer, même lorsqu'elle était injuste avec toi...

DIANE. ... même quand elle me reprochait de ne pas être un garçon. *(Les larmes aux yeux.)* Mon seul amour, ma mère, mon seul véritable amour... un amour inconditionnel...

Gagné par sa palpitation, Richard lui pose la main sur l'épaule. Elle laisse sa joue s'appuyer contre la paume de l'homme.

DIANE. Je voudrais essayer avec toi.

RICHARD. Pardon ?

DIANE. Te porter ce genre d'amour. Un amour inconditionnel.

RICHARD (*contrarié*). Diane, je t'ai expliqué qu'on ne remontait pas le temps.

DIANE. Je ne te parle pas de ça.

RICHARD (*idem*). Je ne quitterai pas Elina.

DIANE. Je ne te parle pas de ça.

RICHARD. Nous partons vivre à l'étranger.

DIANE. Je le sais, je ne te parle pas de ça.

RICHARD. Toi et moi, nous ne nous reverrons sans doute plus.

DIANE. Je le sais, je ne te parle pas de ça.

Richard demeure interdit.

RICHARD. De quoi ?

DIANE. Je te dis seulement que je veux continuer à t'aimer. Ou plutôt commencer à t'aimer.

RICHARD. Mais qu'est-ce que ça signifie pour toi ?

DIANE. Je veux que tu sois heureux.

Un temps.
Richard, désarçonné, ne sait quoi répondre.

DIANE. Es-tu heureux avec Elina ?

RICHARD. Oui.

DIANE. Alors je suis heureuse.

Elina revient. La jeune femme marque sa surprise en
voyant Richard et Diane si proches l'un de l'autre, dans
une attitude amicale.

ELINA. Richard ? Tout va bien ?

RICHARD. Tout va bien.

ELINA. Tu... tu viens ?

Elina, inquiète, est pressée qu'il quitte sa rivale.
Diane contemple Richard d'une façon rassurante, mani-
festant qu'elle consent.

DIANE. Va.

Elle a un geste sublime pour le rendre à son épouse.
Joue-t-elle une magnifique scène d'adieu dans l'intention
de garder le beau rôle ? Est-elle sincère ?
Richard s'éloigne, bouleversé.
Au dernier moment, avant de disparaître, il se retourne
et prononce avec émotion, d'une voix tremblante :

RICHARD. Je t'aime, Diane.

DIANE. Moi aussi, Richard.

RICHARD. Enfin ?

DIANE. Enfin…

Note sur *La Tectonique*

Lorsqu'ils approchent les sentiments, les poètes re-
courent souvent à la géographie, soit qu'ils désirent se
repérer, soit qu'ils souhaitent se perdre. Ainsi, après avoir,
dans l'Antiquité, nommé des fleuves « Oubli » ou repéré
des jardins édéniques, ils dessinèrent au XVIIe siècle une
carte du Tendre, un plan signalant au galant comment
rejoindre sa dame au pays de l'Amour, cette terre bordée
par la dangereuse et houleuse mer des Passions.

Aujourd'hui, la géographie a changé ; flirtant davantage avec l'histoire qu'avec la description du paysage, elle
explique le présent par le passé, l'immobile par le mouvement et soupçonne que, sous l'éphémère stabilité, rôdent
des forces motrices. Selon le savant allemand Alfred
Wegener, la *tectonique des plaques*, ou dérive des continents, décrit les structures géologiques et les actions qui
en sont responsables. Les plaques rigides qui forment la
surface de la Terre flottent, se déplacent, portées par les
agitations sous-jacentes du manteau asthénosphérique ; de
ces mouvements, naissent les reliefs, les mers, les séismes,
les éruptions volcaniques, les raz de marée.

Cette théorie me paraît une bonne métaphore de notre
subjectivité. L'état présent de nos sentiments reste menacé
par le moteur radioactif, ce psychisme inconscient, plas-
tique, mobile, en fusion constante. Qu'un sentiment

bouge légèrement, tout est soumis aux chocs, aux déplacements, les modifications s'enchaînent et les catastrophes explosent.

À l'idyllique carte du Tendre prisée par Mademoiselle de Scudéry, où l'on cabotait sur le fleuve Inclination après une baignade dans la rivière Estime, juste avant un séjour aux villages de Billet-galant ou de Billet-doux, je préfère la violente tectonique des sentiments, mobile, dynamique, ouverte à l'accident, au hasard, où tout ordre se révèle provisoire, où tout repos demeure apparence, où la vie continue sans cesse son œuvre de construction et de déconstruction.

E.-E. S.

Sous sa forme définitive, *La Tectonique des sentiments* a été créée à Paris, au Théâtre Marigny, en janvier 2008. Mise en scène de l'auteur, décors de Charlie Mangel, lumière Fabrice Kebour, costumes Jean-Daniel Vuillermoz, musique Dominique Jonckheere, avec Clémentine Célarié, Tcheky Karyo, Annik Alane, Marie Vincent et Sara Giraudeau.

Une première version de la pièce avait été créée à Bruxelles, au Théâtre Le Public, en septembre 2005. Mise en scène Michel Kacenelenbogen, avec Patricia Ide, Philippe Résimont, Françoise Oriane, Rosalia Cuevas et Céline Peret.

Kiki van Beethoven

PERSONNAGE

Kiki (Christine).

Tout a commencé dans une brocante lorsque je me suis trouvée face à un masque de Beethoven. Les badauds circulaient sans le voir, leurs yeux glissaient sur lui, moi-même j'avais failli le manquer.

Je me suis approchée et là, en le contemplant, m'est apparu l'inimaginable, l'invraisemblable, le scandale. Comment était-ce possible ? Que s'était-il donc passé ?

Pour vérifier, j'ai acheté le masque. Deuxième mauvaise surprise : il ne coûtait rien.

— Cela fait longtemps que vous le proposez à la vente ? demandai-je au marchand.

Il l'ignorait : troisième consternation.

Sans attendre, je suis rentrée à la résidence où j'ai convoqué les copines chez moi pour le thé.

— Regardez.

Le masque de Beethoven trônait au centre de ma table ronde.

Candie, dont la première caractéristique est d'être bronzée à l'année, orange en hiver, caramel au printemps, hareng fumé à partir de juillet, s'est étonnée :

— Qu'il est pâle...

Zoé l'a effleuré de ses doigts charnus, sans oser le toucher vraiment. Je l'ai encouragée :

— C'est un masque, tu sais, il ne se rendra pas compte que tu le caresses…

— Dommage, murmura Zoé, qui a toujours besoin qu'on l'aime et qui, du coup, retira sa main.

Rachel releva le menton, le pointa vers moi et demanda d'un ton sec :

— Pourquoi nous amènes-tu ça ?

— « Ça » ! Je t'en prie, un peu de respect. « Ça », comme tu dis, c'est un masque de Beethoven.

— Je sais bien que c'est un masque de Beethoven : ma grand-mère possédait son jumeau ! Pourquoi nous l'apportes-tu pour le thé avec l'air d'annoncer un événement exceptionnel ? Tu ne prétends pas avoir inventé les masques de Beethoven, j'espère ? Dans mon enfance, il y en avait partout ; les pauvres, faute de piano, se contentaient souvent d'un masque de Beethoven.

— Prêtez-lui plus d'attention, répondis-je, penchez-vous au-dessus de lui et fixez-le.

Elles m'obéirent, pointèrent leur visage sur le masque.

— Alors, entendez-vous quelque chose ?

Candie a pris un air contrarié, Zoé a tripoté son sonotone, Rachel a froncé les sourcils en se raclant la gorge.

— Concentrez-vous mieux, les filles ! Vous entendez quelque chose, oui ou non ?

Nuque figée, lèvres serrées, elles ont dirigé leurs oreilles vers l'objet. Zoé a recalé son appareil dans son conduit auditif en soupirant à fendre l'âme. Rachel a opéré un mouvement panoramique de l'œil gauche, comme si elle suivait un moustique au son, puis est revenue au masque. Candie a avoué :

— Je n'entends rien.

— Moi non plus, ajouta Rachel.

— Oh, vous me rassurez, glapit Zoé, je croyais que j'étais la seule.

Rachel m'a scrutée sans amabilité.

— Et toi ma chère, entends-tu quelque chose ?

— Pas un son.

Nous nous étions comprises. Un événement énorme, étonnant, venait de se produire et nous étions assez vieilles, assez lucides pour nous en rendre compte.

Dans mon enfance, les masques de Beethoven faisaient de la musique. Il suffisait de les observer pour entendre des mélodies sublimes, bouleversantes ; auprès d'eux surgissait toujours un orchestre symphonique qui entonnait un hymne, des violons qui s'enflammaient, un piano qui jouait avec passion… Quand il y avait un masque de Beethoven quelque part, la musique s'élevait dans la pièce.

— Avant, chez mes parents, dit Candie, le buste de Beethoven sur la tablette de marbre, à côté de la cheminée, je l'écoutais. Mieux qu'une radio.

— Mon professeur en arborait un sur son piano à queue, dis-je à mon tour. Magnifique, ce buste, très encourageant : quand mes doigts se perdaient dans les touches, son regard me poussait à exprimer mes sentiments. En revanche, il y avait un autre buste qui ne m'aidait pas, c'était celui de Bach.

— Ah, terribles, les bustes de Bach, terrorisants ! confirma Rachel. Mon père avait planté un Bach à côté du métronome : il me surveillait d'un air sévère, le Bach, avec sa perruque de procureur, il me jugeait, il me condamnait, il comptabilisait mes fausses notes. Beethoven par contre…

— C'était un homme, un vrai, précisa Candie. Viril.

— Et puis il avait l'air de continuellement souffrir, murmura Zoé.

— Faut le reconnaître, concéda Rachel, c'était beau, cette musique et ces sentiments qu'il provoquait.

— Alors les filles, m'exclamais-je, pourquoi n'entendons-nous plus rien ? Pourquoi les figures de Beethoven sont-elles devenues muettes ? Que s'est-il passé ?

Toutes les quatre nous avons considéré le masque de Beethoven qui, justement, se taisait. C'était violent, ce silence, incisif, insultant.

— Qui a changé ? Lui ? Nous ?

Après un silence, Rachel qui n'avait jamais peur d'asséner un commentaire désagréable grommela :

— Nous, évidemment.

— Alors que nous est-il arrivé ? Comment avons-nous pu accomplir ce chemin sans nous en rendre compte ? Un désenchantement pareil, ça devrait se remarquer, non ?

— Je vais y réfléchir, Kiki, dit Candie.

— Moi aussi, assura Zoé.

— Pourquoi pas ? fit Rachel en haussant les épaules.

Voilà, dès le premier symptôme, nous nous sommes juré d'enquêter pour guérir.

Pour ma part, ces promesses – genre « lundi j'entame un régime » ou « à la rentrée, j'apprends le chinois » –, je ne mords plus leur hameçon. Sans tarder, j'ai entrepris une cure de Beethoven : j'ai acheté une boîte de ses enregistrements et j'ai commencé à me soigner le jour même.

C'était tout simplement insupportable.

Au début, j'ai cru que ça venait de mon appartement. Dès qu'un morceau débutait, j'étouffais, j'avais envie de sortir, je m'inventais des courses urgentes, sinon je me jetais sur le téléphone, moi qui déteste cet engin, prête à appeler n'importe qui, tiens pourquoi pas ma belle-fille – c'est dire ! – et à me cramponner à la conversation. Pourtant, je me suis raisonnée, je me suis astreinte à rester assise sur mon fauteuil préféré, celui sur lequel d'ordinaire j'étincelle aux mots croisés. Résultat : après quelques mesures de Beethoven, le sol tanguait, les murs valdinguaient, je perdais l'équilibre. À devenir folle. Ça n'arrivait qu'avec Beethoven ; si je mettais une autre musique, un tango, une chanson de crooner à la voix en sucre glace, les cloisons ne bougeaient pas, les rayonnages restaient stables, le plancher résistait ; sitôt que se jouait du Beethoven, hop, tournez manège, avis de tempête ! J'en ai conclu que j'habitais un appartement allergique à Beethoven.

Qu'à cela ne tienne ! Pas loin de notre immeuble, un jardin public, moitié herbe, moitié béton, reçoit les jeunes qui viennent des immeubles de la cité Youri Gagarine, de l'autre côté du périphérique ;

près de la porte nord, ils s'entraînent au hip-hop. Je leur ai demandé où ils achetaient leurs appareils à musique, ces gros machins chromés qui s'alimentent de piles, je m'en suis payé un, qui ressemble à un bulldog, les haut-parleurs comme des bajoues, les boutons comme des mirettes, je l'ai appelé Ralf, et je suis partie dans Paris avec Ralf et Beethoven.

J'écoutais partout. Même dans le métro en attendant la rame. Cependant, j'ai rapidement préféré les endroits plus calmes, les parcs, les rues piétonnes, les parkings, des lieux où je pouvais percevoir les nuances, *pianissimo* autant que *triple forte*. Vous allez me dire que j'aurais pu mettre un casque, des oreillettes, me montrer discrète ; seulement voilà, la discrétion, ça n'a jamais été ma tenue préférée ; et puis c'était politique, sociologique, journalistique, enfin ce que vous voulez : j'investiguais pour savoir si les autres étaient aussi devenus sourds à Beethoven.

Ce que je découvris était pire : assise sur un banc avec Ralf qui gueulait la *Cinquième Symphonie*, je faisais le vide, les gens prenaient peur, ils s'enfuyaient à toutes jambes. Certes, Ralf a des allures de molosse, et je reconnais que moi-même je n'ai pas toujours l'air engageant, mais de là à vidanger les lieux publics… Non, c'était Beethoven qui les repoussait.

Un jour, un homme d'une quarantaine d'années – l'âge qu'aurait eu mon fils – s'immobilisa, lui, puis s'enfila les quatre mouvements d'une symphonie. Après l'accord final, il a cherché quelque chose dans sa poche.

— Madame, où est votre écuelle ?

— Mon écuelle ?

— Votre sébile ? L'endroit où je dépose l'argent ? s'enquit-il tendant des pièces de monnaie.

— Je ne mendie pas. J'écoute Beethoven, point. C'est gratuit.

— Ah…

— Vaut mieux d'ailleurs, parce que tout le monde décampe. Vous comprenez ça, vous ?

— Normal. La beauté, c'est intolérable.

Il avait énoncé cela comme une évidence. Il poursuivit :

— Si l'on veut mener une vie ordinaire, mieux vaut se tenir à l'écart de la beauté ; sinon, par contraste, on aperçoit sa médiocrité, on mesure sa nullité. Écouter du Beethoven, c'est chausser les sandales d'un génie et se rendre compte qu'on n'a pas la même pointure.

— Alors pourquoi vous êtes-vous arrêté ?

— Par masochisme. Je ne m'aime pas mais j'éprouve un certain plaisir à ne pas m'aimer. Et vous, madame, comment parvenez-vous à endurer du Beethoven ?

— Je n'y arrive pas. Pour moi aussi, c'est insupportable. Je me souviens pourtant d'un temps où je trouvais ce tintamarre magnifique.

— Nostalgie, murmura-t-il en se retirant.

Nostalgie ? Non. Colère. Dépit. Haine. Écouter une musique quarante ans, cinquante ans après la première fois, c'est plus cruel que de se dévisager dans un miroir à côté d'une photo de jeunesse : on mesure à quel point on a changé, mais intérieurement. J'étais devenue une vieille bique sèche, racornie ; je ne vibrais plus à la *Sonate au clair de lune*, je ne pleurais plus à la *Pathétique*, la *Symphonie*

Héroïque ne m'exaltait plus, je ne dansais plus sur la *Symphonie Pastorale* ; quant à la *Neuvième Symphonie* dont l'*Hymne à la joie* me semblait autrefois capable de réveiller les morts et de soulever un tétraplégique, elle m'apparaissait comme du vacarme, un barnum, un slogan européen, un épouvantable et grotesque cirque sonore.

Oui, à mesure que je me prescrivais du Beethoven, ma fureur augmentait.

— Dis la vieille, tu peux la baisser ta musique d'église ?

Un jeune danseur, avec un polo trois fois trop large pour lui et un pantalon qui tenait par miracle au bas de ses fesses, s'était planté devant nous, alors que nous siégions – Ralf, Beethoven et moi – sur un banc du parc.

— C'n'est pas de la musique d'église, crétin, c'est *Fidelio*[1].

— Connais pas.

— Assieds-toi et ouvre tes oreilles.

— Ça ne va pas, non ?

— Pourquoi ? La bonne musique, ça va te salir ? C'est comme un glaviot ? Je te crache dessus avec mon Beethoven ? En fait, t'as peur d'apprécier !

— Oh, ne m'agressez pas !

— Ignorant, inculte et heureux de l'être. Allez circule. On écrira sur ta tombe « Toute sa vie, il s'est trémoussé en s'assourdissant avec une musique à la con. »

— Et toi, qu'est-ce qu'on marquera sur la tienne ? « Elle détestait les jeunes » ?

---

1. *Fidelio op. 72*, Acte 1 : « *Mir ist so wunderbar.* »

Il s'est enfui avant que je ne lui réponde. Il avait tort de se presser, son reproche m'avait laissée sans voix. Quelle sera mon épitaphe ? Quel a été le sens de ma vie ?

Contagieux, ce genre de questions… Ce soir-là, en prenant l'apéritif avec les copines, j'ai fixé chacune d'entre elles en imaginant ça… J'ai regardé Zoé qui s'envoyait des gâteaux au fond de la bouche et j'ai inscrit mentalement sur son marbre : « Désormais, elle repose en paix car elle n'a plus faim. » J'ai regardé Candie, cheveux blond poussin, peau rissolée, ses vêtements cousus sur le corps, qui évoquait les hommes récents qu'elle avait séduits, ceux qu'elle comptait encore conquérir, et j'ai inscrit : « Enfin froide. » J'ai regardé Rachel, dédaigneuse, snob, qui, sous son masque silencieux, estimait que ni la conversation ni les gâteaux ni le thé n'avaient le niveau requis, et j'ai inscrit : « Enfin seule. »

— Et toi ?

— Quoi moi ?

— Tu ne dis rien, s'enquit Rachel. C'est rare que tu ne dises rien.

— Qu'arrive-t-il à notre grande gueule nationale ? s'exclama Candie.

— Moi, j'ai toujours dit qu'une Kiki qui se tait, c'est une Kiki morte, confirma Zoé.

Voilà, grâce à mes excellentes copines, j'obtins ma réponse : j'inscrivis donc sur ma pierre : « Enfin muette. »

Quelques jours plus tard, je me tenais à ma place, sur mon banc, avec Ralf, essayant de m'infliger du

Beethoven. Faut préciser que je ne rate pas une occasion de quitter la résidence, notre immeuble. Chaque
retraité y occupe un minuscule appartement indé-
pendant, avec sa salle de bains et sa cuisine ; nous
partageons une salle de jeux – les cartes –, une salle
de gymnastique – vide –, et deux infirmières qui
veillent sur nous : en gros, elles nous soignent tant
que nous tenons debout puis elles relouent l'appartement sitôt que l'un de nous crève. Cela s'appelle « La
Résidence des Lilas », ce qui est cruel pour cette jolie
fleur qui ne mérite pas qu'on l'associe à des vieilles
peaux. Si l'on avait voulu rester dans la métaphore
végétale, on aurait dû la baptiser « Résidence des
sarments de vigne » ou « Résidence des souches ».
Personnellement, je la nomme « Les Osselets », mais
ça ne fait rire personne. Même pas moi d'ailleurs.

Une maison de vieux, c'est comme une maison d'adolescents. Pareil ! On vit entre copains et
copines ; on appartient à une bande, on déteste les
autres groupes, on critique les solitaires ; on pense
au sexe mais on le pratique moins qu'on en parle ; et
on agit en cachette de la famille. Unique différence,
les parents ne sont plus nos aînés mais nos enfants,
voire nos petits-enfants, qui nous surveillent et qui
nous grondent. Quelle dégringolade ! Ils sont devenus aussi sérieux et chiants que nos pères ou nos
mères autrefois. « Alimente-toi correctement, prends
tes médicaments, va à la gymnastique, évite les sports
violents, entraîne tes neurones avec des exercices de
mémoire… » Quels bonnets de nuit !

Alors je fugue. Oh, pas très longtemps, quelques
heures l'après-midi, car je me fatigue vite. Avec

les mouflettes de quatorze ans, je déambule dans les grands magasins, j'essaie les robes, j'hésite devant les sous-vêtements, j'explore exhaustivement le rayon parfumerie. D'autres fois, j'ai rendez-vous avec ma bande, Candie, Zoé, Rachel ; on s'installe dans un café pour manger une glace et dauber sur les gens pendant des heures. C'est l'autre point commun avec l'adolescence : on trouve que les adultes sont cons, oui, tous cons sauf nous. Sans doute parce qu'on ne travaille pas, on a besoin de se moquer de ceux qui le font.

À la Résidence des Lilas, je suis la plus acharnée à sortir. D'autant que je n'ai pas de comptes à rendre à des parents vu que je n'en ai plus ; enfin si, ma belle-fille, Éléonore, mais nos rapports sont devenus si froids qu'à cette température-là, logiquement, il n'y a plus de vie possible.

Bref, j'étais sur mon banc avec Beethoven quand…

— Eh, Mamie, tu la mets en sourdine, ta musique de mariage.

C'était lui, le danseur black au pantalon miraculeusement accroché.

— Abruti, c'est le *Cinquième Concerto pour piano* de Beethoven.

— Dis, pourquoi tu me traites d'abruti ? Je ne t'ai pas manqué de respect, moi.

— Mamie, c'est respectueux ?

— T'as pas vingt ans, c'est visible.

— Et toi, tu n'as pas cent quatre-vingts de quotient intellectuel, c'est visible aussi.

Il m'a inspectée longuement, en silence, comme s'il se tenait au zoo devant la cage d'un animal exotique.

— T'es mariée ? demanda-t-il.

— Pourquoi ? Tu es libre ? Tu cherches quelqu'un ?

Il éclata de rire. Il me considérait comme son nouveau jouet, un truc bizarre, plutôt rigolo. Il commençait à me gonfler sérieusement le coquelicot.

— Tu t'appelles comment, madame ?

— T'es de la police ou quoi ? Tu veux que je te signe un bail pour m'asseoir sur ce banc ? Il est à toi ?

— T'énerve pas. J'essaie juste de piger d'où tu viens.

— Beethoven. Je m'appelle Beethoven.

J'avais répondu n'importe quoi, ce qui me traversait le chignon. Il approuva gravement, vint s'asseoir à côté de moi et déchiffra les pochettes de mes disques sur le banc.

— OK, c'est la musique de ton mec ! Je comprends mieux...

— Tu comprends quoi ?

— Pourquoi tu as l'air si perdue, minuscule, là, sur ton banc, avec ton appareil sur les genoux. Ton Beethoven, il est mort, tu es veuve, il te manque. C'est ça ?

Pourquoi ai-je eu immédiatement les larmes aux yeux ? J'étais pourtant vexée de dégager une aura pathétique, une tristesse qui m'avait échappé, pas à lui.

— Tu n'es peut-être pas si con, finalement.

— Et toi pas si vieille.

Boubacar a pris un disque au hasard, je l'ai mis dans la gueule de Ralf, et nous avons écouté le dernier quatuor, opus 135. Allez savoir pourquoi, ça

m'a plu. Vraiment ! Comme avant ! Était-ce d'avoir
Boubacar à mes côtés qui découvrait cette musique,
étonné, attentif, sa belle bouche charnue entrou-
verte, ses longues mains caressant le bois du banc,
ses oreilles vierges ? Ou bien étaient-ce ses mots qui
faisaient de moi une malheureuse n'arrivant pas à
mener son deuil ?

Peu de temps après, nous sommes partis en
excursion, Candie, Zoé, Rachel et moi. Nous avons
adhéré à un club qui nous propose des activi-
tés variées, depuis le cours de valse jusqu'au stage
de yoga ; nous avons pris l'habitude de participer
à certains des voyages sélectionnés par le dépliant.
Cette année, c'était Candie qui décidait pour nous
quatre. Au mois de février, on nous avait soumis
« Les châteaux de la Loire », au mois de mars « Les
plages de Saint-Tropez », au mois d'avril « Les vil-
las de Toscane » et au mois de mai « Le camp d'Auschwitz ». Candie, parce que nous avions déjà visité
les châteaux de la Loire et qu'elle n'était pas libre
en mars et en avril, nous a inscrites pour « Le camp
d'Auschwitz ». À mon avis, elle avait lu « camping »
au lieu de « camp ».

Et nous voilà déambulant au milieu des pires souvenirs que s'est fabriqués l'humanité. Le bizarre, à
Auschwitz, c'est que c'est du provisoire, du bâtiment
mal construit, du pavillon monté à la va-vite, des murs
épais comme du papier, des toitures bonnes à partir
avec le vent, et que pourtant ça dure, que ça tien-
dra peut-être encore des siècles ! J'avais le frisson :
je me disais que la mort, c'est du solide, du définitif,

mais que le village d'extermination qui y conduit, c'est du branlant, du bricolé. Pourtant, ça avait été efficace : ces cabanons avaient emprisonné des milliers de gens capturés sans procès ; la chambre à gaz de carton-pâte les avait assassinés en quantité industrielle. Ensuite, ce qui m'a accablée, en cette plaine d'Auschwitz, c'était le silence. Le silence racontait tout, le silence rappelait l'absence des êtres, le silence absorbait les voix de ces enfants qui ne devinrent pas adultes, le silence étouffait la souffrance des mères, l'impuissance des pères. J'avançais, la tête déchirée par le silence.

Nous trois, nous gardions un œil sur Rachel, car nous savions qu'une partie de sa famille avait péri ici.

Rachel se comportait de façon invraisemblable. Dans son tailleur noir, impeccable, le chignon parfait, l'œil maquillé, elle marchait devant nous avec fermeté, aisance, désinvolture, telle une châtelaine parcourant son domaine. Jamais une grimace, ni un geste d'émotion. Quand nous sommes arrivées dans la partie « mémorial », où sont détaillés les noms des victimes juives, elle nous a désigné avec calme ses grands-oncles et ses grands-tantes. Il y avait aussi une Rachel Rosenberg, une cousine morte à cinq ans, qui portait exactement le même nom qu'elle.

Lorsqu'on a traversé le bâtiment où sont stockés les milliers de chaussures appartenant aux disparus, Candie s'est arrêtée devant des chaussons roses, en soie, taille fillette, avec une agrafe dorée.

— Tu te rends compte, Rachel, j'avais des chaussons identiques ! Pareils ! Tu te rends compte, si j'avais été juive...

Candie a fondu en larmes parce que, pour elle, ces chaussons, des chaussons qu'elle avait autrefois convoités, portés et adorés, témoignaient de l'innocence des enfants tués. Rachel l'a reçue dans ses bras et l'a consolée.

Moi, je n'en menais pas large non plus. Aucun objet ne porte plus l'empreinte d'un mort que ses chaussures, non ? J'avais l'impression de pénétrer un charnier où s'entassaient des milliers de cadavres en décomposition. Quant à Zoé, elle s'était enfermée dehors, entre deux allées, sans bouger, les yeux levés vers le ciel gris, en piochant énergiquement dans une boîte de bretzels.

Au retour en bus, Rachel a craqué. Elle a pleuré, lentement, doucement, presque calmement, contre mon épaule, en murmurant de temps en temps : « Pourquoi ? »

Le soir, à l'hôtel, Rachel est entrée dans ma chambre. Elle avait retrouvé ses traits, sa prestance, sa superbe et elle m'a demandé, à peine le seuil franchi :

— Sors-moi Beethoven. Je sais que tu l'as emmené.

C'était lancé d'un ton qui fait obéir, même moi.

De ma valise, j'ai extrait le masque de Beethoven. Elle l'a saisi et s'est assise sur mon lit en l'examinant, posé sur ses genoux.

Là, je me doutais de ce qui allait arriver. Elle allait me dire qu'elle ne pouvait plus croire en Beethoven après Hitler. Logique : tous ces nazis glorifiaient Beethoven et vénéraient Wagner. En ce temps-là, les bourreaux se délectaient au concert, à l'opéra, puis retournaient ensuite à leur boulot, l'élimination des Juifs. La culture, ça n'empêche pas la barbarie ; mieux, ça permet d'ignorer sa barbarie, comme un parfum dissimule la puanteur... Donc, pour des gens comme Rachel, Beethoven ça sent le gaz. Pourtant, Beethoven, il n'y était pour rien : il était mort depuis longtemps quand les nazis ont pris le pouvoir. Mais ça, c'est un argument rationnel et le rationnel, quand il y a trop de sang et de souffrance, ça ne fonctionne plus. C'est comme moi avec les spaghettis carbonara... Mon premier fiancé m'a annoncé un soir qu'il me quittait au-dessus d'un plat de spaghetti carbonara. Voilà, c'était foutu à vie : les spaghettis carbonara ont un goût de rupture !

Bon, je sais, entre le massacre de plusieurs millions de personnes et moi, à vingt ans, plutôt bien gaulée, qui suis larguée par un abruti, il n'y a pas de commune mesure ! Je rappelle ça pour expliquer que j'étais prête à recevoir les insultes que Rachel allait me débiter contre Beethoven.

Or c'est le contraire qui arriva. En contemplant le masque, ses yeux se mouillèrent lentement de larmes.

— Tu entends ?

— Quoi Rachel ?

— Tu entends comme c'est doux[1] ? C'est fort parce que c'est doux. C'est fort parce que c'est lent et doux. On perçoit la beauté du courage, cet espoir qui vient de loin, qui revient de la mort, qui quitte l'horreur, qui remonte du néant. Il insiste, le

---

1. *Symphonie n° 7 en la majeur op. 92,* 2ᵉ mouvement : *Allegretto.*

courage, il avance, opiniâtre. Observe le visage de Beethoven, ma Poulette : il sait qu'il n'est qu'un homme, il sait qu'il va mourir, il sait que son ouïe baisse, il sait qu'on ne sort jamais vainqueur du combat de la vie, et pourtant il continue. Il compose. Il crée. Jusqu'au bout. C'est comme cela qu'ont agi les membres de ma famille après le drame. L'héroïsme ne consistait pas à se venger mais à gagner heure par heure, jour après jour, la force de vivre. Pourquoi moi ? Pourquoi ai-je survécu ? Tu ne le comprends pas, tu ne le comprendras jamais. Or tu continues. Tu le dois. C'est ça, le courage. L'entêtement, l'obstination à progresser dans l'obscurité, l'espoir qu'il y a de la lumière au bout. Et tu fais des enfants, et tu les aimes. Et ils te font des petits-enfants ; et tu les aimes. Même si, comme moi, tu n'es pas douée pour aimer. Tu entends le masque ? Poulette ?

— Mum.

— Écoute.

Elle me fixa et, dans ses yeux verts écarquillés, je perçus un écho de Beethoven.

— Je suis surprise, Rachel. En sortant du camp je me suis imaginé que c'était à cause de cette guerre, de la Shoah, de ces millions de morts et de ces millions d'assassins, que le masque de Beethoven s'était tu.

— Regarde-le, il ne se tait pas du tout, Poulette, il se réveille au moment où tu te persuades qu'il est en plâtre, il s'anime quand on juge la vie finie.

Rachel porta les mains à ses oreilles, éblouie, assourdie, et je ne savais si ses paumes recroquevillées sur ses lobes voulaient la protéger des sons ou les conserver en elle.

— Je l'entends comme avant, mieux qu'avant, parce que je suis venue ici, parce que j'ai marché dans notre passé horrible. Jusqu'à hier, je fuyais, je contournais le choc. C'était ça, Poulette, qui rendait muets les masques de Beethoven. On se protège du tragique, on ne veut pas savoir, on préfère oublier. En ne prenant pas la mesure de la souffrance, on perd aussi la mesure du courage. Parce qu'on évite le silence, on n'entend plus la musique qui renaît du silence.

Nous sommes revenues ravies de notre voyage à Auschwitz, oui, ravies, aussi étrange que les mots sonnent. Les jours suivants, j'ai récupéré mon banc, et j'ai éprouvé moins de déplaisir avec Beethoven. Je me sentais vivante, enfin en partie. Rachel avait raison : à force d'écarter ce qui nous terrorise, nous nous anesthésions ; cependant, je restais encore incapable d'obéir au conseil de Rachel, aller au rendez-vous de mes souffrances.

Mon frère est passé me voir. Les copines lui avaient indiqué qu'il me joindrait au square, avec Ralf, Beethoven et Boubacar.

— Alors ma pauvre Christine, que deviens-tu ?
— « Ma pauvre Christine ! » J'hallucine.

Albert me rend toujours visite pour que j'admire ses nouvelles acquisitions : maîtresse, voiture, appartement, maison de campagne. Il a beau savoir que je le tiens en piètre estime, à soixante-dix ans révolus il ne s'y résout pas et cherche encore à m'épater.

— Tu me parais bien sûr de toi, Albert. Qu'as-tu acheté qui doit, cette fois-ci, m'en boucher un coin ? Un train, un paquebot, un tank ?

— Un Picasso.

— Merde.

— Ah, quand même ! Merci.

— Un Picasso entier ?

— Oui, une toile de deux mètres cinquante sur trois, datant de 1921. Une bonne période.

— Tu as gagné, lui dis-je. Montre-moi ton Picasso.

— Ah non, Christine, tu rêves ! Je l'ai mis à la banque. Un investissement pareil, je ne prends pas le risque de l'offrir aux voleurs.

J'ai éclaté de rire, rassurée. Quoiqu'on n'ait pas le droit de boucler un Picasso dans un coffre parce qu'un Picasso faut que ça respire, faut que ça soit vu, j'étais satisfaite de constater qu'Albert restait taré. Eh oui, je suis comme ça, j'ai besoin de repères stables : le nord, le sud, les fraises au printemps, les pommes à l'automne... et la stupidité de mon frère.

Il a poussé Boubacar au bout du banc, comme si celui-ci n'existait pas, a consulté mes disques pour essayer d'engager la conversation et s'est exclamé soudain :

— Au sujet de Beethoven, tu la connais celle-ci ? Il paraît que Beethoven était tellement sourd qu'il a cru toute sa vie qu'il faisait de la peinture.

Puis il s'est mis à suffoquer, enchanté par sa plaisanterie.

Quand il s'est calmé, je lui ai demandé poliment :

— Dis-moi, toi qui es avocat et qui diriges un cabinet d'avocats : est-ce un cas fréquent, le meurtre pour offense à l'intelligence ? Un homme en tue un autre parce qu'il le trouve insupportablement idiot ?

Il cogita et me répondit avec sérieux :

— Bien que je ne sois pas pénaliste, à ma connaissance, personne n'a jamais ôté une vie pour supprimer un con.

— Jamais ? C'est désespérant, non ?

Cette fois-ci, Boubacar se tordait de rire, ce qui était plus agréable à reluquer que mon frère, parce que ça montrait son ventre plat, contracté par la joie, musclé, doux et sans graisse.

Le lendemain, alors que j'expliquais ma recette de veau marengo à Rachel, j'en profitai pour lui demander de me rendre mon masque de Beethoven qu'elle avait conservé depuis Auschwitz.

— Désolée, ma grande, je l'ai confié à Zoé.

— Zoé ?

— Elle m'a suppliée de le lui prêter.

— Zoé ?

— J'ai eu tort ? Je n'aurais pas dû ?

— Zoé…

J'avais noté que Zoé changeait, ces derniers temps, mais quand je la surpris souriante, en extase, devant le masque de Beethoven posé sur sa télévision éteinte, je compris que la métamorphose s'était produite.

— Zoé, tu ne vas pas me dire que…

— Si ! Je reçois de la musique lorsque je le regarde.

Je m'approchai du masque, jetai un coup d'œil aux joues blêmes, aux yeux clos, aux lèvres muettes.

— Il te joue un morceau ?

— Oui.

— Là, en ce moment ?

— Oh oui.

— Quoi ?

— La *Sonate pathétique*[1]. Tu ne l'entends pas ?

Je me suis sentie soudain très malheureuse, un goût amer dans la bouche. Rachel puis Zoé… C'était moi qui l'avais découvert, ce masque ! Et qui l'avais présenté à tout le monde !

Zoé a perçu que j'étais blessée, a adressé un petit clin d'œil familier à Beethoven, genre « Arrête-toi donc une seconde, je m'occupe d'elle avant de te revenir », m'a saisi la main.

— Viens.

Elle m'a emmenée dans le hall de l'immeuble et m'a engagée à m'asseoir sur une banquette, devant les boîtes aux lettres, entre les plantes vertes et la fontaine japonaise en galets.

— Ma Kiki, je ne sais pas par quel bout prendre l'histoire.

— Commence par le début puisque la fin, je la connais : le masque te joue de la musique.

— Voilà, ça a débuté lorsque je me suis rendu compte que j'avais plein de points communs avec Beethoven.

Là, j'ai failli dire : « Pourquoi, il était obèse ? » *In extremis*, j'ai senti qu'il valait mieux me retenir.

— Oui, oui, ma Kiki, Beethoven et moi, nous partageons des soucis identiques. D'abord il est devenu sourd. Ensuite, il n'a pas été heureux en amour.

---

1. *Sonate pour piano n° 8 en do mineur op. 13* dite *Grande Sonate pathétique pour piano*, 2ᵉ mouvement : *Adagio cantabile*.

— Excuse-moi, Zoé, mais pour toi c'est moins grave d'être sourde que pour lui : tu ne composes pas de musique.

— D'accord mais c'est plus grave pour moi d'être malheureuse en amour.

— Ah bon, pourquoi ?

— Parce que je ne compose pas de musique. Moi, l'amour, je ne possède que ce terrain-là pour vivre, pour m'accomplir, pour m'exprimer. Quand tu n'as de talent pour rien, faut espérer que tu en aies pour l'existence ! Moi, aucun. J'ai multiplié les fiascos.

— Allons ! Tu t'es mariée trois fois.

— Divorcée trois fois.

— Tu as vécu quelques belles histoires…

— Celles que j'ai imaginées, seulement celles que j'ai imaginées.

Sur ce point, je n'insistai pas car Zoé, c'est notoire, est douée pour tomber amoureuse d'hommes qui ne la remarquent pas. S'il y a un célibataire qui se moque des femmes, Zoé va s'en amouracher. S'il y a un individu qui ne pense qu'à son travail, son argent ou son avenir, Zoé va lui envoyer des fleurs. S'il y a un mâle allergique au flirt, Zoé lui offre un verre. Un flair infaillible. En soixante ans, elle a même réussi à nous dégoter les deux ou trois bipèdes de la planète absolument fidèles à leurs épouses, alors que j'étais persuadée que ça n'existait pas. Ça relève du génie, de se tromper avec tant de sûreté. Depuis l'école primaire, je ne l'ai vue rêver que sur des hommes hors de portée. Des trois qu'elle a épousés, le premier la battait, le deuxième buvait, le troisième s'est enfui avec le facteur.

— Tiens, murmura Zoé, le voilà !

Raoul de Gigondas traversait le hall. Raoul de Gigondas ! L'unique mâle décoratif qui loge à la Résidence des Lilas... Personnellement, je l'ai surnommé « Zéro Fautes » tant il collectionne les qualités qu'exige une femme d'un homme : beau, propre, veuf, poli, doté de conversation, habillé avec goût, sentant merveilleusement bon et adorant sortir le soir au spectacle. En réalité, il est si parfait que nous en avons toutes peur, Candie aussi.

— Non ce n'est pas vrai, Zoé, tu es arrivée à mettre le grappin sur Zéro Fautes ?

— Regarde, me dit-elle en souriant.

Raoul de Gigondas s'est dirigé vers les boîtes aux lettres, a ouvert la sienne, en a tiré une carte postale. Sans attendre, il l'a déchiffrée.

Ému, appuyé contre le mur, Zéro Fautes lisait et relisait la lettre, prononçant les mots discrètement sur ses lèvres, comme pour entrer dans un rapport intime avec elle. Il irradiait de joie.

— C'est moi qui lui ai écrit, murmura Zoé.

Maintenant il devait savoir la carte par cœur.

— Alors là, Zoé, bravo ! Tu es géniale !

En soupirant, il a glissé le message dans sa veste, au plus près de sa peau, puis il s'est approché de nous et... il est sorti.

— Mais... mais... Zoé... il ne t'a pas parlé !

— Viens, roucoula Zoé, je vais t'expliquer ça auprès de Beethoven.

De retour à l'appartement, elle avisa le masque, sembla entendre de nouveau quelques mesures de la *Pathétique*, puis raconta :

— Beethoven n'a jamais connu l'amour partagé. Pourtant, il avait la religion de l'amour. Il a même intitulé une œuvre « à la bien-aimée lointaine »… Alors, j'ai médité : ce qui est important, c'est de faire exister l'amour, pas d'être heureux en amour. Raoul de Gigondas, je l'aime et je lui apporte les bienfaits de l'amour mais il ignore que c'est moi. Mes lettres, je les signe « La Lointaine », il n'en sait pas plus. À chacun de mes courriers, il vit un moment merveilleux qui l'arrache à son deuil, à sa solitude, à la vieillesse. Jamais, il n'aura l'idée que « La Lointaine » habite son immeuble, il présume que la femme mystérieuse qui l'admire, l'encourage et songe à lui parcourt la planète. Ah oui, car je lui envoie des cartes du monde entier.

— Comment réussis-tu ça ?

— Tu te souviens d'Émilie, ma nièce, celle qui a des jambes interminables ?

— Non.

— Allons, celle qui ne me ressemble pas du tout !

— Ah oui.

— Émilie est hôtesse de l'air. Spécialisée dans les vols longs-courriers. Je lui prépare des mots, elle les recopie sur une carte postale qu'elle envoie pendant ses escales. Je crois que ça l'amuse beaucoup.

— Mais toi, ma Zoé, toi dans cette histoire ?

— Je suis heureuse, il est heureux. L'amour existe et il nous épanouit.

— Pourtant, lui et toi, à la Résidence, vous ne dépassez pas le bonjour-bonsoir.

— Dans cette vie-ci, oui. Mais nous avons l'autre.

— L'autre ?

— L'autre vie, l'imaginaire, celle qui irradie, réchauffe et remplit celle-ci. Grâce à moi, il guette son courrier, il espère, il sourit. Grâce à lui, je m'amuse, je voyage, j'ai de l'esprit. Peut-être même que je suis belle…

J'en revenais pas. Grâce à Beethoven – au masque de Beethoven –, Zoé, qui n'avait jamais pu attraper un homme, était devenue, pour un spécimen de qualité, la Lointaine, l'Insaisissable.

La semaine suivante, j'ai l'impression que je l'ai passée sur une planche à me demander si je plongeais ou si je reculais. Rachel et Zoé avaient déjà réussi leur saut de l'ange. Allais-je maintenant me laisser devancer par Candie ? La reine de la décoloration, l'impératrice de la lampe à bronzer, la seule femme capable d'apprécier une soirée totalement rasoir avec des abrutis simplement parce qu'elle est contente d'essayer un nouveau décolleté, Candie allait-elle entendre le masque avant moi ?

Je me jetai à l'eau : j'irais voir ma belle-fille. Parce que je savais que, s'il y avait une solution, elle se trouvait là.

Malheureusement, comme j'avais balancé aux ordures les lettres qu'Éléonore m'envoyait, j'ignorais où la joindre.

Je suis passée au bureau de mon frère, avec Ralf au bout du bras, pour me renseigner. Là, j'ai branché un morceau de Beethoven[1], histoire de garantir

---

1. *Les Ruines d'Athènes op. 113, Marche turque.*

l'ambiance et d'agacer ses secrétaires, puis je lui ai demandé les nouvelles coordonnées de… la conne, la poison, l'intrigante, la salope.

— De qui parles-tu ?

— D'elle. Ce sont les noms sous lesquels je pense à elle. Les autres l'appellent Éléonore.

— Ah, ta bru ?

— Mon ex-bru !

Naturellement Albert avait gardé son adresse.

— Tu vois, Christine, j'ai davantage le sens de la famille que toi.

— J'aurais le sens de la famille si ma famille avait un sens.

— Une femme remarquable, cette Éléonore, ajouta-t-il comme s'il était expert en femmes remarquables.

— Normal qu'elle te plaise : elle est aussi aimable qu'un coffre-fort au Liechtenstein.

— Qu'est-ce que tu lui reproches ?

— D'exister.

En se raclant la gorge, Albert a désigné Ralf qui s'amusait bien avec son morceau allègre.

— Beethoven encore ?

— *Les Ruines d'Athènes*. J'ai pensé à toi.

Il s'est mis à gamberger.

— L'autre jour, Christine, j'ai entendu la *Sonate au clair de lune* dans l'ascenseur d'un hôtel et je me suis demandé : qu'aurait composé Beethoven s'il avait vu la terre depuis la lune ? *La Sonate au clair de terre ?* Imagine, ma Christine, si Beethoven était allé sur la lune, cela aurait changé l'histoire de la musique.

— Et de l'astronautique.

Il sourit en prenant un air spirituel.

— Tiens, j'en connais une bonne, je ne sais pas si je te l'ai déjà raconté... Savais-tu que Ludwig van Beethoven était tellement sourd qu'il a cru toute sa vie qu'il faisait de la peinture ?

Et toi, tu es tellement con que tu as cru toute ta vie que tu étais intelligent.

Arrivée à l'immeuble de ma belle-fille, j'ai laissé Ralf dans un coin sombre du palier et j'ai sonné à la porte de son appartement.

— Bonjour Éléonore. Je... je passais dans le quartier par hasard. J'ai eu l'idée de... Vous allez bien ?

— C'est une bonne question, je vous remercie de me l'avoir posée.

Voilà. Typique de ma belle-fille, ça. Des phrases énigmatiques. Qu'est-ce que je réponds à ça, moi, maintenant ? Faut pas s'étonner qu'on ait du mal à communiquer.

— Et vous, belle-maman, vous allez bien ?

— Au top du top ! J'apprends le hip-hop avec Boubacar, mon nouvel ami, je parviens à enchaîner quatre roues à la suite, je maîtrise correctement l'équilibre sur les mains, de mieux en mieux le saut périlleux arrière. En revanche, j'ai encore du mal à pivoter sur le crâne, même avec un casque.

Elle m'invite à m'asseoir en murmurant :

— Tant mieux, tant mieux.

Deux solutions : soit elle ne m'écoute pas, soit elle se rend compte que je dis n'importe quoi.

Le silence s'installe de nouveau entre nous deux, tel un mur de brique qui, chaque seconde, devient plus haut. Je m'ennuie. Déjà que je n'avais pas envie de venir, voilà que j'ai envie de partir.

— Toujours seule, Éléonore ?

— Oui.

— Pourtant, vous êtes jeune, vous pourriez refaire votre vie.

— Ma vie, elle n'est pas faite. Elle continue. Georges est perpétuellement présent en moi.

Elle a osé ! Elle le sait, cette salope, que je ne supporte pas d'entendre le nom de mon fils.

Je me redresse immédiatement.

— Je vais vous laisser, Éléonore.

— Pourquoi ? Vous ne songez plus à Georges ? Vous ne lui envoyez pas des messages ?

Je n'ai pas la force de lui répondre. Dès qu'on me dit « Georges », je me bloque. J'ai mal au point de ne plus tolérer la souffrance. Je m'oblige à ne pas y penser, à Georges, je l'ai effacé de mon esprit, je l'ai supprimé de ma mémoire ! Y a des trous, dans mon cerveau, des trous béants, creusés à l'obus, par moi ! Ça fume encore, reste un peu de terre, mais y a surtout des trous ! Et jusqu'au bout, je maintiendrai le bombardement.

Éléonore me coupe le chemin en prenant une tronche qui inspirerait de la pitié à n'importe qui.

— Je souhaiterais tellement parler de Georges avec vous. Si vous saviez comme je guette ce moment où nous serons amies, réconciliées, et que nous l'évoquerons ensemble. Il y aura alors de la paix en nous. Et de la paix pour lui, là-haut !

— Amie avec vous, Éléonore ? Ne rêvez pas ma petite : jamais ! J'estime que c'est de votre faute s'il s'est suicidé. Parce qu'il n'était pas heureux avec vous. Parce que vous ne l'aimiez pas ! Pas assez ! Mal ! Oui d'accord, il s'est tué de ses mains, pourtant c'est vous la coupable, l'assassin, la meurtrière.

Elle s'exclame, presque soulagée :

— Enfin ! Vous le dites enfin.

— Quoi ? Que je vous déteste ? Vous avez eu l'occasion de vous en rendre compte pendant les vingt ans que vous avez passés avec lui, non ?

— Ça ne m'a guère échappé, merci. Je parlais de vos soupçons, de vos accusations. Depuis sa mort, je m'en doutais mais j'espérais que ça sorte.

— Ben voilà, c'est sorti. Maintenant laissez-moi partir, j'ai un cours de hip-hop avec Boubacar, et Ralf m'attend.

— Ralf ?

— Mon appareil à musique. Il me joue du Beethoven.

Elle écarquille subitement les yeux, secoue la tête et sourit :

— Ah c'est donc pour ça…

Là, la migraine m'arrive dessus, j'ai l'impression que le sol devient mou, si je ne pars pas immédiatement, je suis foutue. Catastrophe, je m'entends poser la question à éviter :

— Quoi « c'est donc ça » ? Qu'est-ce que vous comprenez, vous, Éléonore, que je ne comprends pas ?

— Beethoven ! Georges raffolait de Beethoven. Et il me disait que c'était vous qui lui aviez communiqué cette passion.

Je m'assois. Georges... Beethoven... Je cherche
mon air. Curieux que nos émotions chassent aussitôt
l'oxygène des pièces. Des trappes s'ouvrent sous mon
crâne, ça provoque des tumultes, les idées volent en
éclats.

Éléonore sort d'un tiroir une lettre que Georges
avait écrite à mon intention, une lettre que je n'ai
jamais voulu ouvrir. Là, soudain, j'ai envie de la lire.

— Comme vous le savez, il y a une condition.

— Pas d'histoires, Éléonore, donnez-le-moi, ce
mot.

— Non. Georges a imposé une condition.

— Vous rendez-vous compte, Éléonore, que ici,
maintenant, je n'aurais aucune difficulté à vous tuer ?
Que préférez-vous ? Que je vous assomme ? Que je
vous étrangle ? Que je vous saigne au couteau ?

— Respectez la volonté de Georges. Faites-lui
confiance. Il avait réfléchi. Il a sans doute beaucoup
songé à vous en vous soumettant à cette condition.

— Vous êtes de son côté ?

— Toujours. Pas vous ?

La perfide !

En revenant à la Résidence des Lilas, je suis mon-
tée voir Candie.

— Dis ma chérie, quoique je te trouve très en
beauté, tu n'aurais pas pris un ou deux kilos ?

Pauvre Candie ! Son faciès pain d'épice se fissura,
tragique.

— Ça ne t'a pas échappé !

— Tu ne vas plus à ton cours de gymnastique ?

— Si.

— Ah… Alors tu ne pédales plus sur ton vélo d'appartement ?

— Si tu veux savoir la vérité, dès que je suis seule, je mouline comme un hamster en regardant la télévision.

— Ah… ça doit être l'âge, alors…

Candie a baissé la tête, comme si le bourreau venait de la lui trancher à la hache. J'ai ajouté négligemment :

— J'ai une amie qui a perdu cinq kilos en une semaine.

L'espoir redressa la nuque de Candie.

— Qu'est-ce qu'elle a pris ? Un médicament ? Elle a essayé un régime ? Oh, je t'en supplie, dis-moi ! Dis-moi vite !

— Elle a fait le pèlerinage à Compostelle.

— Le pèlerinage de Compostelle ?

— Oui. Enfin une partie. Une semaine, cinq kilos ! Pfuit, envolés, comme ça…

Si elle n'avait pas le front entièrement paralysé par le Botox pour éviter les rides, là, Candie aurait froncé les sourcils, ce qu'elle fit, mais très intérieurement.

— Kiki, ça ne te tenterait pas de l'accomplir avec moi, le pèlerinage de Compostelle ?

— Oh, tu sais moi, les bondieuseries…

— Cinq kilos, Kiki, cinq kilos. Ça ne te fera pas de mal non plus.

Deux semaines après, nous marchions sur les sentiers.

Vingt kilomètres par jour. Dur. Les pieds en sang tous les soirs.

Je n'avais pas dit à Candie que cette expédition, c'était la condition qu'avait posée mon fils : Éléonore ne me remettrait sa lettre que si j'accomplissais ce voyage, que nous avions fait ensemble, Georges et moi, autrefois, lorsqu'il avait dix ans.

Nous marchions.

Rachel avait refusé de se joindre à nous d'un haussement d'épaules : « Ma religion me l'interdit, allez-y sans moi les filles. » Zoé, elle, nous avait livré une explication sophistiquée : elle avait calculé que, n'ayant pas cinq mais cinquante kilos à perdre, elle devrait partir de beaucoup plus haut, d'Allemagne au minimum, et que, tant que nous ne lui proposions pas Munich-Compostelle, ou Stockholm-Compostelle, elle renoncerait.

À mesure que nous marchions sur les routes, Candie et moi, j'empruntais en douce le sentier de mes souvenirs. Pourquoi l'avais-je embarqué dans ce pèlerinage, mon petit Georges, il y a si longtemps ? Pour l'aguerrir sans doute. Et parce que le chemin passait près de la maison de vacances. Je me remettais à penser à lui, je songeais à la drôle d'enfance que je lui avais offerte, une enfance allègre parce que j'étais d'humeur gaie, mais une enfance sans père. Son abruti de géniteur m'avait quittée un an après sa naissance pour une autre femme, plus jeune, plus fraîche, plus silencieuse sans doute. Moi, ça ne m'avait pas gênée : je n'ai jamais aimé un homme au point de vouloir vivre avec lui. Les hommes, ça n'est agréable que le temps que c'est agréable, c'est-à-dire pas long-temps, je sature vite. En revanche, Georges aurait apprécié ça, lui, avoir un père, un père régulier, un père continu, ça l'aurait aidé. Parce que mûrir, c'est une aventure qui a l'air plus compliquée pour les garçons que pour les filles. C'est terrible pour un garçon de pousser auprès d'une mère qu'il idolâtre, dont les messages se résument à « ne deviens surtout pas comme moi, ne mets pas de jupes, pas d'escarpins, lâche ce sac à main, évite le maquillage ». Pas évident sans modèle masculin ! Au-dessus d'une rivière, j'ai revu soudain sa silhouette frêle, sa bouille mélancolique qui s'éclairait sitôt qu'il me voyait. Enfant, il avait tendance à la tristesse ; or je mesurais mal l'ampleur de ce sentiment qui m'est étranger. J'avais tant de force, tant de vie en moi, tant d'amour à lui donner. Et j'arrivais toujours à provoquer son sourire.

Candie m'a demandé si ma belle-fille avait refait sa vie.

— Pourquoi cette question, Candie ?

— Ça y est, je sens que l'engueulade arrive : dès qu'il s'agit de Georges ou d'Éléonore, tu te transformes en fil de fer électrifié.

— Non, ma belle-fille n'a pas refait sa vie. Une femme dont le mari s'est suicidé, c'est comme une maison où un homme s'est pendu : ça ne trouve plus preneur.

— C'est ridicule ce que tu dis. Avec de tels raisonnements, on peut dire pareil de toi.

— Pardon ?

— Une mère dont le fils se suicide, c'est sûrement une mauvaise mère.

— Mon fils ne s'est pas suicidé lorsqu'il vivait avec moi ! C'est après. Quand il s'emmerdait avec elle. C'est de sa faute à elle ! Je ne permets à personne de…

J'ai vu de la terreur dans les yeux de Candie, ce qui m'a aidée à réaliser que j'étais en train de hurler. Je me suis arrêtée. Candie m'a souri. Nous nous sommes embrassées. Nous avons marché un kilomètre en silence. Puis elle m'a demandé :

— Il n'était pas suicidaire, ton fils ?

— Non !

Et c'est là qu'elle s'est enfuie… Elle a détalé comme un lapin, comme si on la pourchassait avec un fusil ou un couteau. Elle avait l'air terrorisé. Une folle.

Je ne l'ai pas rappelée parce que, au fond, je n'en avais rien à foutre, des états d'âme de Candie, et j'ai continué mon chemin seule.

Les jours suivants, ma cervelle a pas mal bouillonné. Trop. Les ampoules, j'avais l'impression d'en avoir dans la tête, pas seulement aux pieds. Des souvenirs de Georges surgissaient, des joyeux qui me gonflaient la poitrine, d'autres si terribles que j'aurais voulu avoir un marteau pour leur taper dessus.

Lorsque je suis arrivée à Compostelle, j'étais comme une locomotive à vapeur, brûlante, sous pression.

Les cloches sonnaient à toute volée à l'intérieur de la cathédrale. Pour certains marcheurs, elles célébraient leur victoire ; pour moi…

Éléonore m'attendait à la terrasse d'un café, non loin des marches du lieu sacré.

Elle m'a tendu la lettre de Georges. Je me suis assise en face d'elle, j'ai déchiré l'enveloppe.

« Maman. »

Personne ne m'avait dit « Maman » depuis des années. J'ai jeté le papier loin de moi, comme s'il m'avait brûlée. Je m'étais protégée, je savais qu'il était mort, que je n'entendrais plus jamais « Maman ». C'était insupportable.

Éléonore a ramassé la page et me l'a redonnée.

— C'est lui qui vous parle.

« Maman, je ne sais pas combien de temps tu mettras à lire ce mot, je sais juste que je ne serai pas là et que tu m'en voudras beaucoup. Je n'étais pas bien équipé pour vivre. Tu n'y es pour rien : au contraire, si j'ai essayé si longtemps, c'est grâce à toi d'abord, puis à Éléonore. Vous m'avez insufflé la force que je n'avais pas. Cependant, dès que je m'isole, je retombe : je ne désire rien, je n'entreprends rien, je n'espère rien. Ce soir, je suis soulagé de partir. Auparavant, je remercie les deux femmes qui m'ont maintenu, à bout de bras, au-dessus de moi-même. Chacune de vous est parvenue à me faire vivre vingt ans, vingt ans pour toi maman, vingt ans pour toi Éléonore. Maintenant excusez-moi. »

Il ne voulait pas vivre, Georges, depuis le départ. Il était né après terme, comme s'il ne désirait pas voir le jour, comme si c'était moi qui tenais à ce qu'il sorte ; ensuite il avait multiplié les maladies, certaines bénignes, d'autres graves, façon de dire avec son petit corps qui ne parlait pas encore « Ne t'attache pas, laisse-moi partir. » Après, parce qu'il s'accrochait mieux à la vie, parce que je l'amusais, parce que nous apprenions mille choses ensemble, j'ai eu moins peur. Pourtant, je percevais sa crainte de grandir. À l'adolescence, plusieurs fois, il avait tenté de se suicider, oh si mal, si maladroitement, que j'avais pris cela pour des appels au secours, que je l'avais broyé dans mes bras en croyant que ça s'arrangerait. Oui, j'étais persuadée que j'y arriverais, que je transformerais en adulte ce garçon qui avait déjà eu tant de difficultés à être un gamin. Elle a pris le relais, Éléonore. C'est pour ça sans doute que je l'ai détestée d'emblée. Elle occupait ma place de mère. J'avais conscience de ne pas lui confier un homme, un vrai, mais un enfant. Pourquoi prétendait-elle le traiter comme un mâle ? Je l'ai harcelée en concentrant mes reproches sur elle. Si mon fils n'était pas un homme, c'est parce qu'elle n'était pas une femme. Si mon fils déprimait, c'était à cause d'elle. S'il se droguait, c'était à cause d'elle. Si…

En évitant le regard d'Éléonore, j'ai lu la phrase qui achevait la lettre.

« Maman, je sais que je t'ai déçue, que je te tourmente encore, mais, quoi qu'il arrive, je t'en supplie : n'oublie pas que je t'aime. »

Je ne sais comment ça s'est passé, je me suis levée, je me suis précipitée sur Éléonore et je l'ai serrée dans mes bras.

— Merci.

Et Éléonore, cette femme si dure, s'est mise à sangloter contre moi.

Franchement, on avait l'air de deux cloches, là, devant la cathédrale où affluaient les pèlerins. Les cloches de Compostelle.

À mon retour à Paris, je suis allée m'excuser auprès de Candie. Au début, elle m'a fait la gueule – enfin, dans la mesure où son visage exprime encore un sentiment parce que sa peau est tellement tirée qu'elle sourit continuellement, même quand elle se brûle – puis elle m'a pardonné mon éclat, d'autant qu'elle avait perdu les kilos qui la turlupinaient.

Ensuite, j'ai invité Boubacar chez moi pour prendre le thé et je lui ai montré le masque de Beethoven.

— Oh, géant ton masque ! Il ressemble à la musique de ton mec.

— Tu entends sa musique quand tu le dévisages ?

— Ouais. Cinq sur cinq. Pas toi ?

— Si. Maintenant, j'entends. J'entends toutes les merveilles que je ne savais plus entendre.

Nous avons fixé le masque, son immense front torturé par les idées qui bouillonnaient dessous, ses cheveux drus, puissants, jaillissant comme des sons, ses paupières fermées sur ses violences intérieures, sa bouche prête à parler.

— Dis, Kiki, pourquoi il souffrait, ton mec ? D'après ce que tu m'as rapporté, c'était un génie, un caïd, il gagnait du pognon, il avait la gloire, la belle montre, la gourmette.

— Il souffrait pour créer. Il voulait rendre chaque note expressive. Te rends-tu compte, Boubacar, chaque note expressive ? Rien d'insignifiant. Au fond, il cherchait quelque chose qui n'existait pas.

— Quoi ?

— L'humanité, peut-être…

Boubacar a enlevé sa casquette pour se gratter le crâne. Je ne saisis pas pourquoi il porte une casquette alors qu'il n'a pas de cheveux.

— Kiki, ton Beethoven, tu dis qu'il aime l'humanité… L'autre jour pourtant, tu m'as raconté qu'il engueulait tout le monde.

— Oui, il avait un caractère de cochon, il râlait, il poussait des coups de gueule. Justement ! Quand tu crois en l'humanité, tu n'aimes pas l'homme tel qu'il est mais tel qu'il devrait être. La misanthropie est la marque des plus grands humanistes. Faut avoir le sens de l'idéal pour se mettre en colère.

— Tu parles de lui ou de toi, Kiki ?

— Les hommes ensemble, ils ne croient pas en l'humanité, ils se fient à eux, à leur groupe, à leurs intérêts, ils se donnent la main pour se protéger, tracer une frontière, construire un mur. Faut renoncer à la foule et accepter d'être solitaire quand on rêve d'humanité. Ça, mon Beethoven, il l'avait compris. À l'époque, il y avait l'Allemand, l'Anglais, le Français, l'Italien, le Russe, etc. Et ces gens entraient perpétuellement en guerre.

— C'est toujours pareil, Kiki. Ça n'a pas changé.

— Ouais, ça n'a pas changé. On n'a rien capté, on n'a pas assez écouté Beethoven, on est devenus sourds.

— Qu'est-ce qu'on peut faire ?

— Bonne question, je te remercie de me l'avoir posée, comme dirait ma belle-fille.

C'est comme ça qu'on a créé notre fête. Chaque dimanche, nous nous réunissons au square, mes copines et moi, où nous vendons nos gâteaux cuisinés à la maison, nos limonades artisanales, puis nous louons des coussins pour que les gens suivent la parade. Une fois les spectateurs installés, les copains de Boubacar, menés par Boubacar en personne, arrivent en masse sur la scène de goudron : il y a des Noirs foncés, des Noirs clairs, des métis, des basanés, des pâles, des roux, des blonds, des Nordiques, des fins, des trapus. À les voir ensemble, on se rend compte que, finalement, la nature ne manque pas de fantaisie ni d'humour. Puis Ralf commence à aboyer du Beethoven et ils se mettent à danser[1]. Ils tournent comme des fous, sur les mains, sur les coudes, sur les genoux, sur le crâne, les uns au bout des bras des autres, ils tournent au point de nous faire oublier qu'on a des os, des reins, des articulations, ils sont plus souples que des balles de caoutchouc. Avec l'argent que ça nous rapporte, davantage chaque semaine, nous aidons ensuite des gens dans la gêne. Et ça, ça ne manque pas, merci.

L'autre jour, mon crétin de frère est venu voir le spectacle, alors que les garçons dansaient sur l'*Hymne à la joie*.

— C'est gentil, c'est joli ce que tu as organisé, Christine, mais ça ne va pas changer le monde.

Ce que j'apprécie chez mon frère, c'est qu'il ne me déçoit jamais. Con depuis le premier jour, il assure année après année, infaillible, sans baisse de régime, à la hauteur de son ineptie. Du solide. Sans doute qu'il va tenir jusqu'à sa fin, comme ça.

— Oui, ma petite, je me permets de te rappeler que, comme disait je-ne-sais-qui, ce n'est pas en irriguant un champ que tu vas supprimer le désert.

---

1. *Neuvième Symphonie en ré mineur op. 125, Final.*

— En attendant, j'ai irrigué un champ, non ? Et puis il y a des gens qui travaillent sur ce champ, puis qui mangent avec le revenu de ce champ, non ?

— Hum. C'est mieux que rien, voilà ce que tu veux dire ?

— Toi, tu proposes quoi, en te tournant les pouces avec ton Picasso dans ton coffre ? Moins que rien ? Trois fois rien ? Moi, je suis contente avec mon mieux que rien.

— Tu n'es pas modeste. Au fait, Christine, c'est quoi, ce dossier que tu as confié à mon cabinet. Tu veux changer de nom ? Celui de nos parents n'était pas assez noble pour toi ?

— Non, je pense à ma pierre tombale. Je veux qu'elle parle, je veux qu'elle chante, je veux qu'elle fasse un bruit assourdissant, je veux qu'elle rende tout le monde heureux dans le cimetière. Exige de tes avocats qu'ils travaillent sur mon dossier, s'il te plaît. Grâce à toi, j'y arriverai peut-être.

— Une pierre tombale qui chante ? Que racontes-tu ma pauvre fille ?

— Imagine : un granit sombre, simple, pur, et dessus en lettres minuscules : Kiki van Beethoven.

L'Ode à la joie emplit le théâtre.

Cette comédie-monologue a été créée le 21 septembre 2010, au théâtre La Bruyère, dans une mise en scène de Christophe Lindon, interprétée par Danièle Lebrun.

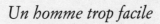

Un homme trop facile

PERSONNAGES

LÉDA, *actrice vedette*.
ALEX, *acteur*.
DORIS, *l'habilleuse*.
JOSÉPHINE.
L'INCONNU DU MIROIR.
ODON FRITZ.

1

Une loge d'acteur.

Il y règne un désordre nonchalant puisque bouquets, livres, brochures, lettres se chevauchent ; çà et là, des photos ou des affiches pendent à des punaises.

Deux miroirs ornent les cloisons, un petit encadré d'ampoules au-dessus de la table à maquillage, un autre haut et long qui permet au comédien de s'examiner en pied.

Au milieu de ce local dont l'issue rejoint le couloir des coulisses, circule Doris, l'habilleuse, cinquante ans passés, au physique sans grâce alourdi par les ans. Elle dépose les pièces d'un costume sur un mannequin d'osier puis range les fleurs.

Léda, l'actrice-vedette, entre, très belle, très tendue, très impatiente, à bout de nerfs.

LÉDA.
Alex, figure-toi que… *(Elle constate qu'Alex ne se trouve pas là.)* Alex ? Alex ? *(Se tournant vers l'habilleuse.)* Quoi, Alex n'est pas encore arrivé ?

DORIS.
Non.

LÉDA.

C'est de la folie pure. Que fait-il ?

DORIS.

Oh, le rideau ne se lève que dans quarante minutes.

LÉDA.

La première ! Nous avons la première ce soir ! Ses débuts dans le Misanthrope ! Les miens dans Célimène… Moi, dès l'aube, j'ai commencé à crier, à piaffer, à trépigner ! Lorsque j'ai griffé mon fils, mon mari m'a jetée dans la voiture et m'a larguée au théâtre. Depuis midi, je tourne en rond dans ma loge avec mes chiens. À croire qu'Alex, lui, n'a pas peur…

DORIS *(supérieure)*.

Ces dernières années, je ne l'ai jamais vu s'inquiéter. Il sait que les gens l'aiment.

LÉDA,

Justement… Facile de décevoir le badaud lorsqu'il attend l'exceptionnel. Je connais le problème : on m'a collé une réputation d'élégance qui m'interdit désormais d'enfiler une robe sans trembler. Si ma toilette reste simple, je vexe les gens, qui s'imaginent que je les méprise. Conclusion : je suis condamnée à acheter ma baguette accoutrée en sapin de Noël et je traîne en fourreau dès cinq heures de l'après-midi.

DORIS.

Rien ne vous oblige à satisfaire constamment les autres…

LÉDA.

Plaire est mon gagne-pain. Tout le monde n'a pas la chance d'avoir un physique ingrat.

Doris reçoit le coup sans pouvoir le rendre.
Joséphine, la fille d'Alex, vingt ans, passe la tête dans la loge et lâche, joyeuse :

JOSÉPHINE.

Merde, mon papa !

LÉDA.

Il n'est pas là, chérie.

JOSÉPHINE.

Ah, dommage… J'avais plusieurs choses à lui dire… Bonsoir, Léda. Et merde.

Léda, selon la tradition, sourit et ne répond pas.

JOSÉPHINE.

Merde à toi, Doris.

Doris grimace.

JOSÉPHINE.

J'adore les soirs de première : je balance des « merde » à tout-va et les gens me sourient. C'est exotique. (*À Léda :*) Léda, dans la rue, un monsieur m'a demandé de vous remettre ça…

Léda saisit la carte de visite et, aussitôt, change de conversation en surjouant le trac.

LÉDA.

Oh, mon Dieu… la frousse monte et m'étrangle. Je vais perdre ma voix. Je retourne dans ma loge.

Léda court mais, sur le pas de la porte, s'arrête et, croyant que les deux femmes ne la voient pas, parcourt la pièce des yeux.

DORIS *(murmurant à la fille d'Alex).*

Regarde, elle les compte.

Léda, le front plissé, murmure des chiffres, puis s'éclaire, joyeuse, et s'en va.

DORIS *(à voix normale).*

Ouf, elle en a davantage que lui.

JOSÉPHINE.

Quoi ?

DORIS.

Des bouquets. Les soirs de première, les comédiens se visitent pour repérer l'artiste le plus fleuri. J'ai connu un figurant qui s'envoyait des brassées de tulipes accompagnées de mots signés du Tout-Paris qu'il avait lui-même rédigés.

JOSÉPHINE.

Papa devrait gagner ce genre de compétition : tout le monde l'apprécie !

DORIS.

Il l'emporte, sois rassurée… Mais pour la paix de la troupe, je dissimule une partie de ses bouquets chez le concierge. *(Elle aperçoit soudain quelque chose et brame :)* Ah non, encore !

Doris s'est immobilisée, inquiète.
Joséphine s'approche de l'objet au milieu des fleurs et le saisit.

JOSÉPHINE.
Qu'est-ce que c'est ? *(Doutant de ce qu'elle voit.)* Un cercueil ?

Il s'agit effectivement d'un cercueil noir miniature, de la taille d'un livre.
Doris se force à prendre un air naturel et le lui arrache des mains.

DORIS.
Une erreur. Un accessoire qui ne devrait pas se trouver ici.

JOSÉPHINE *(s'échappant vers la porte)*.
Bon, j'ai donné rendez-vous à mes amis au bar devant le théâtre, je repasserai.

Joséphine sort en coup de vent.
Doris contemple avec horreur le cercueil en balsa, le brise et jette les morceaux dans la poubelle.

DORIS.
Le monstre ! *(Avec chagrin.)* Qu'a-t-il dans la tête, comment…

Pour chasser ses pensées, elle met de l'ordre autour d'elle.

DORIS.

Où monsieur Alex va-t-il poser ces roses, ces orchidées, ces pivoines et ces glaïeuls ? J'espère qu'il a un cimetière près de chez lui. (*Se rendant compte que ses propos ont un rapport avec le cercueil.*) Un cimetière ? Oh non…

Alex entre, vif, se colle en silence derrière Doris et lui met les mains sur les yeux.

ALEX.

Alors ?

Doris hurle.

Honteux d'avoir provoqué une réaction si disproportionnée, Alex recule. Doris découvre, rassurée, qu'il s'agit de lui.

DORIS.

Oh ! Vous m'avez effrayée.

ALEX.

Doris, vous avez le trac à ce point-là !

DORIS.

C'est mon premier *Misanthrope*, monsieur, et je ne voudrais pas le rater parce que moi, en tant qu'habilleuse, j'ai le goût des classiques : y a du pompon, du pourpoint, de la dentelle, de la perruque et du ruban, je me sens utile. On a beau dire, le répertoire, ça reste plus exigeant que le contemporain. Quant au théâtre expérimental, avec ces acteurs qui se tortillent nus, ça tue le métier !

ALEX.

Heureuse femme : Sophocle, Shakespeare, Racine et Goethe auront toujours besoin de vous, Doris. *(Il lui tend le bouquet qu'il a apporté.)* À propos, de la part de Molière.

DORIS.

Quelle délicatesse... En trente ans de carrière, vous avez été le seul à penser à moi.

Elle s'attendrit. Pendant ce temps-là, Alex déchiffre les cartes qui dépassent des gerbes, enchanté de ce qu'il y découvre.

DORIS.

On s'inquiétait de ne pas vous voir ici plus tôt.

ALEX.

J'avais des rendez-vous.

DORIS *(grondeuse)*.

Plusieurs à la fois, comme d'habitude...

ALEX *(confus)*.

Je me suis trompé.

DORIS.

Vous êtes trop gentil, vous ne savez pas dire non. Enfin, comme vous les donnez dans le même café, vos rendez-vous, les jeunes acteurs, les metteurs en scène, les journalistes, les comités de charité, tous ces gens qui vous sollicitent comprennent que vous êtes de bonne foi.

ALEX *(lisant un message sur une plante verte).*

Oh… je ne m'y attendais pas… ça, c'est vraiment charmant…

On entend une voix grave sourdre du plafond, par les haut-parleurs.

LE RÉGISSEUR *(off).*

Mesdames et messieurs les comédiens, bonsoir. Le rideau se lève dans une demi-heure.

Alex, se rendant compte qu'il doit se dépêcher, quitte son manteau séance tenante.

ALEX.

Ah, Doris, si j'avais le temps, je me livrerais bien à mon jeu préféré, deviner l'expéditeur à partir du bouquet.

DORIS.

Je n'ai jamais compris comment vous vous débrouillez…

Alex enlève son écharpe, ses gants puis sa veste.

ALEX.

Chaque bouquet constitue un autoportrait. Les gens choisissent des fleurs qui leur ressemblent ou, plus exactement, qui représentent ce qu'ils voudraient être. Ce soir, ma loge regorge de reflets idéaux. Par exemple, là, cette grosse gerbe blanche, dodue et virginale, provient d'une femme mûre qui se reproche de coucher autant et rêve de s'amender.

DORIS.

Gagné, c'est Marie de Villetanneuse. *(Elle brandit un bouquet écarlate.)* Celui-ci ?

ALEX.

Quelqu'un de froid qui voudrait paraître chaleureux.

DORIS.

Bravo, c'est Clara Macheferre. *(En désignant un autre.)* Et celui-ci ?

ALEX.

Incohérent. Formes indécises. Couleurs improbables. Il a été expédié par un individu qui, jusqu'au bout, a hésité à me l'adresser.

DORIS *(lisant le nom inconnu d'elle).*

Tristan Bifron…

ALEX.

Un collègue qui m'encense quand je suis présent et me jette des pierres sitôt que je tourne le dos.

DORIS.

Et celui-ci ? Le plus fastueux, le plus fourni. Hors de prix.

ALEX.

Hum… Laissez-moi réfléchir… Une personne riche qui m'affirme que je vaux ça, que je mérite qu'on dépense autant d'argent pour moi, qui souhaite m'acheter quelque chose… Le directeur du théâtre ?

DORIS.
Bien vu, c'est de Paul Berk.

Sans prévenir, Alex dégrafe son pantalon.

DORIS.
Hum… je repasse après avoir garni les petits marquis.

Alex aperçoit alors quelque chose sur la table de maquillage.

ALEX.
Curieux !

Doris sursaute. Elle n'a pas la conscience tranquille.

DORIS.
Quoi ?

ALEX. Là…

Doris s'approche et découvre le cactus qu'a saisi Alex dans ses mains.

ALEX.
Qui est capable de m'envoyer ça ? Aucun nom, aucune carte. Voyons, voyons, qui me hait jusqu'à…

DORIS (*blafarde, la voix mal maîtrisée*).
Personne ne vous déteste, monsieur, les gens vous vénèrent.

ALEX.
Un cactus, tout de même !

DORIS (*mentant brusquement*).

Il est à moi ! Je me le suis acheté cet après-midi. Je collectionne les plantes grasses.

Elle prend le pot et le serre contre sa poitrine.

ALEX.

Vous ?

DORIS.

Pourquoi ? Je n'ai pas une tête à collectionner les plantes grasses ? Ce serait quoi, le physique d'une collectionneuse de plantes grasses ?

ALEX.

Doris, je m'épatais juste que, depuis le temps où nous nous connaissons, vous ne m'ayez pas encore avoué cette passion. Sinon, je vous aurais offert des…

DORIS (*péremptoire*).

J'ai déjà tout, merci.

D'un pas résolu, Doris sort et ferme la porte pour que la discussion ne se poursuive pas.

Resté seul, le comédien enfile le pantalon et la chemise d'Alceste.

Se plantant devant la haute glace en pied, il se contemple sans pitié.

ALEX.

Mon pauvre garçon… Quelle dégaine ! J'aurais dû obéir à mon père et devenir maître nageur, comme lui. Un maillot et des sandales m'auraient suffi. (*Il s'éloigne et bouffonne en s'habillant.*) Et un sifflet !

Pas besoin d'apprendre des milliers de vers, uniquement donner quelques coups de sifflet.

Pendant qu'il s'éloigne, un homme inconnu apparaît dans le miroir, un individu noble, hautain, habillé avec élégance ; il se penche vers le cadre pour observer Alex.
Lorsque Alex revient vers le miroir, l'homme s'éclipse promptement.
Alex retrouve son reflet dans la glace et répète des lambeaux de texte comme on se gargarise.

ALEX.
« Non, je ne puis souffrir cette lâche méthode
Qu'affectent la plupart de vos gens à la mode
Et je ne hais rien tant que les contorsions
De tous ces grands faiseurs de protestations. »

Il se rabroue car le rythme des deux derniers vers s'avère bancal ; il s'efforce donc d'allouer deux pieds aux sons « ions ».

ALEX.
Fichus alexandrins ! Ils me contraignent à parler et compter simultanément.

Il s'éloigne en martelant ses phrases.
Pendant ce temps, l'Inconnu revient dans le miroir et reprend son observation.

ALEX *(récitant)*.
« Je veux qu'on soit sincère et qu'en homme d'honneur
On ne lâche aucun mot qui ne parte du cœur. »

En continuant à se vêtir, Alex soupire, découragé.

ALEX.

Ayez l'air naturel sur un texte pareil ! Comme si un cochon pouvait paraître décontracté au-dessus des braises avec une broche dans le cul…

L'Inconnu du miroir n'apprécie pas les paroles d'Alex.

ALEX.

Ah, Molière, pourquoi corseter la langue ?

Outré, l'Inconnu hausse les épaules.

À cause de son indignation, il se laisse surprendre et, lorsque Alex arrive devant le cadre, il n'a plus le temps de fuir.

L'Inconnu du miroir s'immobilise devant le comédien.

À cet instant précis, par une coïncidence heureuse, ils portent tous les deux un costume identique.

Alex découvre cette image inaccoutumée en face de lui, stupéfait. L'Inconnu du miroir réagit de façon symétrique, déterminé à jouer le reflet.

Alex ne se reconnaît pas. Il exécute quelques gestes que l'autre reproduit. Pour vérifier encore, Alex s'approche, recule, bifurque, quitte le cadre, y revient : à chaque fois, l'Inconnu parvient à lui fournir l'illusion du reflet.

Alex se retourne, se gratte la nuque, puis pivote. L'Inconnu du miroir parvient encore à donner le change.

ALEX (*ébahi par sa transformation physique*).

À ce point-là !

Gémissant, Alex s'éloigne vers l'autre miroir, le petit, dans lequel il examine sa figure. Là, soulagé, il constate qu'il n'a pas changé de traits.

De son côté, rassuré aussi, l'Inconnu du miroir se détend.

Or Alex, sans prévenir, revient à toute vitesse vers la glace en pied et attrape son reflet en flagrant délit de position originale.

L'Inconnu du miroir essaie de se corriger mais n'y parvient que trop tard.

Alex crie à la cantonade :

ALEX.
Je peux savoir ce qui se passe ?

Puisque personne ne répond, il répète la question face à la glace.

ALEX.
Je peux savoir ce qui se passe ?

L'Inconnu du miroir ne bronche pas.

ALEX *(hurlant)*.
Doris ! Doris !

Doris déboule dans la pièce, déconcertée par le ton de l'appel.

DORIS.
Oui, monsieur, quoi ?

Alex s'éloigne alors du miroir, l'Inconnu disparaît.
Le comédien se réfugie sur une chaise, pensif.

ALEX.

Il est arrivé une chose étrange...

DORIS.

Vous en avez encore trouvé un ?

ALEX.

Pardon ?

DORIS.

Un cerc...

Elle s'arrête, soucieuse de ne pas révéler la vérité, puis se reprend :

DORIS.

Un cactus. J'en avais acheté un second que je ne retrouve plus. *(S'agitant pour revenir à une situation normale.)* Voulez-vous que je vous accroche déjà vos rubans ?

ALEX *(sombre).*

Non, plus tard, Doris.

Il se tait, figé.

DORIS.

Oh, oh, le trac vous attaque, monsieur.

ALEX.

Peut-être. Voudriez-vous me faire plaisir ?

DORIS.

Bien sûr.

ALEX.

Allez vous placer devant le miroir et regardez ce qu'il y a dedans.

DORIS.

Ce qu'il y a dedans ?

ALEX.

Oui.

Doris se met devant le miroir et, les bras ballants, l'air ahuri, se contemple.

ALEX.

Eh bien ?

DORIS.

Il y a moi.

ALEX.

Et c'est tout ?

DORIS.

Une fois que j'y suis, il n'y a plus de place autour.

ALEX.

Insistez.

Doris détaille sans plaisir son reflet et renifle, peinée.

DORIS.

C'est cruel, votre petit jeu, monsieur…

ALEX.

Quoi ?

DORIS.

Vous vous doutez bien que je n'aime pas me regarder dans une glace.

ALEX.

Non. Pourquoi ?

DORIS.

Je préfère échapper aux mauvaises nouvelles.

ALEX.

Allons !

DORIS.

Les miroirs et moi, nous sommes fâchés. C'est utile, la lucidité, mais de là à s'en infliger une indigestion…

ALEX *(débonnaire)*.

Ne racontez pas n'importe quoi. Vous êtes très en beauté, Doris, ce soir !

DORIS.

Pardon ?

ALEX.

Je disais : vous êtes rayonnante, ce soir, très en beauté.

DORIS.

Vous plaisantez ?

ALEX *(lumineux)*.

Non. Je me réjouis de votre présence car j'apprécie la compagnie des jolies femmes.

Il commence à se maquiller.

Doris, un tantinet secouée, marche vers la porte et s'arrête avant de quitter la pièce.

DORIS.
Avez-vous le permis de conduire ?

ALEX.
Oui.

DORIS.
Et prenez-vous souvent votre voiture ?

ALEX.
Plusieurs fois par jour.

DORIS.
Sans accident ?

ALEX.
Oui.

DORIS.
Bonus ou malus à l'assurance ?

ALEX.
Bonus. Enfin, pourquoi me parlez-vous de ça ?

DORIS.
Rien. Je vérifiais que monsieur voyait bien.

Elle retourne rapidement se regarder dans la glace en pied.

DORIS.
En beauté ?

ALEX.

Oui, Doris, je persiste et signe !

DORIS.

Punaise, qu'est-ce que ça doit être quand je suis en laideur !

Et sans atermoyer, elle décampe.

Une fois seul, Alex veut oublier l'épisode du miroir mais on le sent préoccupé.

L'Inconnu réapparaît alors dans le cadre et se penche pour savoir où en est Alex de sa préparation.

Alex se dissimule, passe derrière le miroir et surprend l'homme.

Ils se figent l'un en face de l'autre.

ALEX.

Qui êtes-vous ?

Silence.

ALEX.

Enfin ! Un détail demeure normal au milieu de ces bizarreries : cette chose n'émet aucun son.

Silence. Ils se dévisagent.

ALEX.

Quelle tronche !

Silence.

Alex, par habitude, commence une série de mimiques.

Par réflexe, l'Inconnu du miroir les reproduit.

Évidemment, le comédien se révèle un virtuose des grimaces comiques. Il se déchaîne.

L'Inconnu du miroir s'évertue à le suivre mais soudain, agacé par les attitudes grotesques qu'il lui faut prendre, il se fige et gronde.

L'INCONNU DU MIROIR.

Je vous prie d'arrêter ce concours de grimaces.

Alex sursaute, effarouché.
Moment d'immobilité.

ALEX.

Vous parlez ?

L'Inconnu du miroir ne répond pas, hostile.

Alors Alex risque quelques mouvements pour vérifier qu'il ne rêve pas.

Cette fois, l'Inconnu du miroir l'interrompt de façon péremptoire :

L'INCONNU DU MIROIR.

Ce n'est pas pour jouer que j'envahis la glace.

Alex s'écarte, ébaubi. L'Inconnu du miroir refuse de quitter son attitude dédaigneuse et répréhensive.

Alex l'aborde.

ALEX.

Vous ne vous montrez guère obéissant pour un reflet.

L'Inconnu du miroir hausse les épaules.

L'INCONNU DU MIROIR.

Le fat ! Quel insolent ! Il me croit son reflet
Alors que c'est lui qui, des talons au gilet,
Tente de me singer, de peindre ma figure
Sur son front dépourvu de grandeur et d'allure.
Chacun sait bien, monsieur, que depuis plus d'un
mois
Vous vous évertuez à tâcher d'être moi.

ALEX.

Comment ?

L'INCONNU DU MIROIR.

Plaît-il ?

ALEX.

Mais quoi…

L'INCONNU DU MIROIR.

Pardon ?

ALEX.

Invraisemblable !

L'INCONNU DU MIROIR.

Vous avancez…

ALEX.

Vous ?

L'INCONNU DU MIROIR.

Oui !

ALEX.

Le vrai, le véritable ?

L'Inconnu du miroir.

Il serait temps enfin que vous l'acceptiez…

Alex.

Non !

L'Inconnu du miroir.

Si !

Alex.

Je n'y crois pas. Ainsi vous seriez ?

L'Inconnu du miroir.

Alceste assurément, le fameux Misanthrope
Sur lequel ces temps-ci votre mémoire achoppe.

Alex recule et va s'asseoir, fébrile, se passant la main
sur le front.

Alex.

Je perds la raison…

L'Inconnu du miroir.

De miroir en miroir j'erre depuis des lustres,
Depuis que me créa sur des planches illustres
Ce Molière étrange, indécis, louvoyant,
Qui toujours hésitait en me représentant
Entre portrait bouffon et tableau exemplaire.
Comme si la vertu n'avait pas l'art de plaire !
Chaque fois qu'on me joue, je me glisse en secret
Dans tout ce qui scintille et produit un reflet,
Psychés, faces-à-main, couteaux, épées, lunettes,
Diamants vrais ou faux, parfois même paillettes,
Me recroquevillant afin de surveiller

Si, ces fichus humains, je dois les houspiller
Ou les complimenter de me rendre la vie.
Mon char pour voyager est la miroiterie.

ALEX.

Jamais un de mes collègues ne m'a rapporté un pareil phénomène. Ça se saurait, nom de Dieu ! Si les interprètes du Misanthrope rencontraient leur modèle dans le miroir, ils l'auraient dit, on en aurait déjà tiré un roman ou une pièce !

L'INCONNU DU MIROIR.

Une pièce oh mon Dieu ! Non, pour qu'on me diffame,
Croyez-moi, cher monsieur, j'ai bien assez d'un drame !

ALEX.

Alors, vous nous observez sans rien dire ?

L'INCONNU DU MIROIR.

Guetter en écoutant me paraît suffisant
Voire, selon les cas, souvent fort épuisant.

ALEX.

Alors, pourquoi abandonner votre discrétion habituelle ? *(Un temps.)* Pourquoi m'aborder ? *(Un temps.)* Pourquoi moi ?

Alex sourit. L'Inconnu aussi.
L'Inconnu se régale déjà de ce qu'il va dire, Alex de ce qu'il va entendre.

ALEX.

Je suis honoré d'une telle visite. En quoi l'ai-je méritée ?

Sourires derechef.
À cet instant, on frappe à la porte.

ALEX.
Qui est-ce ?

LÉDA *(off)*.
C'est moi.

ALEX.
Moi ?

LÉDA *(off)*.
Votre Célimène…

L'Inconnu du miroir se trouble.

L'INCONNU DU MIROIR.
Célimène ?

Alex s'amuse de son émoi.

ALEX.
La mienne, pas la vôtre : elle vient de le dire elle-
même.

L'INCONNU DU MIROIR *(bouleversé)*.
Célimène…

Les coups reprennent.

LÉDA *(off)*.
Si vous êtes nu, j'entre. Sinon, j'attends encore.

L'Inconnu du miroir (*à Alex*).
Pourquoi tardez-vous donc ?

Alex saisit un plaid et en couvre la glace.

L'Inconnu du miroir (*protestant*).
Mais…

Alex.
Vous m'excuserez : je vous garde pour moi. Si elle vous voit, la représentation n'aura pas lieu.

Puis, s'adressant à Léda :

Alex.
Entrez, Léda, entrez.

Elle apparaît, magnifique et sachant qu'elle l'est.
Alex la contemple avec envie.
Ils se regardent.
Un temps.

Alex.
C'est du harcèlement.

Léda.
Quoi ?

Alex.
Votre beauté. Vous me mettez cette splendeur sous les yeux et je me retrouve bouleversé. (*Un temps.*) Et en plus vous ne parlez pas… J'en suis réduit à contempler sans pouvoir ni toucher ni converser.

Davantage que du harcèlement, c'est un supplice.
(Un temps.) Je vous en supplie : dites quelque chose.
Vous vous taisez tellement que l'on n'entend que
vous.

Léda pousse un soupir.

LÉDA.
Je vous déteste.

ALEX.
Oh !

LÉDA.
Depuis des heures.

ALEX.
Comment ? La haine tout de suite ? Sans passer
par la case passion ? Vous me détestez avant même
de m'aimer ? Qu'ai-je fait pour mériter ça ?

LÉDA.
Vous m'avez laissée seule alors que j'avais les nerfs
en pelote.

ALEX.
Votre mari ?

LÉDA.
Il ne peut pas comprendre ça.

ALEX.
J'aurais adoré m'occuper de vous, vous câliner,
vous distraire, mais vous me fuyez depuis deux mois.
Moi aussi, j'étais seul.

LÉDA.

Je ne vous crois pas.

ALEX.

Juré.

LÉDA.

Je ne suis pas la seule femme au monde.

ALEX.

C'est vous qui le dites.

Elle le contemple avec plaisir, sensible au compliment.

LÉDA.

Vous en profitez.

ALEX.

De quoi ?

LÉDA.

Vous usez d'une circonstance où je tremble pour flirter.

ALEX.

Faux : je vous courtise depuis deux mois.

LÉDA.

Vous vous montrez bien meilleur ce soir.

ALEX.

J'ignorais que vous deviez être terrorisée pour que j'aie la moindre chance de vous séduire ; sinon, dès la première répétition, je me serais déguisé en pompier.

Il s'approche, cherchant à l'embrasser. Elle se dégage.

LÉDA.

Vous oubliez que je suis mariée.

ALEX.

Pas le moins du monde. En revanche, cela m'arrangerait que vous, vous l'oubliiez.

LÉDA.

J'ai une très bonne mémoire.

ALEX.

Hélas.

Soudain, Léda révèle le souci qui la ronge.

LÉDA.

Alex, pourquoi m'avez-vous choisie comme partenaire ?

ALEX.

Ce n'est pas moi, c'est le metteur en scène qui...

LÉDA.

Ne me prenez pas pour une idiote : à votre niveau de notoriété, c'est vous qui choisissez, pas lui. Alors ? Pourquoi moi ?

ALEX.

Mes réponses vont vous irriter.

LÉDA *(piquée)*.

Pardon ?

ALEX.

Si je vous dis que j'admire votre talent, la jolie femme se vexera. Si je vous dis que je vous trouve ravissante, la comédienne s'indignera. Et si je vous dis que je souhaitais profiter de notre rapprochement pour tenter l'aventure avec vous, vous me trouverez vulgaire. Donc il vaut mieux que je garde le silence.

LÉDA.
Et des trois raisons, quelle est la véritable ?

ALEX.
Les trois. Au même plan et en même temps.

Elle se délecte de ce qu'il dit. Commençant à oublier son appréhension, elle se sent mieux.

LÉDA.
Je devrais me fâcher.

ALEX *(avec espoir)*.
Vous devriez.

LÉDA *(coquette)*.
Je vous plais ?

ALEX.
Sans l'ombre d'un doute. Et moi, pourrais-je vous plaire un peu ?

LÉDA.
Je ne suis pas aussi rapide que vous. Tout a l'air si clair dans votre tête.

ALEX.
C'est que, chez les hommes, le cerveau se réduit à un vestibule qui conduit au sexe.

Elle rit.

LÉDA.

Vous avez un cerveau, vraiment ?

ALEX.

Par intermittence.

Il s'approche, ayant très envie de l'embrasser. Elle s'échappe, légère.

LÉDA.

Vous ne pensez qu'à ça !

ALEX.

Je ne pense que pour ça. *(Amusé.)* Ce sont des êtres fuyants, mystérieux, insaisissables comme vous, qui forcent les mâles à réfléchir, à développer leur intellect. Les complications des femmes ont spiritualisé nos envies sexuelles et créé une sorte d'hybride que l'on appelle l'amour. Sans votre coquetterie, nous resterions des bêtes. La garce est l'avenir de l'homme.

LÉDA *(choquée)*.

Oh, « garce », quelle horreur !

ALEX.

Au contraire, quelle splendeur ! Une garce, c'est un ciel imprévisible qui, d'un instant à l'autre, cache, filtre ou exalte la lumière. Une garce, c'est une patte de chat, laquelle en une seconde passe de la caresse à la griffure. Une garce, c'est un dieu capricieux qui se voile autant qu'il se révèle, une vérité entrevue, une promesse qui vacille.

Elle repart, ne souhaitant pas l'écouter davantage.

LÉDA.
À bientôt.

ALEX.
Ai-je eu tort de vous avouer mes trois raisons de jouer avec vous : le talent, la beauté, l'espoir d'une aventure ?

LÉDA.
Vous avez pris le risque de vous mettre à nu.

ALEX.
Et ?

LÉDA.
Je suis mariée.

ALEX.
Et ?

LÉDA.
Je suis mariée.

ALEX.
Et ?

LÉDA.
Je suis mariée.

ALEX.
Je hais le mariage et les femmes mariées.

LÉDA.
Pas tant que cela, visiblement.

ALEX.

Que répondez-vous ? Puis-je persévérer ?

LÉDA.

Trouvez-moi une quatrième raison et nous en reparlerons.

Elle disparaît.
Alex, diverti par cet échange, retourne vers le miroir et retire le plaid. Il ne voit rien dans le cadre, même pas lui.

ALEX.

Eh bien, où êtes-vous passé ? Holà... Vous avez disparu ?

L'Inconnu du miroir surgit dans le cadre.

L'INCONNU DU MIROIR.

J'ai été obligé de quitter ce miroir
Pour le fâcheux tranchant de cet étroit rasoir.

ALEX.

Ah ? Vous n'avez donc rien perdu de la scène ! Qu'en pensez-vous ?

L'INCONNU DU MIROIR.

Quel humain la voyant ne la trouverait belle ?
Je ne peux vous celer que Léda me rappelle...

ALEX.

Pensez-vous que j'aie une chance avec elle ?

L'INCONNU DU MIROIR.

Une chance de quoi ?

ALEX.

Enfin, vous savez bien... Alors ? À votre avis ?

L'INCONNU DU MIROIR.

Elle est mariée, monsieur !

ALEX.

Son mariage ? Une question de standing, pas d'amour. Une femme si somptueuse se doit d'épouser un homme riche et d'en avoir quelques enfants : c'est un préalable à sa liberté. Alors, pensez-vous que je puisse...

L'INCONNU DU MIROIR.

Monsieur, cette matière est toujours délicate
Sur notre séduction nous aimons qu'on nous flatte.

ALEX.

Oh ! Vous ne me voyez pas réussir ?

L'INCONNU DU MIROIR.

Vous échouerez, monsieur. Pardonnez mon défaut
D'être bien plus sincère en cela qu'il ne faut.

ALEX.

Pourquoi ? Léda se moque de moi ? Elle me dupe ? Elle me rend fou sans intention de me guérir ?

L'INCONNU DU MIROIR.

Par pitié, s'il vous plaît, n'imputez pas à l'autre
Pour vous innocenter un défaut qui est vôtre.

ALEX.

Ah bon ? Ça vient de moi...

L'INCONNU DU MIROIR.
  Aucun doute.

ALEX.
  Je ne lui plais pas ?

L'INCONNU DU MIROIR.
  Pas assez.

ALEX.
  Je m'y prends mal ?

L'INCONNU DU MIROIR.
  Vertuchou, vous savez flirter habilement,
  Mais trop habilement pour être convaincant.
  Sous vos câlineries, toute femme détecte
  Un savoir libertin, une aisance suspecte,
  La virtuosité d'un grand bonimenteur.
  Alors que la passion nous jette dans le trouble,
  Plombe nos traits d'esprit, notre lourdeur redouble,
  Vous avancez, précis, tel un joueur d'échecs.
  Je vous préférerais muet, lambin, blanc-bec,
  Un doigt de gaucherie convaincrait davantage
  Et de votre folie porterait témoignage.

ALEX.
  Baver, hésiter, trembler, bafouiller, me cogner aux
meubles ou m'enrouler les pieds dans le tapis ?
  Non merci, je n'ai plus vingt ans.

L'INCONNU DU MIROIR.
  On n'est pas amoureux si l'on n'a pas vingt ans.
  Vous rajeuniriez sous un vrai sentiment !
  Outre qu'il retentit d'hypocrisies perfides,
  Votre insensé brio vous rajoute des rides.

ALEX.

D'accord. La prochaine fois que Léda viendra, je mimerai la niaiserie !

L'INCONNU DU MIROIR.

Oh, la supercherie apparaîtra encor.

ALEX.

Je passe pour un excellent acteur.

L'INCONNU DU MIROIR.

La perfection du jeu trahira votre effort.
On ne peut feindre tout. Une femme repère
L'authentique amoureux, le galant insincère.
Un style naturel, droit, sans préciosité,
Convaincra mieux un cœur qu'il dit la vérité.
Léda veut un amant viril, direct, robuste,
Sévère et peu rieur, peut-être même fruste.

ALEX *(amusé)*.

Vous !

L'Inconnu du miroir a un haut-le-corps : il ne s'attendait pas à être découvert si tôt.

L'INCONNU DU MIROIR.

Plaît-il ?

ALEX.

Je dis : « vous ».

L'INCONNU DU MIROIR.

Eh ma foi, pourquoi pas ?

Un temps. L'Inconnu se rétracte.

L'INCONNU DU MIROIR.

Léda est mariée. Moi, je ne l'oublie pas.

ALEX.

Je commence à me demander qui vous êtes venu voir ce soir.

L'INCONNU DU MIROIR.

C'est pour vous, et vous seul, que je suis ici-bas.

ALEX.

Pas pour Léda ? Pourquoi n'allez-vous donc pas l'observer dans sa loge ? Je puis vous assurer que, là-bas, vous trouverez mille endroits où vous cacher, les miroirs ne manquent pas et Léda s'y contemple sans arrêt.

L'INCONNU DU MIROIR.

Quel stratagème infâme et quelle muflerie !
Espionner Léda ? Hé ! L'idée m'injurie !
De plus, je n'apparais jamais qu'au seul acteur
Qui de m'interpréter a l'ambigu honneur.

ALEX.

Ah bon ? Rien qu'à nous, les Alceste ? Et donc ce soir, rien qu'à moi ?

L'INCONNU DU MIROIR.

Oui.

ALEX.

C'est vraisemblable, ça ?

L'INCONNU DU MIROIR.

Au point où nous en sommes…

ALEX.

D'accord. Admettons que, dans un monde irrationnel aussi, il y ait des lois, des gestes qui se font, d'autres qui ne se font pas, je répète cependant ma question : puisque vous avez bénéficié – ou souffert – de milliers d'interprètes, pourquoi moi ?

Ils se contemplent. Un temps.
Doris frappe et entre sur-le-champ, tenant un élément du costume d'Alex, son chapeau aux reflets verts.

DORIS.

J'avais oublié de vous apporter ça.

Alex se précipite vers elle afin qu'elle ne s'approche pas du miroir.

ALEX.

Merci.

Il saisit le couvre-chef.
Un détail le frappe.

ALEX.

Ah, vous avez oublié une liste…

Il décolle un papier jaune du feutre.

DORIS.

Une liste ? Je n'écris pas de listes.

ALEX.

Si, regardez. Il y a quatre noms, dont trois sont
barrés sauf le mien.

Doris tressaille d'épouvante et se signe par réflexe.

DORIS.

Oh, mon Dieu !

ALEX.

Que vous arrive-t-il ?

Doris ne parvient pas à répondre.

ALEX.

Doris, vous m'inquiétez !

DORIS.

Quels… quels sont les noms ? les noms barrés ?

ALEX.

Jean…

DORIS *(frappée)*.

Ah !

ALEX.

Denis…

DORIS.

Ah…

ALEX.

Maurice…

DORIS *(blafarde).*
Mon Dieu… *(Pour elle, dans un soupir.)* Tous morts…

ALEX.
Le mien est intact parce que vous ne m'avez pas livré mon chapeau. *(Soudain pensif.)* Étrange. S'il y a un Jean dans la troupe, il n'y a ni Denis ni Maurice…

Doris se recompose un maintien et arrache le papier des mains d'Alex.

DORIS.
Ne vous torturez pas, monsieur, je n'ai jamais gribouillé cette note qui n'a d'ailleurs, sans doute, aucun sens. *(Elle retourne vers la porte.)* Attention, monsieur, s'il vous plaît : bouclez les fenêtres et n'ouvrez pas la porte à n'importe qui. Je vous en supplie.

ALEX.
Que voulez-vous dire ?

DORIS.
Soyez prudent, monsieur, soyez extrêmement prudent. D'ailleurs, je vais demander au concierge d'empêcher quiconque d'accéder aux coulisses.

ALEX.
Mais…

DORIS.
Ne craignez rien, je surveille tout et j'assurerai au maximum, monsieur, au maximum.

ALEX.
Doris !

DORIS *(avec emphase et crainte).*
Je vous le jure, je vous le jure. D'ailleurs, je vous
le dois.

L'habilleuse, paniquée, referme vigoureusement la porte.
Alex se frappe les tempes. Puis, intrigué, il retourne au
miroir et consulte l'Inconnu.

ALEX.
Vous la connaissez ?

L'Inconnu du miroir laisse passer un long silence.

ALEX.
Elle vous connaît ?

Second silence. L'Inconnu conclut d'un ton sépulcral :

L'INCONNU DU MIROIR.
Renoncez.

ALEX.
            Quoi ? Comment ?

L'INCONNU DU MIROIR.
                        Il vaut mieux annuler.

ALEX.
Qui vous permet de… ?

L'INCONNU DU MIROIR.
Sinon quelqu'un ce soir va vous assassiner.

ALEX.
Vous m'angoissez. Comment…

On cogne à la porte.
Malgré lui, Alex a un mouvement d'affolement.
On percute de nouveau.
Alex rétorque d'une voix blanche :

ALEX.
Oui ?

LÉDA *(off)*.
C'est encore moi ! Léda.

Alex soupire, soulagé.
Du coup, sa légèreté reprend le dessus et il décide soudain qu'aucune des alertes de Doris ou de l'Inconnu n'est à considérer sérieusement.

ALEX.
Attendez une seconde.

Alex remet le plaid sur le miroir pour cacher l'Inconnu.

L'INCONNU DU MIROIR.
Non, vous n'avez pas le droit.

ALEX *(à voix basse)*.
Silence !

Après avoir recouvert le miroir, Alex se dirige vers la porte et ouvre à Léda, laquelle avance, tragique, et lance d'une voix de stentor :

LÉDA.
Napoléon a mordu Staline !

ALEX.
   Non ?

LÉDA.
   Si ! Napoléon a mordu Staline. Vlan ! Dans la
cuisse gauche.

ALEX.
   Staline va se venger.

LÉDA.
   Je le crains. Entre Staline et Napoléon, je ne suis
jamais arrivée à déterminer lequel était le plus teigneux. *(Changeant soudain de ton.)* Je vous dérange…

ALEX.
   Au contraire, je parlais de vous.

LÉDA *(regardant autour d'elle).*
   À qui ?

ALEX.
   À moi-même.

LÉDA.
   Ah… Et vous étiez d'accord ?

ALEX.
   Moi et moi-même ? À votre sujet, toujours.

LÉDA.
   Ravie de faire l'unanimité. *(Elle le regarde, soudain hébétée.)* Voyons, pourquoi suis-je venue ? Je
ne m'en souviens plus…

ALEX.
   Staline et Napoléon.

LÉDA.

Mes chiens ? Non. Dans cinq minutes, ils dormiront dans les pattes l'un de l'autre. Quoi d'autre ?

ALEX.

Vous étiez en colère peut-être ?

LÉDA.

Pas cette fois.

ALEX.

Vous vouliez me raconter quelque chose ?

LÉDA.

Non.

ALEX.

Me demander quelque chose ?

LÉDA.

Non. *(Haussant les épaules avec élégance.)* Ai-je besoin d'une raison ? J'avais peut-être simplement besoin de vous voir.

À ce moment-là, une main sort du miroir et s'efforce d'enlever le plaid.

Effrayé, Alex se précipite vers le cadre, s'y appuie et y renfonce la main.

ALEX.

Non !

LÉDA *(médusée).*

Pardon ?

ALEX *(se reprenant).*

Non ! Je disais : « Non, est-ce possible ? » Est-il possible que vous ayez plaisir à me voir ?

LÉDA.

Je n'ai pas dit cela, je me posais la question.

La main tente une nouvelle évasion. Alex l'arrête et parvient à la repousser.

ALEX.

Et la réponse ?

LÉDA.

Je n'appartiens pas au troupeau des personnes ennuyeuses qui donnent des réponses aux questions qu'elles se posent.

ALEX.

Vous laissez la vie répondre à votre place ?

LÉDA.

La vie, le hasard, les circonstances…

ALEX.

… les initiatives de ceux qui vous entourent…

Il avance, entreprenant, sans qu'elle l'arrête. Elle s'égaye de son insistance à la séduire. À la dernière seconde, elle le retient quand il approche ses lèvres.

LÉDA.

À quelques minutes de la représentation, une telle initiative va nous démaquiller.

ALEX.

D'accord. Je renonce au baiser, une promesse me suffira.

LÉDA *(rétive)*.

Une promesse ?

ALEX.

Une promesse !

LÉDA.

Une promesse, c'est comme un plat gratiné, chaud et savoureux à la minute où ça sort du four, froid et insipide une heure après. Annoncer qu'on embrassera, c'est aussi sot que jurer que demain on éprouvera de la fièvre.

ALEX.

Vous ne faites jamais de promesses ?

LÉDA *(se levant)*.

Je *suis* une promesse.

À cet instant, l'Inconnu repousse la couverture et jaillit du miroir, immense, furieux, terrifiant, passant d'une image en deux dimensions à un corps en trois dimensions.

Alex recule, impressionné.

ALEX.

Nom de Dieu !

LÉDA.

Pardon ?

L'Inconnu dévisage Léda avec fixité, sans que celle-ci
le voie.

ALEX *(à l'Inconnu).*
Comment avez-vous fait ça ?

L'Inconnu ne répond pas, les yeux rivés sur la comédienne, se contentant de défroisser ses vêtements pour
effacer le désordre qu'a occasionné la traversée du miroir.

LÉDA *(surprise).*
Comment j'ai fait quoi ?

ALEX.
C'est impossible !

LÉDA.
Quoi ? Que je me relève de ma chaise ? *(Bouffonnant.)* Mon cher, j'ai toujours réalisé toutes mes cas-
cades moi-même !

ALEX.
Je ne le crois pas.

L'Inconnu ne répond pas et Léda, pour le plaisir du jeu,
poursuit sur le mode léger :

LÉDA.
Tenez, je vous le prouve en recommençant.
Attention, mesdames et messieurs : hop, je m'assois ;
hop, je me lève.

ALEX.
C'est sidérant !

Léda le toise, confondue, devinant qu'il parle d'autre chose. Elle se tourne pour suivre son regard mais n'aperçoit rien.

LÉDA.
Que se passe-t-il ? Vous avez un malaise ?

ALEX.
Non. Vous... vous ne remarquez pas ?

LÉDA.
Quoi ?

ALEX.
Là, dans la pièce ?

Léda secoue négativement la tête.
Alex se précipite vers l'Inconnu et le désigne à Léda.

ALEX.
Ici...

Elle s'approche, intriguée. Il insiste.

ALEX.
Lui.

LÉDA (*ne voyant personne*).
Lui ?

ALEX.
Celui qui vous fixe comme un taureau qui va charger.

LÉDA.

Vous avez de ces comparaisons… Retenez-vous, Alex ! C'est obligeant de me signaler que vous me désirez. De là à m'en menacer…

ALEX.

Je ne parle pas de moi !

LÉDA.

Oui, oui, j'ai bien compris. Ce n'est pas vous mais vous-même, l'autre partie de vous, celle avec laquelle vous discutiez avant que je n'entre, celle qui piaffe, qui me considère comme une génisse à saillir. *(Moue dubitative.)* Je suis déçue. Le procédé manque de galanterie. Pensez-vous me séduire en me comparant à une vache ?

ALEX.

Il ne s'agit pas de ça…

Il effectue quelques pas désordonnés dans la loge. Léda croit comprendre :

LÉDA.

Le trac ! Vous, Alex, vous avez le trac ! Et Doris qui prétendait que jamais… *(Riant.)* Allez, ça me rassure. Je croyais que j'étais la seule à me sentir illégitime au moment de monter sur scène…

Pendant qu'elle dit cela, l'Inconnu lui tourne autour, l'examinant dans les moindres détails.

ALEX.

Terrorisant…

Léda.

Quelle générosité de me le révéler... Non, vraiment, vous êtes délicieux.

L'Inconnu se tient contre elle. Elle frissonne.

Léda.

C'est un carrefour de courants d'air, ici, non ?

Alex.

Non.

Léda.

Vous ne sentez pas ce vent froid ?

Alex.

Non.

Léda.

Je vais attraper la mort si je reste un instant de plus. Et puis... *(elle le regarde avec reproche)*... votre trac est contagieux, Alex, je... *(Fonçant vers la porte.)* À tantôt, je repasserai vous dire un mot lorsque vous irez mieux.

Sur le seuil, elle s'arrête.

Léda.

Alex, je retrouve la raison qui m'avait poussée chez vous ! Je me demandais... Qu'ai-je pour incarner Célimène ?

L'Inconnu du miroir *(spontané)*.

Tout !

ALEX *(en écho)*.

Tout ! Célimène, c'est vous. Contentez-vous d'articuler le texte en respirant entre les phrases et vous étincellerez.

LÉDA.

Vraiment ?

ALEX / L'INCONNU DU MIROIR *(ensemble)*.

Vraiment !

Ils se regardent, furieux de penser la même chose et de l'avoir dit à l'identique.

Léda glousse de plaisir et rejoint le couloir.

Alex court la rattraper.

ALEX.

Léda, j'ai une question.

LÉDA.

Oui, mon cher ?

ALEX.

Et moi, qu'ai-je pour incarner le Misanthrope ?

L'Inconnu du miroir se plante devant Alex et lui lance avec autorité :

L'INCONNU DU MIROIR.

Rien.

Alex le dévisage en frissonnant. Il tremble d'autant plus que, de son côté, Léda se tait, occupée à réfléchir.

L'INCONNU DU MIROIR (*insistant*).
   Rien…

Alex défaille.

ALEX.
   Rien ?

L'INCONNU DU MIROIR.
   Rien !

Léda brise enfin le silence :

LÉDA.
   Votre talent.

ALEX.
   Mon…

LÉDA.
   Votre talent. Votre art fabriquera le personnage.
Car vous ne lui ressemblez pas, mais pas d'un cheveu,
à cet Alceste, ce terrible et menaçant misanthrope,
vous qui êtes si affable, si suave, si magnanime. Oh
oui, un rôle pareil pour vous, cela dépasse la gageure :
cela relève du défi !

L'INCONNU DU MIROIR (*à Alex*).
   Un défi insensé ! Même elle s'en rend compte…

ALEX (*pâlissant*).
   Non !

L'INCONNU DU MIROIR.
   Annulez donc plutôt. Épargnez-vous la honte !

ALEX.
    Non !

Léda marche vers Alex, attendrie, puis l'embrasse sur
le front.

LÉDA.
    À tout de suite.

Elle sort, laissant Alex dans un état mitigé.
Après quelques secondes, il se retourne et se dirige vers
l'Inconnu.

ALEX.
    C'est cela que vous êtes venu me dire ?

L'Inconnu approuve de la tête.

ALEX.
    Que je vais échouer ?

L'INCONNU DU MIROIR.
                        Je pressens un vrai bide.
    Vous serez houspillé d'une façon sordide.

ALEX.
    Mon interprétation ne les convaincra pas ?

L'INCONNU DU MIROIR.
    Vous n'y survivrez pas : la salle bâillera.

ALEX.
    Ignorez-vous que ce que je vais entreprendre pos-
sède un nom ? Cela s'appelle un « contre-emploi ».

Et nous, les comédiens, nous adorons les contre-
emplois !

L'INCONNU DU MIROIR.
    Si, de ces contre-emplois, les comédiens raffolent,
    Les pauvres spectateurs eux souvent s'en désolent.
    Le beau veut s'enlaidir, la jeune se vieillir,
    Le léger veut prouver qu'il est grave à ravir,
    Le sot tient à briller et le plus grand tragique
    S'obstine à démontrer qu'il cachait un comique.
    Vous jouez pour vous seul, vous flattez votre
orgueil,
    Ignorant le public qui subit cet écueil.
    Il vous aime vraiment, prisant ce que vous êtes,
    Et vos paris idiots – en un seul mot – l'embêtent !
    Il ne comprendra rien à votre misanthrope
    Puisque vous lui semblez plutôt un philanthrope.

ALEX.
    Qu'en savez-vous ? Connaissez-vous mon carac-
tère ?

L'INCONNU DU MIROIR.
    Où est le vertueux ? Où est l'atrabilaire ?
    En vous je n'aperçois que le désir de plaire.

ALEX.
    Faudrait-il que je sois furieux, raide, sanguin,
extrémiste, intraitable, pour vous interpréter ?

L'INCONNU DU MIROIR.
    Quel portrait ! Est-ce ainsi que vous me voyez ?

ALEX.
    Oui. Pas seulement moi.

L'INCONNU DU MIROIR.

                    Là vous me chagrinez.

ALEX.

Pourquoi ? Vous êtes brouillé avec le genre humain, vous ne voyez d'abord dans vos semblables que leurs défauts et vous passez votre temps, les tempes rouges, les veines du cou gonflées, à les houspiller.

L'INCONNU DU MIROIR.

Est-ce ma faute si, partout dans l'univers,
Les êtres sont méchants, scélérats et pervers ?

ALEX.

Votre exaspération n'a pas besoin d'occasion.

Vous portez en bandoulière une indignation sans cause, une indignation qui préexiste aux raisons de s'indigner.

L'INCONNU DU MIROIR.

Ma foi, vous feriez mieux de garder le silence
Tant ce raisonnement est plein d'impertinence !
D'où vient précisément mon mécontentement ?
Du jugement moral, pas du tempérament !

ALEX.

Oh, le portrait déplaît au seigneur qui ne veut pas plaire ? La vérité hérisse le héros qui s'en prétend amoureux ?

L'INCONNU DU MIROIR.

Votre épaisseur d'esprit vraiment me désespère.
Extravagant ! Pour vous je suis un caractère
Alors que je ne suis qu'une philosophie.
Les devoirs, les vertus organisent ma vie.

Lorsque j'ai l'air abrupt, batailleur, tourmenté,
C'est par amour du vrai et de l'honnêteté.

ALEX.

Ah oui ? Alors vous désignez votre intolérance
comme le pic de la sagesse ? Vos colères comme
l'exercice de la tempérance ? Votre intransigeance
comme de la pure raison ? Magistral philosophe,
mon cher, qui nous guidez en haussant les épaules,
en tournant le dos au dialogue, en brûlant terres et
idées autour de vous ! Oui, c'est intelligent de nous
apprendre à vivre ensemble en vous retirant au
désert. Quel étrange modèle !

L'INCONNU DU MIROIR.

Aidez-moi, Épicure et Platon, tous les sages,
À braver sans fléchir ces critiques sauvages

ALEX.

Le danger, ce n'est pas tenter d'être sage mais
croire qu'on l'est.

L'INCONNU DU MIROIR.

Laissez-moi m'expliquer…

ALEX.

Trop tard ! Je vais bientôt entrer en scène et, selon
vous, me ridiculiser.

L'INCONNU.

Justement, écoutez…

Deux coups sont frappés à la porte ; aussitôt, le battant s'ouvre.

Odon Fritz, la trentaine, habillé à la mode, l'aspect savamment négligé avec un rien de volontarisme dans la décontraction, s'encadre dans le passage.

ODON FRITZ.

Bonsoir, je ne vous dérange pas, j'espère ? Paul Berk, le directeur, m'a permis de venir vous voir.

ALEX.

Ah ? *(Il rit jaune.)*

J'ignorais que c'était Paul Berk qui donnait ce genre d'autorisation.

Sans percevoir l'ironie, Odon Fritz entre.
L'Inconnu du miroir frémit de rage.

L'INCONNU DU MIROIR.

La peste du fâcheux ! Quelle intrusion subite…

ODON FRITZ.

Nous sommes amis, Paul et moi. Beaucoup fumé ensemble, bu ensemble, vomi ensemble, dragué les filles ensemble, largué les filles ensemble… *(Ému par ce qu'il dit.)* Oui, à une certaine époque, nous étions inséparables ! Nos pères, qui se détestaient, avaient fait faillite lorsque nous avions dix-huit ans.

ALEX.

Ça crée des liens.

ODON FRITZ. Forcément.

Avant qu'Alex ne l'en ait prié, Odon Fritz désencombre un siège – celui sur lequel l'Inconnu s'appuyait – et s'y assoit sans remarquer qu'il expulse quelqu'un.

L'Inconnu s'éloigne en grommelant :

L'INCONNU DU MIROIR.
À votre place, moi, je le chasserais vite.

Odon Fritz fixe soudain son interlocuteur, le détaillant comme s'il s'agissait d'un objet.

ODON FRITZ.
Je ne vous cacherai pas, monsieur, que je ne vous ai jamais apprécié.

ALEX *(choqué).*
Ah…

ODON FRITZ.
Votre succès… Vous plaisez, vous plaisez beaucoup, vous plaisez sans interruption, vous plaisez à toutes sortes de gens, aux minettes, aux mémés, aux employés, aux bourgeois, et pas seulement aux décérébrés puisque certains intellectuels ne jurent que par vous. Une horreur, la contagion absolue, l'épidémie qui décime le jugement critique. Je connais même quelques personnes d'un goût incontournable, oui, des membres du premier cercle, trois personnes de valeur en lesquelles j'ai confiance, qui vous estiment vraiment. Incroyable, non ?

ALEX.
Incroyable…

ODON FRITZ.
Ce genre de consensus me débecte ! Les gens courent après la moindre de vos apparitions, au cinéma, à la télévision, et encore davantage sur les planches.

ALEX.

Je suis désolé.

ODON FRITZ.

Savez-vous que je n'aurais pas obtenu un fauteuil ce soir si je ne m'étais souvenu que j'avais autrefois perdu mon temps avec cet abruti de Paul Berk. Enfin, vous êtes… comment dirais-je ?… « populaire ». *(Il grimace en prononçant le mot, comme si cela le salissait.)* « Populaire », je peux dire ça ?

ALEX.

Vous pouvez.

ODON FRITZ.

Je ne vous choque pas en employant ce mot ?

ALEX.

Non.

ODON FRITZ.

Condoléances, mon vieux, je trouve que vous le prenez bien… Suspect, le succès : ça flatte les préjugés, ça brasse les clichés, ça ne remet rien en question, ça exploite la médiocrité commune sans la corriger d'un iota. Le succès, c'est le deuil de l'invention, la trahison de l'exigence, la négation de l'idéal. Quand ils viennent vous voir, les gens abdiquent toute ambition, ils ne possèdent pas la moindre notion de ce qu'est l'art, ils veulent juste passer un moment agréable avec un homme « sympathique ». *(Nouvelle grimace.)* « Sympathique », vous m'excusez, je peux dire ça ?

ALEX.

Vous pouvez.

ODON FRITZ.

Félicitations, vous encaissez les coups ! Donc, je ne vous appréciais guère, auréolé de vos louches victoires. Plaire à tout le monde revient à viser bas.

ALEX.

Viser juste ?

ODON FRITZ.

Viser juste pour gagner du pognon, certainement.

Il rit, content de lui. L'Inconnu du miroir, furieux, intervient dans la conversation :

L'INCONNU DU MIROIR.

Ah morbleu, c'est assez ! Chassez-le de ma vue.
S'il dit encore un mot, promis, je vous le tue.

Odon Fritz cesse subitement de rire.

ODON FRITZ.

Comme il n'y a que les imbéciles qui ne changent pas d'avis, j'ai modifié mon jugement.

L'INCONNU DU MIROIR.

Trop facile, monsieur ! Pour prouver son esprit,
Il n'est pas suffisant de varier ce qu'on dit.
Un crétin exhaustif continue à déplaire
En corrigeant le faux d'une opinion contraire.

ODON FRITZ.

L'autre soir, chez une amie, lorsque je passais devant l'écran de sa télévision, un peu par hasard je dois l'avouer, je vous ai vu dans une publicité pour les vaches.

ALEX *(corrigeant par réflexe).*
Pour les fromages.

ODON FRITZ.
Non, vous marchiez dans une étable, entouré de vaches !

ALEX.
Parce qu'on tire le fromage du lait de ces vaches.

ODON FRITZ.
Peu importe, vous étiez extraordinaire. L'œil, le silence, la présence. Aussi naturel que les bovins.

ALEX.
Merci.

ODON FRITZ.
Et là, j'ai compris le principe de votre gloire : vous ne trichez pas. Vous interprétiez ce rôle idiot comme s'il avait été rédigé par Racine. Non, vraiment, ce clip, c'est une chose qui comptera dans l'histoire du cinéma. Si le cinéma s'obstine à exister bien sûr… *(Il rit briè-vement.)* Donc, après vous avoir découvert dans cette réclame, je me suis dit : « Va le voir, lui saura. »

ALEX.
Saura quoi ?

ODON FRITZ *(jubilant).*
Ah, ah, je vous intrigue ?

L'Inconnu du miroir essaie de s'interposer quoiqu'il sache qu'Odon Fritz ne le voit pas.

L'Inconnu du miroir.
Pas du tout !

Alex corrige le cri de l'Inconnu du miroir.

Alex.
Beaucoup…

Comblé, Odon Fritz se rengorge et commence à exposer la cause de leur entrevue.

Odon Fritz.
Comme vous le savez, monsieur, j'écris !

L'Inconnu du miroir se tourne vers Alex.

L'Inconnu du miroir.
Vous le saviez ?

Alex.
Non.

Odon Fritz.
Pardon ?

Ne se doutant pas qu'Alex discute avec l'Inconnu du
miroir, Odon Fritz croit que le « non » répondait à sa
question.
Alex dissipe le quiproquo :

Alex.
Je disais : « Non, qui l'ignore ? Qui n'a pas conscience
que vous écrivez ? » Personne ! Enfin, j'entends par là

personne d'important, personne qui compte, personne du premier cercle.

ODON FRITZ.

Naturellement. Je tiens à ce que mes tirages demeurent confidentiels, qu'ils ne touchent que l'élite, sans compromissions ni malentendus.

L'INCONNU DU MIROIR.

Superbe ! L'insuccès lui tient lieu de talent.

ODON FRITZ.

Dieu me garde des gros tirages.

ALEX.

On le lui dira.

ODON FRITZ.

Pardon ?

ALEX.

À Dieu. *(Voyant la mine interloquée d'Odon Fritz.)* Je plaisantais.

ODON FRITZ *(sinistre)*.

Désolé, je ne ris jamais de ce qui amuse les autres. Inutile de pratiquer l'humour avec moi, cela me passe totalement au-dessous du cerveau.

L'INCONNU DU MIROIR.

Il penserait paraître un homme du commun
Si on le surprenait de l'avis de quelqu'un.
Choquer, bouder, médire ont pour lui plus de charmes
Que de la vérité saisir les humbles armes.

ALEX.

Bien. *(Il soupire, regardant sa montre.)* Quelle raison me vaut l'honneur de votre visite ?

ODON FRITZ *(soudain enthousiaste).*

J'ai écrit une pièce.

L'INCONNU DU MIROIR.

Aïe !

ALEX.

Non !

ODON FRITZ.

Si ! Je suis ébloui, moi aussi. D'autant que je n'aime pas le théâtre, mais alors pas du tout : coincé sur un siège de nain, sans pouvoir ni boire ni manger, contraint au silence, envahi par les épaules, les mains, les coudes et les odeurs de voisins que je n'ai pas choisis, en face d'une scène où il n'y a rien à voir sinon des pantins peinturlurés qui dégoisent le texte d'un autre, merci du supplice… Qu'est-ce que j'ai pu m'emmerder au théâtre ! Pas vous ?

ALEX.

Non, pas moi.

ODON FRITZ.

Enfin, passons, tel n'est pas mon propos, revenons au sujet du jour. Voici, hosanna, la foudre est tombée, on ne commande pas ses pulsions créatrices : j'ai composé un drame.

ALEX.

Fabuleux. Parlez-m'en en quelques mots.

ODON FRITZ.

C'est comme du Shakespeare mais en moins prétentieux.

Alex s'efforce de ne pas pouffer. L'Inconnu du miroir, lui, fulmine.

L'INCONNU DU MIROIR.

N'allez pas plus avant. Vous devez l'éconduire.
Que les démangeaisons qui lui prennent d'écrire,
Il les soigne sans vous. Si vous lui répondez…

ALEX *(paisible)*.

Que puis-je donc pour vous ?

ODON FRITZ.

Jouez-la. Je vous l'offre.

Odon tend une brochure à Alex.

L'INCONNU DU MIROIR.

N'y touchez pas.

ALEX *(à Odon Fritz)*.

Voyons.

L'INCONNU DU MIROIR.

Trop tard, vous êtes fait.
Bien accueillir chacun, l'intention est bonne.
Se laisser polluer, non, là je vous raisonne.

ODON FRITZ.

Surtout, ne l'abîmez pas : je ne possède que deux exemplaires.

L'INCONNU DU MIROIR.
Le rustre !

Alex saisit la brochure. L'Inconnu s'approche. Ils déchiffrent la page de garde.

ALEX.
« Combien de fois je me suis astiqué le pénis dans les toilettes pendant que mes parents s'engueulaient. »

ODON FRITZ *(fier).*
C'est le titre !

ALEX.
Dites moi, comme titre, c'est...

ODON FRITZ.
Original ?

L'INCONNU DU MIROIR.
Ordurier !

ALEX.
... long ? Sur une colonne, ça risque d'occuper toute la surface de l'affiche...

ODON FRITZ.
Tant mieux ! Ça frappe, non ?

ALEX.
Ça cogne !

L'INCONNU DU MIROIR.
Ça pue !

ALEX.
Quel en est le sujet ?

ODON FRITZ.

La solitude ! Évidemment, le sujet n'a rien à voir avec le titre.

ALEX.

Pourquoi ?

ODON FRITZ.

Banal.

L'INCONNU DU MIROIR.

À vouloir se montrer par trop original
On joue au vieux bon sens un tour bien infernal.

ALEX.

Combien y a-t-il de rôles ?

ODON FRITZ.

Je ne sais pas.

ALEX.

Y en a-t-il un pour moi ?

ODON FRITZ.

Celui que vous voudrez.

ALEX.

Pourquoi pas le principal ?

ODON FRITZ.

Pourquoi pas ! Personnellement, j'aime le muet qui se tient à l'écart sans participer à l'action.

ALEX.

Un muet ? Cela pourrait représenter une prouesse s'il est très expressif…

ODON FRITZ.

Pas celui-là. Il ne ressent rien. Totalement à part. Immobile. Pas un sentiment ne passe en lui.

ALEX.

Comme une colonne qui serait peinte dans le décor ?

ODON FRITZ. Voilà !

ALEX.

On ne m'avait pas proposé cela depuis longtemps.

La voix du régisseur descend de nouveau du plafond.

LE RÉGISSEUR *(off)*.

Mesdames et messieurs les comédiens, le rideau se lève dans un quart d'heure.

Alex frémit.
Odon Fritz, enchanté, se lève.

ODON FRITZ.

Quand puis-je repasser ? À l'entracte ?

ALEX.

Je dois me préparer pour jouer *Le Misanthrope*, habillage, maquillage, révision du texte, lutte contre le trac. Excusez-moi d'être si laborieux.

ODON FRITZ.

Bon, après la représentation ? *(Alex branle négativement la tête.)* Demain matin ? *(Idem.)* Demain soir ? *(Idem.).* Après-demain ? *(Idem.)* Vous n'y mettez pas beaucoup de bonne volonté.

ALEX.

Cher monsieur, vous devez vous rendre compte que je reçois chaque jour plusieurs brochures. Vous n'êtes pas le seul à penser à moi pour interpréter votre prose et mes journées manquent d'heures.

ODON FRITZ.

Oh, ma pièce à moi ne vous prendra pas longtemps : elle n'occupe que trente pages. Et puis surtout, elle est unique !

ALEX.

En quoi ?

ODON FRITZ.

J'ai réinventé l'art dramatique.

ALEX.

Tiens !

L'INCONNU DU MIROIR.

Allons donc !

ODON FRITZ.

J'ai réinventé l'art dramatique pour la simple raison que je hais le théâtre et que je ne m'y rends pas. Là réside ma force ! Pour faire table rase du passé, l'ignorance s'avère plus efficace que la connaissance, laquelle s'encombre de respect, de nostalgie, d'admiration ou – pire – de compétence. Seul le barbare est révolutionnaire.

ALEX *(en l'accompagnant à la porte)*.
Brillant ! Je n'y avais pas pensé !

L'INCONNU DU MIROIR *(écœuré)*.
N'avoir jamais rien fait est un grand avantage,
N'avoir jamais rien lu un précieux bagage,
Mais il ne faudrait pas quand même exagérer !

ODON FRITZ.
En revanche, assurez-moi d'une chose : montrez-vous sincère ! Dites-moi franchement ce que vous pensez. Pas de compliments frelatés. Juré ? Comme vous l'avez constaté, je ne me ménage pas.

ALEX.
Je l'ai bien noté.

ODON FRITZ.
Par exemple, si vous me dites que c'est parfait, je ne vous croirai pas.

ALEX.
Ah ?

ODON FRITZ.
Je hais la perfection. Si mon texte se révélait parfait, cela relèverait d'un déplorable accident.

L'INCONNU DU MIROIR.
Nous ne redoutons pas ce genre d'accident !

ODON FRITZ.
Et ne m'annoncez pas non plus que vous tenez la meilleure pièce que vous ayez lue depuis dix ans !

L'INCONNU DU MIROIR.
    Ah soyez rassuré : nous en faisons serment.

ALEX.
    Si c'était vrai ?

ODON FRITZ.
    Non, je refuse qu'on me compare aux autres.

L'INCONNU DU MIROIR.
    La vanité l'étouffe et il se croit modeste.

ODON FRITZ.
    Bref, comme vous voyez, je suis disposé à tout
entendre et vous êtes complètement libre.

ALEX.
    Quelle faveur vous m'octroyez !

ODON FRITZ (*protestant faiblement*).
    Allons, allons. Moi aussi, je serais ravi de travail-
ler avec vous.

    Alex l'accompagne jusqu'au couloir, ou plutôt le pousse
vers le couloir.

ODON FRITZ.
Vous la lirez ?

L'INCONNU DU MIROIR.
    Jamais !

ALEX.
    Je vous le jure !

    Sur le seuil, Alex saisit le bras d'Odon Fritz.

ALEX.

Cependant – permettez-moi cette inquiétude –, ne craignez-vous pas qu'avec moi, la pièce rencontre le succès ?

ODON FRITZ.

Pardon ?

ALEX.

Oui, comme vous le savez, j'ai le malheur d'intéresser le public et il se pourrait que les foules se précipitent pour voir... *(il cherche le titre sur la brochure)* ... *Combien de fois je me suis astiqué le pénis dans les toilettes pendant que mes parents s'engueulaient.* Votre drame sur la solitude risque de remplir la salle pendant des mois ! Je ne voudrais pas que votre honneur, votre sensibilité, votre échelle de valeurs soient compromis par un triomphe que moi, misérable saltimbanque, j'estimerais mérité, mais que vous, altissime auteur, habitué à des cieux plus sauvages et moins fréquentés, vous trouveriez suspect, crasseux, nauséabond.

ODON FRITZ.

Tant pis, je prends le risque !

ALEX.

Quelle grandeur d'âme ! Je vous aime.

Alex ferme la porte sur Odon qui disparaît. Puis il éclate de rire.

L'Inconnu du miroir libère son courroux.

L'INCONNU DU MIROIR.

Morbleu, le scélérat ! Sa fatuité m'assomme.
Comment supportez-vous cet échantillon d'homme ?
L'hypocrite se vêt d'un masque de dédain
Mais échoue à cacher son appétit du gain.
S'il dénonce à hauts cris vos succès populaires,
Il n'estimera pas vos écus si vulgaires.
Prétendant se railler quand il se complimente,
Il feint de mépriser ce qui vraiment le tente.
Quoi ? Lirez-vous un jour son immonde opuscule ?

ALEX.

Ah oui, je l'ai promis.

L'INCONNU DU MIROIR.

                        Mais il est ridicule !

ALEX.

Précisément. Si le texte est à la hauteur du personnage, je vais me divertir.

L'INCONNU DU MIROIR.

Il fallait sans tarder rabattre sa superbe,
Fouetter ce maraud d'une semonce acerbe,
Le corriger, morbleu, lui dégonfler le front,
À plus de modestie ramener ses façons !
Si le blâme déplaît, sa justesse soulage
Car qui se voit peu sot le devient davantage.

ALEX.

Oh non, pourquoi gâcher la joie de cet abruti ? Il s'aime, il s'admire. Laissons-le être ridicule en paix.

L'INCONNU DU MIROIR.

Vous riez, malheureux, au lieu de fustiger.

ALEX.
Vous criez, malheureux, au lieu de rigoler.

L'INCONNU DU MIROIR.
Je souffre qu'on soit sot, teigneux, malavisé.

ALEX.
J'en souffre moi aussi mais veux m'en amuser.

L'INCONNU DU MIROIR.
Comme si s'esclaffer allait changer le monde !...

ALEX.
Changer le monde point, mais mon rapport au monde.

L'INCONNU DU MIROIR.
Auriez-vous donc perdu le goût de l'idéal ?

ALEX.
J'évite simplement qu'il se montre infernal.

L'INCONNU DU MIROIR.
Rire c'est renoncer à la grandeur de l'homme.

ALEX.
Rire c'est accepter que l'homme soit un homme.
En nous on trouvera le pire et le meilleur.
Du mauvais vous jouez l'exhaustif aboyeur,
Sans répit et sans fin, nous cassant les oreilles ;
Je préfère celui qui souvent s'émerveille,
Sourit, plaisante, jouit, à celui qui rugit.

L'INCONNU DU MIROIR.
Vos vers ou vos idées, tout en vous est petit.

ALEX.

Mes vers ? Quels vers ? Allons ! Je n'ai pas l'habitude

De rythmer mon discours avec exactitude.

Eh quoi…

L'INCONNU DU MIROIR.

          Vous entendez ?

ALEX.

                       Par quelle aberration,

Subis-je de vos mots l'horrible contagion ?

Je parle à douze pieds, ma prose a pris la fuite,

Me voici affecté d'une alexandrinite !

Ainsi qu'on se refile un bout de sparadrap,

Vous m'avez, cher monsieur, foutu dans de beaux
draps !

Eh ! Comment m'arrêter ?

L'INCONNU.

                     Une impossible rime

Seule vous aiderait à briser ce régime.

ALEX.

Exemple ? S'il vous plaît…

L'INCONNU.

                   Eh bien le terme busc

Qui ne trouve en écho que le vocable musc.

Tirez le mot précieux, le mot rare, l'hapax,

L'expression sans écho du genre opopanax.

ALEX.

Cette fois j'ai compris. Alors je le dis : stop !

Ils se taisent tous les deux, impressionnés par la force du mot et le silence qui suit.

L'INCONNU.
Bravo !

ALEX.
                Je suis guéri.

Il s'assoit, rasséréné, et se sert à boire.

ALEX.
                        Un simple mot et, hop,
Je renvoie aux enfers tous mes vers par ce stop !

Alex se rend compte qu'il vient de rimailler encore. Il s'en inquiète.
Devant sa mine, l'Inconnu du miroir éclate de rire.
Alex le toise.

ALEX.
Vous riez ! Vous riez alors que vous me repro-chiez de rire.

L'INCONNU DU MIROIR.
Vous devriez vous en féliciter.

ALEX.
Votre rire n'est pas le mien, votre rire blesse, condamne, méprise, salit, un rire plein de vilaines humeurs. Vous riez comme on crache, pour vous sou-lager et pour insulter l'autre. Si votre rire m'abaisse, il ne vous met pas plus haut : il nous éloigne, rien d'autre. Tandis que moi, mon rire, il nous rapproche.

Lorsque je m'esclaffe, je ne juge pas, je ne dénonce pas, je compatis, je m'attendris. Je ris de nous, des pauvres êtres maladroits et bornés que nous sommes. Mon rire ne m'exclut pas de l'humanité, il m'y plonge. Un rire solidaire, un gage d'affection. Il y a de la sagesse et de l'amour dans mon rire ; dans le vôtre, seulement de la distance et du mépris. D'où croyez-vous nous observer ? Du poste de Dieu ou du poste du diable ?

L'INCONNU DU MIROIR.
   Du point de vue que prend une âme vertueuse
   Qui pourchasse le mal de façon vigoureuse.

Ils sont interrompus par une intrusion : sans frapper à la porte, Joséphine passe la tête dans la loge.

JOSÉPHINE.
   Papa ?

ALEX.
   Ma Joséphine !

Elle entre, joyeuse.

JOSÉPHINE.
   Alors : merde, merde, merde !

L'INCONNU DU MIROIR.
   Bravo ! Mes compliments ! Belle éducation…

ALEX.
   Oh, ma Joséphine, tu es venue, tu es là ?

JOSÉPHINE.

Papa, change de chanson, s'il te plaît : j'assiste depuis dix-huit ans à toutes tes premières et pourtant, à chaque fois, tu t'en étonnes.

ALEX.

Normal, je suis encore étonné que tu existes.

JOSÉPHINE.

Es-tu prêt pour ce soir ? *(Sans attendre la réponse, elle l'embrasse.)* Tu vas triompher !

L'INCONNU DU MIROIR.

Mais qu'est-ce qu'elle en sait ?

ALEX *(par réflexe).*

Oui, c'est vrai : qu'est-ce qu'elle en sait ?

JOSÉPHINE *(interdite).*

Pardon ?

ALEX *(se reprenant).*

Je me demandais : pourquoi es-tu si certaine que je vais m'en tirer ?

JOSÉPHINE.

Parce que tu es mon père…

ALEX.

Il y a des pères très mauvais acteurs.

JOSÉPHINE.

… et parce que tu ne m'as jamais déçue.

ALEX *(gêné).*

Ah ? Merci. Tant de confiance, j'ignore si cela me rassure ou m'inquiète.

JOSÉPHINE.
Papa, que se passe-t-il ?

ALEX.
Rien. Parle-moi vite d'autre chose.

JOSÉPHINE.
Peux-tu me donner cent euros ?

ALEX *(avec enthousiasme)*.
Bien sûr, mon ange. Attrape mon portefeuille. Il doit contenir le triple. Prends tout.

JOSÉPHINE.
Merci, papa. *(Elle se sert et dit, vive :)* Tu sais, cet après-midi, j'ai aidé Toto.

Alex continue à se préparer pour la représentation.

ALEX.
Toto ?

JOSÉPHINE.
Thomas.

ALEX *(avec un imperceptible mouvement d'impatience)*.
Pourquoi ne l'appelles-tu pas Thomas, alors ? Autant que je sache, il n'y a pas de saint Toto dans le calendrier…

JOSÉPHINE *(surprise)*.
Tu n'aimes pas Toto ?

L'Inconnu du miroir s'approche, très intéressé.

L'INCONNU DU MIROIR.
    Tiens, tiens…

ALEX (*un peu embarrassé*).
    Faux, j'aime tout le monde, et particulièrement tes amis, mais je ne raffole pas des diminutifs. Est-ce que j'annonce, moi, que ce soir, avec *Le Misanthrope*, je vais jouer une pièce de Momo ?

JOSÉPHINE.
    Molière s'appelait en réalité Jean-Baptiste Poquelin.

ALEX.
    Pareil ! Est-ce que je joue une pièce de J.B. ?

JOSÉPHINE.
    Ne t'énerve pas.

L'INCONNU DU MIROIR (*amusé*).
    Joséphine a raison : ne vous emportez pas.
    Je suis saisi aussi par ce soudain fracas.

    Alex se calme et reprend, adouci.

ALEX.
    Donc, au sujet de Thomas, tu me disais… ?

JOSÉPHINE.
    Que je lui ai prêté de l'argent. Pas mal d'argent. En réalité, toutes mes économies.

    L'Inconnu ricane.
    Alex, choqué, se force à avoir une réaction mesurée.

ALEX.

Pourquoi ?

JOSÉPHINE.

Il pleurait, bouleversé. Je n'ai pas voulu le blesser en exigeant des détails ; c'était déjà assez humiliant pour lui de me demander de l'argent.

Alex hoche la tête, grave, se contraignant au contrôle.

ALEX.

Naturellement. *(Un temps.)* Es-tu amoureuse de lui ?

JOSÉPHINE.

De Toto ? Tu plaisantes ! C'est un copain.

ALEX.

Alors, pourquoi lui offres-tu un tel cadeau ?

JOSÉPHINE.

Enfin, papa, aider un ami, ce n'est pas un cadeau, c'est normal. Je te l'ai toujours entendu dire, je te l'ai toujours vu faire.

ALEX.

Oui, je fais cela mais... je ne veux pas que tu le fasses.

JOSÉPHINE.

Pourquoi ?

ALEX.

Parce que !

JOSÉPHINE.

Quelque chose a dû m'échapper dans ton éducation : je n'avais pas compris que la bienveillance et la bienfaisance t'étaient réservées.

ALEX.

Il ne s'agit pas de ça. D'abord, je ne connais pas Toto... euh Thomas...

JOSÉPHINE.

Si, tu l'as vu ; peu importe, moi je le connais.

ALEX.

... ensuite, je ne veux pas que tu dilapides tes économies.

JOSÉPHINE.

Papa, tu plaisantes ! Depuis ma plus tendre enfance, je ne me souviens de toi qu'un billet à la main, en train de donner à ceux qui en avaient besoin, même à ceux qui prétendaient en avoir besoin. C'est pour ça que maman est partie, d'ailleurs.

ALEX *(les dents serrées)*.

Je ne crois pas que ta mère soit partie pour cela...

JOSÉPHINE.
Si !

ALEX.

... et en l'admettant, je n'arrive pas à comprendre comment sa fuite l'aurait précisément conduite dans les bras d'un moniteur de ski qui avait quinze ans de moins qu'elle.

JOSÉPHINE.
Et vingt de moins que toi.

ALEX.
Ne détourne pas la conversation.

JOSÉPHINE.
Papa…

ALEX.
Assez !

L'INCONNU DU MIROIR.
Vous êtes fort injuste.

ALEX.
Silence !

L'INCONNU DU MIROIR.
Même si elle a tort, je la trouve charmante,
Et puis, par-dessus tout, ce moment-là m'en-
chante,
Celui où les enfants refont l'éducation
De leurs piteux parents.

ALEX.
Chut !

L'INCONNU DU MIROIR.
        C'est votre punition.

ALEX.
La ferme !

JOSÉPHINE.
Mais je n'ai rien dit…

ALEX.

Taisez-vous, tous. *(Se ressaisissant.)* Joséphine, de mes libéralités que certains, comme ta mère, prennent pour de l'inconscience, je n'ai de comptes à rendre à personne. Mon argent, c'est mon argent, je l'ai gagné, j'en dispose à ma guise. Tandis que ton argent...

JOSÉPHINE *(attaquant à son tour).*

C'est le tien ?

ALEX *(embêté).*

Non, non, puisque je te l'ai donné.

JOSÉPHINE.

Alors, c'est le mien ?

ALEX *(du bout des lèvres).*

Oui.

JOSÉPHINE.

Donc je l'emploie comme je le veux.

ALEX.

Certes, mais il faudrait l'utiliser à bon escient.

JOSÉPHINE.

Je veux du bien à Toto, et je le lui prouve. Est-ce mal ?

ALEX.

Comment être sûr qu'il te remboursera ?

JOSÉPHINE.

Je connais Toto.

ALEX *(avec humeur).*

Ah oui ? Qu'a-t-il accompli de si remarquable, Toto ? Il a construit une fusée pour Mars, Toto ?

Il a comblé le trou de la Sécurité sociale ?

JOSÉPHINE.

Tant pis si je me trompe, je prends le risque. Au moins, je serai en accord avec moi-même. Dormir sur un matelas d'or quand mes proches ont des problèmes, je ne veux pas me reconnaître là-dedans. En plus, Toto est fier, Toto a le sens de l'honneur, Toto ne...

ALEX.

Toto ! Toto ! Toto ! Lâche-moi la grappe avec ton Toto ! Qui c'est Toto, d'abord ? Le petit péteux avec les cheveux jusqu'aux fesses ou le morveux à poil ras qui essaie de coucher avec toi ?

JOSÉPHINE *(horrifiée).*

Papa !

ALEX.

À moins que ce ne soit l'asperge qui ne sait dire que « ouais ». « Vous aimez le vin ? — Ouais. — Vous avez vu la pièce de Marivaux ? — Ouais. — Vous allez voter aux prochaines élections ? — Ouais. — Vous trouvez ma fille jolie ? — Ouais. Intelligente ? — Ouais. » Même un âne a plus de vocabulaire, même un âne va jusqu'à « hi-han ».

JOSÉPHINE.

Papa ! Tu parles de mes amis...

ALEX.

Tes amis, malheureuse ! Des mollusques écervelés qui te collent au cul à cause du misérable milligramme de testostérone qui agite leur grand corps mou ! *(Exaspéré.)* Alors, c'est lequel Toto ? Celui dont les pantalons permettent de voir la raie des fesses ou celui qui respire par la bouche au point qu'on a l'impression qu'il vient de tomber de son aquarium ?

JOSÉPHINE.

Celui qui t'a apporté l'autre jour une énorme boîte de tes cigares préférés !

ALEX *(avec mauvaise foi)*.

M'étonne pas qu'il ait des dettes… À vingt ans, on n'offre pas une caisse de havanes à un homme mûr. Il doit avoir de drôles de fréquentations, ton Toto.

JOSÉPHINE *(outrée)*.

Oh, la dernière fois, tu m'as dit que tu l'appréciais beaucoup.

ALEX.

J'ai dit n'importe quoi.

JOSÉPHINE.

Je crois plutôt que c'est aujourd'hui que tu dis n'importe quoi.

ALEX *(la suppliant soudain)*.

Joséphine, ton argent, je veux que tu le gardes pour toi.

JOSÉPHINE.

Parce que tu me l'as donné ? Or si moi, mon plaisir, c'est de le donner.

ALEX.

Oui, donne-le, goutte à goutte, pas à n'importe qui. À vingt ans, un gamin comme Toto n'a pas besoin de 10 000 euros !

JOSÉPHINE.

Moi non plus.

Joséphine retourne vers la porte.

JOSÉPHINE.

Papa, tu es mesquin.

ALEX.

Parce que tu ne l'es pas assez, Joséphine.

JOSÉPHINE.

Je ne te reconnais plus. *(Avec ambiguïté.)* Merde !

Elle sort, peinée.
Seul, Alex fulmine :

ALEX.

Toto…

L'Inconnu s'approche, plus aimable qu'à l'ordinaire.

L'INCONNU DU MIROIR.

Enfin un brin d'ardeur, enfin un peu de flamme,
Pour de cet enfançon purger et laver l'âme !

Si vous vous révélez un homme très fâcheux,
Le père en vous, ma foi, semble moins désastreux.

ALEX.

Joséphine donne sa confiance à n'importe qui, elle
ne soupçonne jamais les gens de roublardise. D'un
tempérament altruiste, elle s'imagine les autres aussi
droits qu'elle.

L'INCONNU.

La juste éducation corrige la nature,
Assouplit la raideur, redresse la courbure,
Avertit le naïf qu'il doit se méfier,
Encourage le dur à moins se défier,
Colmatant un défaut par un défaut contraire,
La vertu opposée palliant la vertu mère.
Or malheureusement vous avez oublié
De résister jadis à l'excès d'amitié
Qu'éprouve votre fille à l'égard de tout homme.
Trop tard pour lui souhaiter l'amour plus éco-
nome !

ALEX.

Ma pauvre Joséphine, je l'ai laissée grandir sans
entraver sa bonté innée, sans l'éveiller à la trahison,
sans lui apprendre à soupçonner, enquêter, démentir. Par ma faute, elle est devenue prodigue jusqu'à
l'étouffement.

L'INCONNU.

Entre la fille aveugle ignorant la malice
Et le père qui rit en présence du vice,
Je ne sais, je l'avoue, qui je dois préférer.

ALEX.

Dites-moi la vérité : pensez-vous que j'élève mal ma fille ?

L'INCONNU.

Mal est déjà trop fort : vous ne l'élevez pas.
Vous lui offrez un toit, lui servez des repas.
Elle pousse, rien d'autre…

ALEX.

Facile de brocarder lorsqu'on a esquivé le rôle de père.

L'INCONNU DU MIROIR.

Affable avec les uns, dur avec votre enfant,
Vous êtes traversé de traits fort discordants.
Votre esprit s'est logé sur une balançoire
Et rend votre conduite assez contradictoire.

ALEX.

Contradictoire eh bien ! Voyons, qui ne l'est pas ?

L'INCONNU DU MIROIR.

Moi.

ALEX.

Vous ?

L'INCONNU DU MIROIR.

Pour sûr.

ALEX.

Farceur !

L'INCONNU DU MIROIR.

Non ! Je m'exclus du tas.

ALEX.

Et Célimène ? Si vous haïssez les hommes parce que vous ne les trouvez pas à la hauteur de ce qu'ils devraient être, pourquoi vous étiez-vous entiché d'une coquette comme Célimène ? Vous couriez après une femme qui possédait tous les défauts que vous reprochiez aux autres, plus de nouveaux encore.

L'INCONNU DU MIROIR.

Je confesse mon faible : elle avait l'art de plaire.
D'un penchant pour son cœur je ne pus me défaire.
Chacun n'a-t-il pas droit à un entêtement ?

ALEX.

Je sais un autre mot pour ces entêtements : l'amour.

L'INCONNU DU MIROIR.

L'amour ?

ALEX.

Eh oui l'amour.

L'INCONNU DU MIROIR.

L'amour, peut-être…

ALEX.

L'amour qui ne rime pas avec la raison. Quand vous courtisiez Célimène, ce n'était pas la raison qui parlait en vous, mais l'amour. Quand je gronde ma fille, ce n'est pas l'amour qui parle en moi, mais la raison.

L'INCONNU DU MIROIR.

Si ce n'est que l'amour vous pousse à la raison,
Tandis qu'il me portait, moi, à la déraison.

ALEX.

Quelle lucidité !

L'INCONNU DU MIROIR.

        En trois siècles d'errance,
J'ai voulu me doter d'un peu de clairvoyance.
Qui demande beaucoup et exige d'autrui,
Doit à l'honnêteté d'attendre autant de lui.

Doris frappe alors à la porte avec énergie.

DORIS *(off)*.

Tout va bien, monsieur ?

ALEX.

Oui, Doris. Une pointe de trac mais tout va bien.

DORIS *(off)*.

Quelqu'un vous importune ?

ALEX.

Non, Doris.

DORIS *(off)*.

Vous êtes seul ?

ALEX.

Oui.

DORIS *(off)*.

Pourtant, je vous entends converser.

ALEX.

J'ai presque fini de m'habiller.

DORIS *(off)*.

Alors, je peux entrer ?

Avant qu'Alex ait répondu, Doris pousse la porte et débarque, tel un judoka, prête à en découdre avec l'ennemi. Elle court partout en cherchant un intrus. Naturellement, elle ne voit pas l'Inconnu qu'elle bouscule plusieurs fois.

Après quelques tours, elle s'arrête et s'exclame, quasi déçue :

DORIS.
Il n'y a personne…

ALEX.
C'est ce que je vous disais.

DORIS.
J'avais cru…

ALEX.
Je révisais mon texte.

Doris se gratte le crâne, se demandant ce qu'elle révèle ou non à Alex. Du coup, elle enchaîne les phrases confuses :

DORIS *(pour elle)*.
C'est qu'il est capable de tout… d'arriver par n'importe quelle issue, surtout celle que l'on n'attend pas… même de prendre une apparence différente… un aspect dont on ne se méfie pas…

ALEX.
De quoi parlez-vous ?

Doris relève la tête et le contemple, désorientée, comme si elle se réveillait.

DORIS.
Je vous aime beaucoup, monsieur.

ALEX.
Mais moi aussi, Doris.

DORIS.
Je ne voudrais pas qu'il vous arrive un malheur.

ALEX.
Quoi ? Vous allez me conseiller de ne pas monter sur scène ?

DORIS.
Ça pourrait être dangereux…

L'INCONNU DU MIROIR.
Vous voyez ? Elle encor. Vous êtes prévenu.

DORIS.
Très dangereux !

L'INCONNU DU MIROIR.
D'empêcher ce carnage est le moment venu.

Alex serre les poings, l'œil noir.
Une voix descend du plafond :

VOIX DU RÉGISSEUR (*dans les haut-parleurs*).
Mesdames, messieurs, le spectacle commence dans deux minutes. Préparez-vous à entrer en scène. Bonne soirée à toutes et à tous.

Pris de fureur, Alex toise Doris.

ALEX.
Vous n'allez pas vous y mettre, Doris ?

DORIS.
Me mettre à quoi ?

ALEX.
À me conseiller de renoncer.

DORIS.
Ça vaudrait mieux, monsieur.

Alex tonne :

ALEX.
Dehors !

DORIS.
Monsieur…

ALEX.
Ouste ! Retournez à vos perruques et vos den-
telles, je dois me concentrer.

Doris obéit, choquée par cette colère.
Alex revient à ses accessoires pour ajouter la dernière
touche à son accoutrement.
L'Inconnu le toise.

L'INCONNU DU MIROIR.
Je vous aurai, Alex, prévenu du danger
Que vous courez ce soir à me représenter.

ALEX *(courroucé).*

Vous, je ne vous remercie pas ! Vous n'êtes sorti de la glace que pour me couper les ailes, railler mes comportements, désavouer mon éducation. Dorénavant, je n'ai plus que deux buts : monter sur scène et séduire Léda. Si ce soir j'affronte le public et conquiers ma partenaire, ce n'est plus parce que j'en ai envie, non, mais pour vous donner tort et me donner raison. Je ne vous remercie pas. À cause de votre morale cassante, je ne vais pas agir par goût, plutôt par contradiction, surtout par revanche. Chapeau, maître Alceste ! Vous ternissez le soleil, vous découragez la jouissance, vous transformez l'or en plomb. S'il y avait un mot pour désigner le contraire d'un alchimiste, il vous serait attribué d'office.

Alex se dirige vers la sortie puis revient.

ALEX.

Oh j'y pense, ce nom, il existe, c'est le vôtre : misanthrope. La haine de l'humain. La mort du jeu. Le dégoût du plaisir. Je vous quitte, monsieur que je réprouve, pour aller vous incarner. J'ai rendez-vous avec votre âme, je vais lui prêter ma peau. Cela va durer deux heures, deux longues heures mais, Dieu merci, seulement deux heures. Croyez bien que la prochaine fois, je surveillerai mieux mes fréquentations et que j'éviterai de me donner au diable. Adieu, je ne vous salue pas, monsieur !

Alex disparaît.

L'Inconnu du miroir est si désarçonné par cette charge qu'il ne riposte pas.

Alex réapparaît, mutin, un large sourire aux lèvres.

ALEX.
Pas mal, non, ma colère improvisée ?

L'INCONNU DU MIROIR.
Pardon ?

ALEX.
C'était un petit galop, un tour d'essai, une simple mise en jambes pour vous interpréter. Qu'en pensez-vous ? Vous ai-je convaincu ?

L'Inconnu, furieux, va pour protester quand Alex éteint la lumière, claque la porte et s'éloigne en courant.

Dans la pénombre, la voix du régisseur reprend, plus forte, plus présente, plus insistante :

LA VOIX DU RÉGISSEUR.
Mesdames et messieurs, la représentation commence dans trente secondes.

Soucieux de ne pas rater le spectacle, l'Inconnu retourne au miroir, soulève le plaid et y rentre.

La porte de la loge s'ouvre et un courant d'air s'engouffre, libérant le cadre de son étoffe.

Sous l'effet de la surprise, l'Inconnu, déjà dans le miroir, se retourne pour voir ce qui se passe.

Les ombres d'un couple se glissent dans la pièce sombre.

LÉDA *(chuchotant)*.
Viens. On n'aura pas l'idée de nous chercher ici.

On découvre qu'Odon Fritz suit Léda.
Brutal, il veut la serrer contre lui.
Léda résiste par principe ou habitude.
D'agacement, Odon la secoue avec vigueur.

ODON FRITZ.
Ah, ne joue pas ta mijaurée, salope ! Pas avec moi !

LÉDA *(excitée)*.
Tu es ignoble.

ODON FRITZ.
Allumeuse !

LÉDA *(exaltée)*.
Personne n'a le droit de me parler comme ça.

ODON FRITZ.
Je te traite comme tu le mérites, traînée !

LÉDA.
Tu es abject, mal élevé, arrogant, brutal…

Elle se jette contre lui.

LÉDA.
Ah, je ne peux résister à un homme qui me terrifie…

Ils s'embrassent violemment.
L'Inconnu du miroir n'a rien perdu de la scène qu'il a
reçue comme un coup de poing dans ses illusions concernant Léda.

Doris débarque dans la pièce, folle, un revolver à la main.

DORIS.
Je sais que tu es là. Montre-toi immédiatement !

Odon et Léda, pétrifiés, se collent, muets, contre un mur.

DORIS.
Montre-toi, sinon je tire dans le vide !

Elle parcourt l'obscurité, son arme pointée.

DORIS.
Raspoutine ! Sors de l'ombre. Je compte jusqu'à trois.

À cet instant, les trois coups annonçant le lever de rideau commencent à s'égrener au loin. Premier coup de brigadier.

DORIS.
Un !...

Odon et Léda essaient de se glisser vers la porte sans se signaler à Doris. Deuxième coup de brigadier.

DORIS.
Deux !...

Odon et Léda arrivent à la porte.
Troisième coup de brigadier.

DORIS.
  Trois !

  L'Inconnu, se rendant compte qu'il va rater le début de
la pièce, claque des doigts et disparaît.

Noir

2

Doris se tient devant le haut miroir, seule dans la loge qu'éclaire chichement la lumière bleue d'une veilleuse.

Au loin, venant de la salle à travers les couloirs des coulisses, des applaudissements crépitent, mêlés d'acclamations enthousiastes : la représentation remporte un succès gigantesque.

En discordance avec cette joie, Doris, criblée de pensées noires, le corps mou, le visage atterré, dialogue avec son image.

DORIS.
Je suis déprimante.

Dans la glace, son reflet lui répond mollement :

LE REFLET DE DORIS.
Mais non !

DORIS.
Quand je me regarde, je me fous le cafard.

LE REFLET DE DORIS.
Allons !

DORIS.

Tu as déjà vu une gueule pareille ?

LE REFLET DE DORIS.

Jamais… Pourtant ça doit exister, quelqu'un qui te ressemble…

DORIS.

Impossible.

LE REFLET DE DORIS.

Il paraît que c'est mathématique… génétique… statistique… un truc comme ça : tous les êtres humains possèdent un sosie. Tu en as un aussi.

DORIS.

Il s'est sûrement déjà suicidé.

Soudain, on perçoit un bruit sec dehors.

DORIS.

Raspoutine ?

Doris se précipite sur son pistolet, le saisit, le brandit en direction de l'entrée.

Les pas persistent tandis qu'une ombre s'allonge dans le couloir

DORIS.

Raspoutine, c'est toi ?

Le danger approche.

DORIS.

Montre-toi, Raspoutine !

À cet instant, une silhouette s'encadre dans la porte.

Doris pousse un cri d'horreur et appuie sur la gâchette.

Un pétard retentit, une fleur en papier jaillit du pistolet et s'épanouit autour du fût.

L'intrus presse l'interrupteur.

Joséphine, la fille d'Alex, en manteau, découvre la posture ridicule de Doris.

JOSÉPHINE.

Que fais-tu ?

DORIS.

Je monte la garde.

JOSÉPHINE *(se mordant les lèvres)*.

Ah... il est sorti ?

DORIS.

Hier.

JOSÉPHINE.

Tu l'attends avec ça ?

DORIS.

Je n'allais pas prendre un vrai, tout de même.

Elles écoutent les bravos qui enflent encore.

DORIS.

Pourquoi n'es-tu pas là-bas ?

JOSÉPHINE.

Je me suis fâchée avec papa. Notre dispute m'a rendue si malheureuse que je n'ai pas pu rejoindre mon fauteuil. Et maintenant, je regrette d'avoir raté la représentation. *(Un temps.)* Tout à l'heure, j'ai découvert un père que je ne connaissais pas ; il ne m'avait jamais parlé aussi durement.

DORIS *(haussant les épaules).*

C'est le rôle.

JOSÉPHINE.

Quoi ?

DORIS.

Un comédien ne peut jouer un personnage que s'il le laisse entrer en lui, prendre ses aises, s'installer. Si Alex n'avait pas ouvert ses portes intérieures au Misanthrope, il ne serait pas monté en scène. Tout à l'heure, tu ne parlais pas à Alex, tu parlais à Alceste.

JOSÉPHINE.

Effrayant…

DORIS.

Professionnel ! Pourquoi l'acteur et l'actrice qui jouent une histoire d'amour finissent-ils toujours par se sucer la pomme ? Par goût de l'ouvrage bien fait. Moi-même, je connais cela en tant qu'habilleuse : j'assortis mes sous-vêtements aux costumes de la pièce dont je m'occupe.

JOSÉPHINE.

Ah oui ?

DORIS.

Oh, je sais, ça n'intéresse personne mais, bon, j'ai ma conscience pour moi.

Au loin une porte s'ouvre, nous faisant saisir très clairement les dernières ovations, puis le hourra de la troupe.
Les comédiens, bruyants, reviennent vers les loges.

JOSÉPHINE.

Je file… je… je ne suis pas encore prête à le voir.

Joséphine s'enfuit.
Doris remet le plaid sur le miroir.
Alex et Léda arrivent, joyeux, surexcités.
Alex prend aussitôt Doris dans ses bras.

ALEX.

Quinze minutes d'applaudissements ! Si ce n'est pas un triomphe, ça…

DORIS.

Bravo, monsieur.

LÉDA.

Oh mon Dieu, quelle délectation… *(Elle s'effondre sur un siège.)* Moi qui n'avais interprété que du boulevard, je m'étonne : les pièces classiques, elles intimident lorsqu'on les lit, elles s'approfondissent quand on les répète, mais elles deviennent évidentes sitôt qu'on les joue. Je me sens moins fatiguée qu'à l'ordinaire.

ALEX.

Il est plus facile de jouer un bon texte qu'un mauvais. Deux ou trois fois, ce soir, alors que je n'étais

pas totalement présent à ce que je faisais, Molière
demeurait là, lui, intense, intelligent, pertinent, et
poursuivait le travail à ma place.

LÉDA.

Venez, Doris, je vais vite me changer. Si les spectateurs me quittent en robe longue sur la scène et me
rejoignent en tailleur dans ma loge, ils me trouvent
encore meilleure actrice.

Escortée par Doris, elle envoie un baiser à Alex.

LÉDA.

À tout de suite.

*Doris la précède dans le couloir. Quand l'habilleuse
s'est éloignée, Alex se précipite vers Léda, la rattrape et
lui saisit le bras.*

ALEX.

Léda, je suis amoureux de vous.

Léda marque un temps.

LÉDA.

Quittez la pièce. Vous n'êtes plus Alceste, je ne
suis plus Célimène.

ALEX.

Je ne confonds pas, Léda. Depuis deux mois, je
ne rêve que...

Elle lui pose la main sur la bouche pour lui intimer le silence. Ses sourcils se froncent, son regard devient inamical.

LÉDA (*dure*).
   Jamais, vous m'entendez : jamais !

Elle sort.
Alex demeure abattu.
Au même instant, l'Inconnu émerge du miroir, furieux, fulminant.

L'INCONNU DU MIROIR.
   Ah ! Scandaleux, abject, odieux, inacceptable !
   Jamais rien enduré d'aussi insupportable !

ALEX.
   Quoi ? Vous me paraissez tout à fait survolté…

L'INCONNU DU MIROIR.
   Ah, ne me parlez pas.

ALEX.
                    Mais…

L'INCONNU DU MIROIR.
                    Plus de société.

ALEX.
   Qu'avez…

L'INCONNU DU MIROIR.
                    Laissez-moi là.

ALEX.
                    Si je…

L'Inconnu du miroir.

> Point de langage.

Alex.

Mais quoi…

L'Inconnu du miroir.

> Je n'entends rien.

Alex.

> Mais…

L'Inconnu du miroir.

> Encore !

Alex.

> Quelle rage…

L'Inconnu du miroir.

Ah monsieur, voulez-vous que je vous parle net ?
De vos façons d'agir je suis mal satisfait.
À vous voir répéter depuis quelques semaines,
Multipliant sans fin vos tentatives vaines,
J'avais conclu très tôt que vous échoueriez,
Et qu'à me figurer vous renonceriez.
Dieu me damne, c'est trop… Morbleu, quelle débâcle !

Alex.

Vous n'avez pas aimé – dites-le – le spectacle ?

L'Inconnu du miroir.

Ah, je l'ai détesté ! Au fur et à mesure,
Mes poils se hérissaient devant cette fourbure,
Mes tempes s'échauffaient et mes jambes piaffaient,

Désireux de frapper mes poings se contractaient,
Fougueux et contrarié, tout mon sang dans mes veines
Bouillonnait de fureur. J'éprouvais tant de haine
Que cent fois j'ai voulu bondir sur le plateau
Pour vous rouer de coups, vous finir au marteau !
Bandit, coquin, fripon, perfide misérable !

ALEX.
À ce point-là ?

L'INCONNU DU MIROIR.
                Bien plus ! Bourreau impitoyable,
Si vous m'aviez scié les os de l'avant-bras,
Oh j'aurais moins souffert qu'à ma place là-bas !

ALEX.
Je m'en fous. Le public était d'un autre avis.

L'INCONNU DU MIROIR.
Pas du tout. Le public partageait mon avis.

ALEX.
Non.

L'INCONNU DU MIROIR.
        Si.

ALEX.
        Non.

L'INCONNU DU MIROIR.
                Enfin, regardez-moi ce drôle !

ALEX.
Le public m'a trouvé convaincant dans le rôle.

L'INCONNU DU MIROIR.

Mais moi aussi, tudieu ! Très très très convaincant !
Mon portrait tout craché ! Oh, c'était crucifiant…
Voilà pourquoi je viens, la rage sur les lèvres,
Plein d'une indignation plus vive que des fièvres,
Vous demander comment vous pouvez m'incarner,
M'exposer en entier sans me fractionner,
Vous, étranger, lointain cousin des antipodes ?
Moi-même j'ai gobé vos étranges méthodes.
Qui pourrait soupçonner ce talent de menteur ?

ALEX.

Menteur ? Quelle idée sotte… Un comédien ne
ment pas, il dévoile. Avec sincérité et soin, il laisse
apparaître sur son visage, en son corps, ce qui appartient au personnage qu'il interprète.

L'INCONNU DU MIROIR.

Telle celle d'un fou, votre âme est possédée ?

ALEX.

Possédée, non, car cela supposerait mon retrait. Je
ne m'évapore pas quand je vous joue : je demeure là,
détaché, au-dessus, en contrôle.

L'INCONNU DU MIROIR.

Que contrôlez-vous donc ?

ALEX.

Je vérifie que vous apparaissez tandis que, moi, je dis-
parais. Le comédien ne brille qu'au prix de son absence.

L'INCONNU DU MIROIR.

J'avais l'illusion que vous étiez moi,
Qu'entre nous n'existait plus aucune paroi.

ALEX.

Je vous portais en moi, monsieur le Misanthrope, comme l'un de mes possibles ; vous êtes le possible que je n'ai pas choisi. Comme vous, je connais la colère mais, au contraire de vous, je la repousse tant elle me semble infantile. Comme vous je ressens de l'indignation mais j'ai banni la posture suspecte de l'indigné car je n'ai rencontré que des indignés contre les autres, jamais un indigné contre lui-même. Comme vous, j'ai des poussées de pessimisme mais j'ai décidé de préférer l'optimisme, d'espérer en l'avenir plutôt que de le craindre, de cultiver la joie au lieu de la tristesse, de me réjouir de ce que j'ai, non de m'affliger de ce qui me manque. Comme tout humain, je suis plein d'autres caractères que le mien, gros des individus que j'aurais pu être si j'avais fait d'autres rencontres, élu d'autres valeurs, traversé une autre histoire. Vous êtes là, Alceste, en moi, auprès de Créon, d'Hamlet, du Cid, de Don Juan, de Figaro ou de l'Avare, un dans une multitude.

L'INCONNU DU MIROIR.

Vous délirez !

ALEX.

Il y a des milliers d'êtres en moi. Et ce que mes proches appellent Alex n'est que mon rôle habituel, un caractère que je privilégie, le costume dans lequel je traverse la vie.

L'INCONNU DU MIROIR.

Prétendez-vous vraiment – Dieu quelle absurdité – Porter au fond de vous des millions d'avortés ?

ALEX.

Pas des millions de morts, non, des millions de vivants, des millions de frères virtuels à qui, grâce à mon art, je vais donner le jour.

L'INCONNU DU MIROIR.

Mais je ne sens en moi, monsieur le caqueteur,
Que moi. Oui moi. Moi seul. Et ni frère ni sœur.

ALEX.

L'âme est une boîte de peintre, monsieur, qui possède toutes les couleurs, renferme l'arc-en-ciel, contient d'infinies nuances ; chacun de nous, au gré des circonstances, va en élire certaines, définir sa gamme, créer son chromatisme. Vous, vous ne voulez qu'une seule couleur et moi je les veux toutes. Vous êtes l'intégriste, moi le libertin. Vous, vous choisissez le noir bileux, vous vous y complaisez, vous vous y enfermez : pour cette raison, aux yeux du monde, vous constituez un personnage. Moi, je me risque aux teintes les plus étranges, je me barbouille, me démaquille, me rebarbouille et recommence : pour cette raison, je ne forme pas un personnage, mais mille.

L'INCONNU DU MIROIR.

Vous êtes un acteur, tout simplement, je pense...

ALEX.

Non, pas acteur : fraternel. J'ai besoin de sentir ma proximité avec des êtres lointains ; j'ai besoin d'abolir la distance entre quiconque et moi.

Une voix les interrompt, imitant des frappements à la porte :

LA VOIX.
   Toc toc toc !

ALEX.
   Qui est-ce ?

LA VOIX.
   C'est moi.

ALEX.
   Qui est assez prétentieux pour dire « C'est moi »
sans douter une seconde qu'on le reconnaisse ?

   Alex et l'Inconnu se regardent et prononcent ensemble :

L'INCONNU DU MIROIR / ALEX.
   Odon Fritz !

   L'Inconnu a un haut-le-corps.

L'INCONNU DU MIROIR.
   N'ouvrez pas ! Entendre ce crétin
   Achèvera de me retourner l'intestin !

   Odon Fritz pousse la porte et apparaît, sûr de lui.

ODON FRITZ *(péremptoire)*.
   Non, je suis désolé, c'est impossible, je ne marche pas.

ALEX.
   Pardon ?

ODON FRITZ.
   Quelle soirée épouvantable ! J'étais mal assis,
j'avais à ma droite un explorateur de narines, à ma

gauche une hystérique qui vagissait de bonheur dès
que vous apparaissiez. En plus, j'abomine cette pièce,
je déteste la mise en scène et le décor m'a donné la
nausée. Quant à ces pitres qui parlent, qui parlent,
qui parlent… Pour dire quoi, d'ailleurs ?

ALEX.
Des vers de Molière.

ODON FRITZ.
Oh, très surfait, Molière, très ! Pourquoi remue-
t-on encore les cendres de cette vieille baderne ?
Qu'on donne son nom à des rues ou à des lycées, ça
suffit. Place aux jeunes ! Quel ennui…

ALEX.
Et nous ?

ODON FRITZ.
Qui nous ?

ALEX.
Les acteurs ?

ODON FRITZ.
Je présume que vous vous êtes défoncés mais, avec
un texte pareil, la partie était perdue d'avance. De ce
point de vue-là, j'applaudis à votre sens de la lutte,
le vôtre personnellement, j'en ai même goûté chaque
instant.

L'INCONNU DU MIROIR.
Oh le fieffé menteur, il dormait tout le temps.

ALEX *(entre ses dents)*.
Comment le savez-vous ?

L'INCONNU DU MIROIR.

À l'acte deux j'étais logé dans ses lunettes.
Il entreprit alors une sieste complète
Dont il ne s'extirpa que pour un peu bâiller,
Soupirer, maugréer puis vite replonger.

ODON FRITZ.

À part ça, naturellement : bravo !

ALEX (*estomaqué par cette phrase*).

« À part ça, naturellement : bravo. »

ODON FRITZ.

J'espère pour vous que le public aimera…
(*Sceptique.*) On ne sait jamais… Tout arrive…

ALEX.

Quoi ? Vous ne l'avez pas entendu ?

ODON FRITZ (*sans écouter*).

Franchement, il serait temps que vous jouiez
quelque chose de moderne, d'abracadabrant, de
couillu.

ALEX.

Comme… *Combien de fois je me suis astiqué le pénis
dans les toilettes pendant que mes parents s'engueulaient* ?

ODON FRITZ (*pouffant*).

Ah quel titre ! Génial… Je ne m'en lasse pas. Vous
le dites à ravir ! Recommencez pour voir.

L'INCONNU DU MIROIR.

Si vous voulez, je fais tomber sur lui le lustre.
J'ai eu, à l'Opéra, un collègue lacustre
Qui m'a appris comment réussir cet exploit.

ALEX *(surjouant)*.
Combien de fois je me suis astiqué le pénis dans les toilettes pendant que mes parents s'engueulaient.

ODON FRITZ.
J'adore ! C'est encore mieux la deuxième fois.

ALEX *(les dents serrées)*.
D'où l'intérêt de répéter.

L'INCONNU DU MIROIR.
Demandez-lui comme il a trouvé Léda.

ALEX.
Et Léda ?

ODON FRITZ *(troublé)*.
Qui ?

ALEX.
Léda Marelli.

ODON FRITZ.
Je ne vois pas…

ALEX.
La comédienne qui joue Célimène.

ODON FRITZ.
Ah, elle…

ALEX.
Comment l'avez-vous trouvée ?

ODON FRITZ *(de mauvaise grâce)*.
Très belle, je suppose.

ALEX.
Quelle imagination… Et en tant qu'actrice ?

ODON FRITZ *(tentant de dissimuler son embarras).*
En tant qu'actrice… comment dirais-je…

L'INCONNU DU MIROIR.
Regardez-le, il cherche à savoir votre avis…

ALEX.
Correcte ?

ODON.
Correcte.

ALEX *(avec un clin d'œil).*
Pas plus, n'est-ce pas ?

ODON *(du bout des lèvres).*
Non, pas plus.

Odon rit pour créer une connivence entre eux. Alex rit de concert – ce qui encourage Odon – puis cesse – ce qui glace Odon.

ALEX.
Merci d'être venu me dire tant de choses gentilles.

Alex attrape l'auteur par le bras et le remorque jusqu'à la porte.

ODON FRITZ.
Alors, et ma pièce ? Quand nous voyons-nous pour en discuter ? Je vous ai laissé mon téléphone sur la brochure, vous l'avez toujours ?

ALEX.
   Oui.

Le comédien pousse l'auteur dans le couloir.

ALEX.
   À très vite.

ODON FRITZ.
   À très vite.

Au moment de disparaître, Odon Fritz se retourne et redit ce qu'il croit utile :

ODON FRITZ.
   Et puis naturellement bravo.

ALEX.
   Naturellement.

Odon Fritz s'éloigne.
Alex ferme la porte et se retourne, soupçonneux, songeur, avant de s'exclamer :

ALEX.
   Il veut coucher avec elle !

L'INCONNU DU MIROIR.
   Ah oui ?

ALEX.
   Il veut coucher avec elle, je le sens.

L'INCONNU DU MIROIR.
   Vous vous trompez.

ALEX.
Qu'en savez-vous ?

L'INCONNU DU MIROIR.
Non, il ne le veut pas puisque c'est déjà fait.

ALEX.
Quoi ?

L'INCONNU DU MIROIR.
D'abord des baisers dans votre cabinet,
Puis la suite logique à celui de Léda.

ALEX.
Quand ?

L'INCONNU DU MIROIR.
Ce soir justement, durant le premier acte.

ALEX.
Alors que je jouais ?

L'INCONNU DU MIROIR.
Oui, à cette heure exacte.

ALEX.
Pendant mes scènes… pendant que je chauffais la salle pour elle… C'est humiliant : moi qui étais persuadé que Léda me regardait depuis les coulisses.

L'INCONNU DU MIROIR.
Dieu ! Laissez-moi poser quelques points sur les i :
Le cabot est vexé, pas l'amoureux transi !

ALEX *(réfléchissant)*.
Odon Fritz… quel étrange choix… Odon Fritz…
non vraiment, elle a un drôle de goût.

L'INCONNU DU MIROIR.

C'est tout ce que l'affront provoque de colère ?
Mais un sang de navet irrigue vos artères !

ALEX *(réfléchissant toujours)*.

Je me demande bien comment je pourrais lutter contre Odon Fritz. Nous ne courons pas dans la même catégorie.

L'INCONNU DU MIROIR.

Dans la catégorie des crétins prétentieux ?

ALEX.

C'est vous qui l'avez dit.

L'INCONNU DU MIROIR.

Éloignez-vous donc d'elle.
La donzelle n'a rien, rien du tout, de l'agnelle
Que vous croyez qu'elle est.

ALEX.

Je n'ai pas d'illusions.

L'INCONNU DU MIROIR.

La vertu lui manque.

ALEX.

. Je n'ai jamais cru Léda vertueuse. La pudeur, la retenue, la fidélité à son mari, ce sont des charmes qu'elle s'ajoute, telle une voilette qui cacherait son visage pour le rendre davantage attirant. Quoique personne n'ait prouvé quoi que ce soit, on lui a déjà prêté plusieurs amants.

L'INCONNU DU MIROIR.

Enfin, sachant cela, vous n'alliez quand même
Pas prétendre ignorer cet épineux problème.

ALEX.

Quel problème ?

L'INCONNU DU MIROIR.

Ses amants. Passer après eux…

ALEX.

Avec plaisir.

L'INCONNU DU MIROIR.

Pardon ?

ALEX.

Avec joie !

L'INCONNU DU MIROIR.

Scandaleux !

ALEX.

Quoi donc me retiendrait ?

L'INCONNU DU MIROIR.

Mais c'est une traînée !

ALEX.

N'exagérez pas. Léda est une femme qui voyage, qui s'intéresse aux autres, qui a affiné son esprit en opérant des comparaisons. Une adulte expérimentée.

L'INCONNU DU MIROIR.

Savoir qu'en aucun cas on sera le premier…

ALEX.

Briseur de vierges ? Je ne vois pas mon rôle d'homme ainsi. Ni assez brute, ni assez égoïste pour ça.

L'INCONNU DU MIROIR.
Savoir qu'en aucun cas on sera le dernier...

ALEX.
Quelle prétention, l'ami ! Le dernier... Vous
vous croyez vraiment l'homme définitif, l'Attila des
amants, celui après lequel il n'y a plus que cendres
et herbe coupée ? Je plains Célimène...

L'Inconnu du miroir se jette sur Alex pour lui saisir le cou.
Le combat s'engage mais l'Inconnu, fortifié par sa rage,
l'emporte et met Alex à terre. Il commence à l'étrangler.
À cet instant, Doris passe dans le couloir.

DORIS *(off)*.
Raspoutine ? Raspoutine ?

Cet appel permet à l'Inconnu de se rendre compte de
sa violence. Juste avant qu'Alex ne perde connaissance, il
retire ses mains, rejette Alex et recule.

L'INCONNU DU MIROIR.
Je vous laisse la vie. Mourir dans votre loge,
Un soir comme aujourd'hui, vous vaudrait trop
d'éloges.
Cessez de plastronner, monsieur le petit bras,
Car la libre Léda de vous ne voulait pas.

Alex se frotte le cou en reprenant son souffle.

ALEX.
C'est vrai.

On frappe.

LÉDA (*off*).
Alex, je peux entrer ?

Alex se relève et défroisse ses vêtements.

ALEX.
Bien sûr.

Léda surgit, en tailleur de ville, extatique.

LÉDA.
Oh, Alex, regardez-moi : ai-je l'air plate ?

ALEX.
Plate... Ce n'est pas le mot qui vient en vous voyant.

LÉDA.
Pourtant le Tout-Paris défile dans ma loge pour m'assommer de louanges : je devrais être écrasée sous les félicitations.

ALEX.
Le Tout-Paris ? Mais personne n'est venu me voir.

Elle éclate de rire.

LÉDA.
Je leur ai dit que vous détestiez recevoir après une représentation.

ALEX.
   Méchante…

LÉDA.
   Je me vengeais.

ALEX.
   De quoi ?

LÉDA *(avec un sourire).*
   J'ai oublié.

   Léda se précipite vers Alex et se pend à son cou.

LÉDA.
   Alex, merci de m'avoir permis de vivre cette soirée. Merci de m'avoir choisie. Merci d'avoir été un tel
partenaire. Merci pour tout… tout… tout…

   Alex jubile de la tenir ainsi dans ses bras.
   L'Inconnu ne peut s'empêcher d'être touché par elle.

L'INCONNU DU MIROIR.
   J'ai beau voir ses défauts et j'ai beau l'en blâmer
   Toute rusée qu'elle est, elle se fait aimer.

LÉDA.
   Alex, cette entente que nous avons vécue sur
scène… c'était… si fort… si harmonieux… mieux
que d'avoir fait l'amour…

ALEX.
   Ah non !

Léda.
   Non ?

Alex.
   Non. Ou, pour en être certain, il faudrait essayer.

Elle le regarde intensément.

Léda.
   Pourquoi pas ?

Alex *(bouleversé)*.
   Ai-je bien entendu ?

Léda *(répétant les mots avec les lèvres, sans aucun son)*.
   Pourquoi pas ?

Alex.
   Enfin… Quand ?

Léda.
   Quel pragmatisme désolant ! On dirait que vous sortez votre agenda.

Alex.
   En disant « quand », je voulais dire : « ce soir ? »…

Léda.
   Malheureux, mon mari m'attend avec mes enfants et notre famille au complet, frères, sœurs, beaux-frères, belles-sœurs, cousins, oncles, grand-tantes. Mon souper va s'apparenter à un déjeuner de première communion.

Alex.
   Alors ?

LÉDA.

Alors nous en parlerons demain puisque désormais, grâce à ce succès, nous allons nous retrouver tous les jours pendant des mois.

Elle s'échappe de ses bras, souple, agile.

LÉDA.

Au fait, Alex, vous ne me déplaisez pas.

ALEX.

C'est une déclaration ?

LÉDA.

Et je ne vous déteste pas.

ALEX.

C'est une déclaration !

LÉDA.

À très vite…

Elle s'éclipse.

Alex exulte, dansant autour de l'Inconnu qui, lui, pensif, se frotte le front.

L'INCONNU DU MIROIR.

Le sot galimatias ! Que met-elle dessous ?

ALEX.

Quoi ?

L'INCONNU DU MIROIR.

Sous ce qu'elle dit ?

ALEX.

Ce que vous comprenez. Si Léda ne dit pas tout ce qu'elle pense, elle pense tout ce qu'elle dit.

L'INCONNU DU MIROIR.

Blanc, noir, tantôt le chaud, tantôt le froid, foutaise !
À minuit et un quart, madame a son malaise,
À minuit et deux quarts, madame s'offre au bouc !

ALEX (*radieux*).

Souvent femme varie !

L'INCONNU DU MIROIR (*du tac au tac*).

                    Bien con est qui s'y fie.

Tandis qu'Alex se remet en tenue de ville, l'Inconnu du miroir l'apostrophe, fébrile.

L'INCONNU DU MIROIR.

Malgré tous les désirs et envies qui vous rongent,
Renoncez, mon ami. Léda dit des mensonges
Car d'un instant à l'autre elle se contredit.

ALEX.

Elle dit la vérité si d'un instant à l'autre elle se contredit. Où avez-vous pêché l'idée que nous étions intangibles, inaltérables, sans variations, sans histoires ? Pourquoi le vent soufflerait, le ciel se modifierait, l'eau coulerait, les saisons passeraient, et nous, nous ne changerions pas ? Comment serions-nous seuls permanents dans un univers impermanent ?

L'INCONNU DU MIROIR.
   Trop de raisonnements détruit le jugement.

ALEX.
   À chaque fois, Léda croit ce qu'elle énonce. Elle collectionne les sincérités successives. Chaque parole n'a d'existence qu'à la seconde.

L'INCONNU DU MIROIR.
   Oui mais à l'arrivée…

ALEX.
   Il n'y a pas d'arrivée. Il n'y a que l'instant présent.

   Il affronte l'Inconnu.

ALEX.
   Alceste, je voudrais vous poser trois questions qui, pour vous, constitueront sans doute trois coups.

L'INCONNU DU MIROIR.
   Allez-y.

ALEX.
   Pour être aimé, il faut plaire. Mais plaît-on par ses vertus ?

   L'Inconnu baisse la tête, vaincu.

L'INCONNU DU MIROIR.
   Touché.

ALEX *(doux)*.
   Peut-on haïr sans se montrer haïssable ?

L'Inconnu du miroir (*douloureux*).
Touché encor.

Alex.
Pour avoir le droit de se montrer misanthrope, ne faudrait-il pas être meilleur que les autres, un héros ou un génie ?

L'Inconnu du miroir.
Et voilà : je suis mort.

À cet instant, Joséphine entrouvre la porte.

Joséphine.
Papa ?

Alex.
Ma chérie…

Joséphine.
Tu es seul ?

Alex.
Oui.

Elle entre dans la pièce.

Joséphine.
Personne n'est venu t'embêter ? Personne ne s'est caché ?

Elle furète autour d'elle, vérifiant qu'aucun homme ne se dissimule dans la loge. L'Inconnu du miroir, invisible pour elle, à chaque fois s'écarte pour la laisser passer.

ALEX.

Qui cherches-tu ?

JOSÉPHINE.

Ça n'a pas d'importance. *(Après vérification.)* Ouf, c'est bon.

Rassurée, elle prend une liasse de billets dans la poche de son manteau et la tend à son père.

JOSÉPHINE.

Je n'ai pas vu le spectacle car j'avais trop de peine. Mais à l'entracte, j'ai expliqué à Toto qu'à cause de mon geste, nous nous étions brouillés, toi et moi. Il s'est senti si gêné qu'il m'a redonné la somme. Il ira demain chez son grand-père pour lui demander son aide.

ALEX *(abasourdi)*.

Il te l'a rendue ?

JOSÉPHINE.

Oui.

ALEX.

La somme exacte ?

JOSÉPHINE.

Comme je savais que tu dirais ça, j'ai compté.

ALEX.

lors… alors Toto est quelqu'un de bien ?

JOSÉPHINE.

C'est ce que je t'ai toujours dit. Tu ne m'écoutes pas.

Alex se précipite vers elle et l'embrasse tendrement. Elle se laisse faire, heureuse de se réconcilier avec son père vénéré.
Il la presse contre elle.

ALEX.
Pardon, Joséphine, pardon.

L'INCONNU DU MIROIR.
Je ne suis pas d'accord ! Vous voilà à nier
Le seul trait de bon sens que vous ayez lâché !

Joséphine se dégage gentiment et fixe son père dans les yeux.

JOSÉPHINE.
Pourquoi m'interdis-tu de faire ce que, toi, tu t'autorises ?

ALEX.
Ton avenir me préoccupe. J'en ai peur.

JOSÉPHINE.
Mais moi, je n'en ai pas peur. Et le tien ?

ALEX.
Quoi le mien ?

JOSÉPHINE.
Ton avenir à toi ?

ALEX.
Mon avenir ? De nouveaux rôles, de nourrissantes rencontres, plus quelques histoires d'amour encore, j'espère.

JOSÉPHINE.
Pourquoi ton avenir serait-il perspective de jouissances et le mien source d'angoisse ?

Alex est arrêté net par cette réflexion.

JOSÉPHINE (*implacable*).
D'autant que mon avenir est plus long que le
tien.

Alex abandonne la partie.

ALEX.
Pardonne-moi, ma chérie, pour tout à l'heure…
Le trac.

JOSÉPHINE.
Le trac ? Plutôt une répétition pour te mettre en
jambes. Tu avais l'air si bête que j'avais l'impression
que tu me jouais déjà *Le Misanthrope*.

L'Inconnu du miroir a un haut-le-corps, choqué.

L'INCONNU DU MIROIR.
Pardon ?

ALEX.
Allons souper ensemble, Joséphine.

JOSÉPHINE.
Avec plaisir. Je file vite prévenir mes amis que je
ne les accompagne pas.

ALEX.
Avec qui étais-tu venue ?

JOSÉPHINE.
Avec Toto, Fred, Cath, Gwen, J.P. et Pam.

ALEX *(d'une voix blanche).*
Embrasse Toto pour moi.

L'INCONNU DU MIROIR *(navré).*
« Embrasse Toto pour moi… »

Elle éclate de rire puis, au moment de passer le seuil, cesse et prend un air grave.

JOSÉPHINE.
Verrouille ta porte, papa. Et n'ouvre qu'à Doris.

ALEX.
Que dis-tu ?

JOSÉPHINE.
Fais-moi confiance pour une fois, obéis sans comprendre : verrouille ta porte et n'ouvre qu'à Doris.

En sortant, elle voit Doris qui arrive en trombe.

JOSÉPHINE.
Elle t'expliquera.

Joséphine part en croisant Doris.
Surexcitée, Doris débarque dans la loge. Elle s'arrête devant Alex et ouvre les bras.

DORIS.
Épousez-moi !

ALEX.
Pardon ?

DORIS.
Tant pis pour les ragots, j'ai bien réfléchi, je suis d'accord, allons-y !

ALEX.
Que se passe-t-il ?

DORIS.
Nous allons crever bientôt, vous et moi. Enfin, surtout vous. En tout cas, vous d'abord, ça, c'est planifié.

ALEX.
Je ne comprends pas.

DORIS.
Il ne nous reste que quelques minutes, peut-être quelques heures, au mieux quelques jours.

ALEX.
Doris !

DORIS.
Alors, vivons, Alex, vivons intensément : la fin approche. *(Tapant du pied.)* Enfin, cela doit exister, des gens qui se sont mariés parce qu'ils savaient qu'ils allaient mourir !

ALEX.
Adolf Hitler. Dans son bunker assiégé par les Russes, il a épousé Eva Braun vingt-quatre heures

avant de se suicider. Marié pour un jour. *(Pour lui-même :)* Le seul homme, selon moi, qui ait tout compris du mariage…

DORIS.
Alors je serai votre Eva Braun, vous serez mon Hitler.

ALEX.
Holà, quel romantisme ! Doris, que se passe-t-il ?

LÉDA *(off)*.
Doris ! Doris ! Venez immédiatement. J'ai besoin de vous, Doris.

Doris signale qu'elle revient et quitte la pièce en courant.

L'INCONNU DU MIROIR.
La pauvre femme n'est bonne qu'à enfermer.

ALEX *(inquiet)*.
Je me demande ce qui s'est passé !

L'INCONNU DU MIROIR.
Voilà à quoi conduit une vie de faiblesse :
Vous récoltez les fruits de votre gentillesse.
Léda, Odon, Doris, la traînée, le péteux
Et la folle à lier, ces trois êtres piteux,
Vous n'allez pas, monsieur, tenter de me convaincre
Que vous les adorez ?

ALEX.
Mais si ! Je les apprécie chacun à leur façon.

L'INCONNU DU MIROIR.
Odon Fritz ?

ALEX.
Son ignorance me déride, son culot me bouleverse, chacune de ses répliques me procure un vrai régal. Un clown pareil, je l'aime.

L'INCONNU DU MIROIR.
Vous n'aimez pas Odon, vous aimez vous moquer.

ALEX.
Il y a des gens qu'on ne peut aimer qu'en s'en moquant. Mes contemporains, je leur souhaite de progresser, certes, mais je ne veux pas les aimer moins sous prétexte que je les aimerais davantage améliorés.

L'INCONNU DU MIROIR.
Vous blasphémez, monsieur, par vos propos nuisibles.
Pourquoi Dieu nous aurait rendus tous perfectibles ?

ALEX.
Perfectibles peut-être, parfaits sûrement pas. Tolérez l'imperfection, acceptez la déception, supportez l'à-peu-près, habituez-vous à la frustration, sinon au lieu de prospérer parmi eux, vous continuerez à fuir les humains dans le désert. Votre obsession correctrice vous porte à la violence, Alceste, à la terreur. Arrêtez de réformer le genre humain, cessez de ne voir en chacun que ce qui lui manque, prisez-le tel qu'il est.

L'INCONNU DU MIROIR.
Impossible, je ne désarmerai jamais.

ALEX.
J'aime sans illusion, vous détestez avec espoir.

On frappe à la porte.

DORIS *(off)*.
C'est moi.

ALEX.
Entrez, Eva Braun.

Doris pénètre dans la pièce.

ALEX.
Maintenant, expliquez-moi clairement ce qui se passe.

Doris s'immobilise et fixe ses pieds.

DORIS.
Mon fils est sorti de prison.

ALEX *(comprenant aussitôt)*.
Raspoutine…

DORIS.
Et comme depuis toujours vous vous êtes montré gentil avec lui, il vous déteste.

L'INCONNU DU MIROIR.
Vous voyez les méfaits de trop de bienveillance !

DORIS.

Et comme, depuis toujours, vous êtes plein d'attentions pour moi, il s'est persuadé que nous avions une liaison.

L'INCONNU DU MIROIR.

Voilà le prix exact de toutes vos outrances !

ALEX.

Une liaison, nous deux ? Mais c'est absurde !

DORIS.

Ah bon ?

ALEX.

Je veux dire : ce n'est pas vrai.

DORIS.

Ben oui, mais ça, il ne le sait pas.

ALEX.

Comment peut-il le croire ?

DORIS.

Raspoutine a la tête dure.

ALEX.

Enfin, vous avez démenti !

Doris baisse le front en se taisant.

ALEX.

Non ?

DORIS.

Je suis une femme seule, monsieur, alors un doigt de chiennerie, je ne le repousserai pas. Surtout avec vous. Par l'imagination, on s'autorise parfois les choses que… *(Avec consternation :)* Le cactus, c'est lui ! Les cercueils, c'est lui ! La liste de quatre noms, c'est lui ! Les trois noms barrés – Jean, Denis, Maurice – évoquaient mes amants précédents. Tous morts.

ALEX.

Il les a tués ?

DORIS.

On n'a pas enquêté ; à l'époque, Raspoutine était si jeune. Mais lui, il est convaincu de les avoir supprimés tant il souhaitait qu'ils crèvent. *(Frissonnant.)* Je vais jeter quelques vêtements dans une valise et je reviens.

> Elle sort, survoltée.
> L'Inconnu du miroir s'esclaffe.

L'INCONNU DU MIROIR.

Voici avec vigueur la preuve éblouissante
Que l'excès d'affection conduit à l'épouvante.
On devrait se borner à n'apprécier vraiment
Que les têtes cerclées d'un mérite patent.
Loin de favoriser l'indigne Raspoutine,
D'encourager le cœur de Doris-Agrippine,
Vous auriez dû restreindre à un juste pourtour
Les terres envahies par votre fol amour.

ALEX.

Ah, ça suffit ! Écoutez-vous donc : « Je t'aime, ma fille, à condition que tu sois économe. Je t'aime, Léa, à condition que tu n'aies jamais regardé un homme.

Je t'aime Doris à condition que tu sois une autre. Je t'aime si tu cesses d'être toi. » Chez vous, l'amour n'existe que précédé du chantage. À croire que vous, vous n'aimerez qu'après ultimatum et reddition. Pas surprenant que ça ne marche pas.

L'INCONNU DU MIROIR.
Mieux vaut ne pas aimer qu'aimer mal à tout prix.

ALEX.
Je vous plains.

L'INCONNU DU MIROIR *(choqué)*.
S'il vous plaît ?

ALEX.
Vous espériez beaucoup, vous rêviez énormément, vous tombez de très haut : votre cul est bien plus douloureux que le mien. Normal que vous ayez envie de mordre.

L'INCONNU DU MIROIR.
Je vous quitte, monsieur.

ALEX.
Quelle est la conséquence logique de votre misanthropie ? Le carnage ?

L'INCONNU DU MIROIR.
Les tables de la loi, je ne saurai trahir.
Plutôt que de tuer, monsieur, mieux vaut haïr.

ALEX.
Je ne vois pas ce que la haine a de chrétien, mais passons ! À quoi conduit votre haine de l'humain ? Au suicide ?

L'INCONNU DU MIROIR.

    Les principes, monsieur ! Dieu m'a prêté la vie,
    Qui ne m'appartient pas. Et avec minutie,
    Je la conserverai pour neuve la lui rendre
    Quand lui viendra l'envie un jour de me la prendre.

ALEX.

    D'accord, vous ne faites que consigne… Où mène votre misanthropie ?

L'INCONNU DU MIROIR *(sincère et douloureux).*

    Rien qu'à la solitude.

ALEX.

    À quoi bon ?

L'INCONNU DU MIROIR.

    Oh, ce n'est pas un choix, c'est une conséquence.

ALEX.

    Vous ne la supportez pas, votre solitude, vous la fuyez à chaque instant en guettant les occasions de sortir du miroir. Vous détestez les hommes mais vous ne pouvez vous passer d'eux. Ou de les détester.

    Doris revient sans sa valise, plus calme qu'auparavant.

DORIS.

    On vient de m'appeler : on a arrêté Raspoutine en état d'ivresse sur le chemin du théâtre ; comme il ne voulait pas suivre les policiers, il s'est débattu, en a frappé certains, a démoli trois vitrines et volé une voiture. Bref, il retourne sous les verrous pour un certain temps.

ALEX.
Doit-on s'en réjouir ou s'en désoler, Doris ?

Elle hausse les épaules.

DORIS.
Je n'ai jamais su comment être la bonne mère d'un monstre.

L'INCONNU DU MIROIR.
Veuillez me pardonner ma remarque féroce :
Le cas n'est pas fini, vous oubliez la noce.

ALEX.
Quant à ce projet de mariage, Doris…

DORIS.
Stop ! Si je n'ai pas le couteau sous la gorge, excusez-moi, je préfère garder ma vie de jeune fille.

L'INCONNU DU MIROIR.
Elle est invraisemblable !

DORIS.
Franchement, même si ça pouvait être alléchant que vous deveniez mon Hitler et que je devienne votre Eva Braun, je me sens encore un tantinet verte pour le mariage… Même le père de Raspoutine, je ne l'avais pas épousé… Je file au commissariat.

ALEX (*avec douceur*).
À demain…

Elle court déjà.

DORIS.
À demain, monsieur. Vous n'êtes pas trop déçu ?

Alex sourit. Elle quitte les lieux.

ALEX.
Cocasse, non ?

L'INCONNU DU MIROIR.
Je hais la comédie ! Je vais rentrer chez moi.

Il se dirige vers le miroir.

ALEX.
Le monde est un théâtre, Alceste, or vous refusez de monter sur la scène. Vous vous tenez à distance des humains pour les analyser, les critiquer en marmonnant qu'ils devraient mieux faire. Mais vous, Alceste ? Soyez acteur, pas spectateur. Ne restez pas derrière le miroir. Prenez le risque de vivre. Reviendrez-vous ?

L'INCONNU DU MIROIR.
Sûrement pas.

ALEX.
Allons, vous vous déboutonnerez un peu. Car non seulement le monde est un théâtre mais nous y tenons plusieurs rôles.

L'INCONNU DU MIROIR.
Je n'en ai qu'un, celui du Misanthrope.

ALEX.
Pas le nom d'un personnage, plutôt le nom d'une maladie.

L'Inconnu du miroir.
    La maladie de ceux qui exigent d'autrui.
    C'est mon mal. Adieu.

Alex.
    Admettez votre complexité, Alceste, et vos contra-
dictions. Soyez brutal, soyez fou, soyez enfantin. Ne
vous simplifiez pas.

L'Inconnu du miroir.
    Adieu.

Alex.
    Ne soyez pas plus sage qu'il ne faut.

L'Inconnu du miroir.
    Et sage, palsambleu, croyez-vous que vous l'êtes,
    Vous dont l'affection ne choisit pas les têtes ?

Alex.
    Vous avez raison : sages, ni vous ni moi le
sommes. Alors revenez demain : vous fulminerez
pendant que moi j'exulterai. À nous deux, nous
constituerons peut-être un homme correct…

L'Inconnu du miroir.
    Cela n'existe pas.

Alex.
    C'est pour cela qu'il faut être plusieurs !

    Alex sourit.
    L'Inconnu hausse les épaules, soulève le plaid et rentre
dans le miroir.

À cet instant, Joséphine bondit dans la pièce, véritable boule d'énergie

Alex se retourne.

JOSÉPHINE.

Mes amis t'ont trouvé génial ce soir ! Je suis très fière de toi.

Alex la rejoint et l'embrasse.

ALEX.

Partons souper, ma chérie, tu développeras leurs compliments pendant le repas.

Il éteint la lumière puis ils sortent.

À cet instant, on entend crier dans le couloir :

LÉDA *(off)*.

Napoléon ! Staline !

Léda trottine dans le couloir, s'arrête devant la loge, jette un œil au sol.

LÉDA.

Napoléon ! Staline ! Où êtes-vous, petits monstres ? Vous ne supportez pas que maman ait du succès…

En furetant, elle s'approche du miroir et se plante devant lui.

LÉDA.

Pourquoi Alex pose-t-il ce tissu là ? On n'a pas le droit de mettre les miroirs en deuil.

Alors qu'elle s'apprête à soulever le plaid, une main d'homme surgit, attrape Léda et la tire à l'intérieur du miroir.

LÉDA.
Au secours ! Ah…

Elle disparaît. Plus un bruit.
Deux secondes après, Joséphine et Alex reviennent dans la loge.
Joséphine désigne un foulard sur une chaise.

JOSÉPHINE.
Tu vois ? C'est ça : j'avais laissé mon foulard là.

Pressée, en passant près du miroir, elle arrache le plaid mais elle n'y prête pas attention, occupée à nouer son fichu autour de son cou.
Dans le cadre, nous découvrons l'Inconnu jeté aux pieds de Léda qu'il courtise. Agenouillé, il chante en s'accompagnant à la guitare :

L'INCONNU DU MIROIR.
    Si le roi m'avait donné
    Paris, sa grand ville…

LÉDA *(émoustillée)*.
Vous connaissez le roi, vraiment ?

Resté sur le pas de la porte, Alex contemple sa fille avec tendresse. Elle sourit devant le regard paternel.

JOSÉPHINE.

Papa, à la fin de la pièce, ton Misanthrope part se retirer dans le désert. Est-ce que Célimène le suit ?

ALEX.

Non.

JOSÉPHINE.

Et s'il la forçait ?

ALEX.

Il n'est pas un homme comme ça.

JOSÉPHINE.

Ou s'il rusait pour l'emmener ?

ALEX.

Il n'est pas un homme comme ça…

Dans le miroir, l'Inconnu continue à séduire Léda.

L'INCONNU DU MIROIR.

Et qu'il me fallût quitter
L'amour de ma mie,
Je dirais au roi Henri…

LÉDA.

Henri ? Henri combien ? Je ne suis pas douée en arithmétique royale…

L'INCONNU DU MIROIR.

Reprenez votre Paris,
J'aime mieux ma mie, ô gué !
J'aime mieux ma mie.

Joséphine insiste en rejoignant Alex à la porte.

JOSÉPHINE.

Comment peux-tu en être si sûr ? Il n'est pas aussi simple qu'on le croit. Tu prétends que nous sommes tous contradictoires. Et n'oublie pas qu'il est fou de Célimène. Parfois l'amour fait faire des choses !

ALEX.

Tu as raison. Parfois l'amour…

Il embrasse sa fille sur le front puis ils partent.
Pendant ce temps-là, dans le miroir, l'Inconnu approche ses lèvres de la bouche de Léda.
Elle hurle.

Noir.

Un homme trop facile a été créé au théâtre de la Gaîté-Montparnasse le 12 janvier 2013. Mise en scène de Christophe Lidon, décors de Catherine Bluwal, lumières Marie-Hélène Pinon, costumes Claire Belloc, son Michel Winogradoff, assistante à la mise en scène Natacha Garange, avec Roland Giraud, Jérôme Anger, Julie Debazac, Sylvain Katan, Marie-Christine Danède, Ingrid Donnadieu.

The Guitrys

PERSONNAGES

SACHA GUITRY.
LE RÉGISSEUR.
YVONNE PRINTEMPS.
UN SERVEUR *(une ombre).*
UNE BONNE *(une ombre).*
UNE CAISSIÈRE *(une ombre).*
UN CHAUFFEUR *(une ombre).*
CHARLOTTE LYSÈS *(une ombre).*
VOIX D'UN JOURNALISTE.

La scène baigne dans le noir. Le faisceau d'un projecteur la parcourt et découvre soudain Sacha Guitry en train d'écrire derrière un frêle et élégant bureau.

Le faisceau hésite, part, revient, comme un étonné qui croirait avoir mal vu. Enfin, le rayon se fixe sur l'auteur. Nous sommes en 1938.

Du fond de la salle, retentit la voix du régisseur.

LE RÉGISSEUR. Ah, vous êtes là, monsieur Guitry…

SACHA GUITRY. Toujours.

LE RÉGISSEUR. Qu'est-ce que vous faites ?

SACHA GUITRY. Je prépare notre prochain spectacle.

LE RÉGISSEUR. Déjà ? Vous m'épatez. Comment écrivez-vous vos pièces ?

SACHA GUITRY. Vite.

Pendant ce dialogue, on conjecture que le régisseur manipule les commandes de lumières car celles-ci se modifient sur le plateau.

LE RÉGISSEUR. Attendez, je vous arrange un meilleur éclairage. Voilà ! (*Une lampe s'allume sur le bureau.*)

Excusez-moi, Maître, j'ai été surpris : d'habitude, vous travaillez chez vous.

SACHA GUITRY. Les huissiers…

LE RÉGISSEUR. Ah !

SACHA GUITRY. Oui.

LE RÉGISSEUR. Encore ?

SACHA GUITRY. Hélas…

LE RÉGISSEUR. Ils s'attachent…

SACHA GUITRY. Ils s'accrochent ! Ils considèrent que je débourse trop. Mais la richesse, ce n'est pas posséder de l'argent, c'est en dépenser. J'ai décidé jeune que j'étais riche, même si à l'époque je ne disposais pas d'un sou. L'argent n'a de valeur que lorsqu'il sort de votre poche, sinon à quoi sert-il ? Garder son or, quelle misère ! Si j'étais le gouvernement – comme dit ma concierge –, je taxerais impitoyablement ceux qui ne dilapident pas leurs revenus. Hélas, les huissiers ne supportent pas les chèques sans provision alors que, moi, je déteste les provisions sans chèques. Voilà pourquoi je resterai ici aujourd'hui… À ce sujet, cher Marcel, voulez-vous bien remiser au sous-sol tous les tableaux que j'ai apportés. Soyez soigneux, il y a des Renoir, des Sisley, des Monet, et un Picasso.

LE RÉGISSEUR. Quoi ! Vous allez les laisser ici ?

SACHA GUITRY. Jamais les huissiers n'auront l'idée de chercher des toiles de maîtres dans les accessoires d'un théâtre. S'ils les trouvaient, ils les prendraient pour des faux. Et puis il y a cette boîte…

Sacha Guitry désigne une boîte en galuchat, élégante, féminine, qu'il a posée sur son bureau. Il hésite.

SACHA GUITRY. Non, je la garde… Au cas où… *(Se ressaisissant.)* Savez-vous que j'apprécie beaucoup ce secrétaire pour écrire…

LE RÉGISSEUR. Normal, ce petit bureau vient aussi de chez vous…

SACHA GUITRY. Ah ! C'est l'original ou la copie ?

LE RÉGISSEUR. Dame, à force, on ne sait plus…

Une mélodie sort du piano, au loin, relayée par un violon.

SACHA GUITRY. Ah non…

LE RÉGISSEUR. C'était prévu, Maître, les musiciens doivent répéter le spectacle. Vous n'aimez pas la musique ?

SACHA GUITRY. J'ai aimé la musique quand j'ai aimé une musicienne… Je suis mélomane par alliance.

Il tente de se concentrer. Il a du mal…

LE RÉGISSEUR. Au fait, je suis allé la voir au théâtre de la Michodière la semaine dernière.

SACHA GUITRY. Qui ?

LE RÉGISSEUR. Elle.

SACHA GUITRY. De qui parlez-vous ?

LE RÉGISSEUR. De celle dont vous parlez.

SACHA GUITRY. J'ai mentionné quelqu'un, moi ?

LE RÉGISSEUR. Disons… celle à laquelle vous pensez.

SACHA GUITRY. Alors, ma pensée m'échappe. Admettons. Eh bien ? À la Michodière ?

LE RÉGISSEUR. Yvonne Printemps était…

SACHA GUITRY (*agacé mais intéressé*). Oui ?

LE RÉGISSEUR (*extasié*). Ensorcelante.

SACHA GUITRY. C'est tout à fait cela : dans « ensorcelante », il y a sorcière.

LE RÉGISSEUR. Et belle… tellement belle…

SACHA GUITRY. Oui, ça suffit ! (*Perfide.*) Comment va votre épouse, Marcel ?

LE RÉGISSEUR. Germaine ? Très bien.

SACHA GUITRY (*se retenant de rire*). Allons, tant mieux.

LE RÉGISSEUR. Je vous sens un peu moqueur, là, Maître.

SACHA GUITRY. Pas une seconde.

LE RÉGISSEUR. Si, si ! Vous êtes comme tout le monde, prêt à railler ma femme parce qu'elle est laide.

SACHA GUITRY. Je n'ai rien dit de tel.

LE RÉGISSEUR. Eh bien moi, je le dis. Je sais qu'elle n'est pas très jolie, ma Germaine, mais que voulez-vous, c'est ainsi : je l'adore.

SACHA GUITRY. Comme je vous envie… C'est une bénédiction d'être amoureux d'une femme laide, ça peut durer longtemps. Il y a même des chances qu'avec le temps, vous ayez encore plus de raisons de l'idolâtrer. Vous connaîtrez éventuellement ce dont chaque humain rêve : un amour qui dure.

LE RÉGISSEUR. Vous plaisantez ?

SACHA GUITRY. Pas du tout. L'erreur des auteurs classiques a toujours été de choisir des héros jeunes et beaux pour parler de la passion. Alors forcément, ça cloche… S'ils avaient été vieux et moches, Roméo et Juliette auraient tenu jusqu'à l'hospice.

LE RÉGISSEUR. Je ne sais pas comment le prendre…

SACHA GUITRY. Bien, Marcel, bien, car je ne me moque pas de vous, mais de moi. On se fourvoie en choisissant une femme au-dessus de ses moyens, je veux dire au-dessus de son physique et de son caractère.

LE RÉGISSEUR. Ne vous flagellez pas. Vous êtes brillant, Maître.

SACHA GUITRY. Oh, vous dites « brillant » comme on dit « gentille » à une laideronne.

LE RÉGISSEUR. Et puis vous plaisez aux femmes.

SACHA GUITRY. Non, ce sont elles qui me plaisent.

L'orchestre entame *Plaisir d'amour*.

SACHA GUITRY. Ah non… pas cet air-là… pas celui-là… surtout pas celui-là…

Il est ému. On entend, dans le halo du souvenir, la voix d'Yvonne qui s'élève, claire, pure, sensuelle.

LA VOIX D'YVONNE. *Plaisir d'amour ne dure qu'un instant.*

Il devient rêveur, nostalgique, pendant que la musique continue à l'orchestre et s'efface lentement sous le dialogue.

LE RÉGISSEUR. Quand l'avez-vous rencontrée ?

SACHA GUITRY. Qui ?

LE RÉGISSEUR. Celle que j'ai vue à la Michodière la semaine dernière… celle dont on ne parle pas…

SACHA GUITRY. En 1915… Je cherchais une chanteuse pour une revue et l'on m'avait parlé d'une jeune fille qui se produisait dans un spectacle de Rip, au Palais-Royal. Plus exactement, ma femme, Charlotte Lysès, m'avait claironné : « C'est une petite pas mal du tout ; à mon avis, c'est la petite qu'il te faut ! » Pauvre Charlotte… Si elle avait su à quel point elle avait raison…

Dans une autre partie de la scène, Yvonne Printemps apparaît, jeune actrice-chanteuse-présentatrice – bref, artiste à tout faire.

Elle entonne un air, *La Baya* (paroles de Marcel Heurtebise, musique de Henri Christiné), avec humour et beaucoup d'abattage, comme une interprète qui en veut et qui cherche à satisfaire le public.

YVONNE.
Un jeune officier de marine
Un soir rencontra dans Pékin
Une petite Chinoise divine
Qu'on promenait en palanquin,
En l'apercevant la toute belle
Arrêta bien vite ses porteurs :
« Mon gentil petit Français, dit-elle,
Veux-tu connaître le bonheur ? »

Chine, Chine, Chine, Chine
Viens voir comme en Chine
On sait aimer au pays bleu
Chine, Chine, Chine, Chine,
Je serai câline
Si tu veux bien m'aimer un peu,
Tous deux nous ferons un joli duo
Oh ! Oh ! Oh !
Timélou, lamélou, pan pan timéla
Paddy lamélou, concodou la Baya !
Timélou, lamélou, pan pan timéla
Paddy lamélou, concodou la Baya !

Dans une tour de porcelaine
Se rendirent les amoureux
Et pendant toute une semaine
Ils vécurent des jours heureux !

La petite Chinoise folichonne
Savait très bien charmer son amant,
Et de sa voix la plus polissonne,
Elle répétait au bon moment :

Chine, Chine, Chine, Chine,
Voilà comme en Chine
On sait aimer au pays bleu.
Chine, Chine, Chine, Chine,
Extase divine,
Qu'il est charmant ce petit jeu,
Répétons encore ce joli duo
Oh ! Oh ! Oh !
Timélou, lamélou, pan pan timéla
Paddy lamélou, concodou la Baya !
Timélou, lamélou, pan pan timéla
Paddy lamélou, concodou la Baya !

Avant de partir pour la France
Le marin dit à la mousmé :
« Je suis ravi de ta science,
De ton amour je suis charmé !
Dis-moi maintenant, chère petite,
Qui donc aussi bien t'apprit l'amour ?
Est-ce un Japonais, un Annamite ? »
« Mais non », fit-elle sans détour.

Chine, Chine, Chine, Chine,
Je ne suis pas de la Chine,
Je suis née au Quartier latin
Et j'ai fait
La danse serpentine

Pendant six mois à Tabarin.
C'est là que j'ai appris mon petit numéro
Oh ! Oh ! Oh !
Timélou, lamélou, pan pan timéla
Paddy lamélou, concodou la Baya !
Timélou, lamélou, pan pan timéla
Paddy lamélou, concodou la Baya !

On entend les applaudissements de la salle. En excellente bonimenteuse, Yvonne annonce gaiement le numéro suivant.

YVONNE. Et maintenant, mesdames et messieurs, voici celui qui va nous réjouir tous et qui revient exceptionnellement parmi nous ce soir. Je vous annonce… Non, devinez plutôt, mesdames et messieurs. Si je vous dis Joseph Pujol, vous trouvez ? Si j'ajoute qu'il maîtrise ses muscles abdominaux comme personne bien qu'il ne soit pas acrobate, vous voyez mieux ? Si j'indique qu'il ne chante pas avec la bouche, ça s'éclaircit ? Et si je précise qu'il demeure le seul au monde à jouer du flûtiau sans le tenir entre ses mains ? Bravo, je vois que certains d'entre vous, au premier rang, ont déjà sorti leur mouchoir pour le porter au nez. Eh bien oui, mesdames et messieurs, voici l'unique, le singulier, le vrai, voici le pétomane !

Elle sort de scène sur les acclamations et une ritournelle d'orchestre.

On la découvre aussitôt en coulisse, dans une loge poussiéreuse, miséreuse, à la peinture écaillée, dont l'ampoule, au bout d'un fil, dispense une lumière sordide. Elle se change.

Sacha Guitry, plus jeune de quelques années, se présente devant elle.

YVONNE. Oh… Sacha Guitry ! Dans ma loge ! *(Soudain affolée.)* Oh mon Dieu, excusez-moi, je ne l'ai pas fait exprès, on m'a obligée, on m'a forcée, je ne pouvais pas refuser.

SACHA GUITRY. Mais de quoi parlez-vous ?

YVONNE. De mon imitation. De la parodie que j'ai dû faire de vous.

SACHA GUITRY. De moi ?

YVONNE. Oui, dans la revue précédente… Aux Folies-Bergère… C'est la direction qui l'avait souhaitée, vous savez, moi j'obéis. Je ne suis qu'une pauvre fille, il faut que je gagne ma vie. Oh, vous venez m'insulter, bien sûr ?

SACHA GUITRY. Je suis venu vous complimenter, mademoiselle.

YVONNE. Pardon ?

SACHA GUITRY. Vous chantez à se damner. J'avais les yeux et les oreilles collés sur vous.

YVONNE. Quelle blague !

SACHA GUITRY. Je vous assure.

YVONNE. Vrai ?

SACHA GUITRY. Vrai.

YVONNE *(soulagée)*. Bon, ben vous êtes chic, finalement ! Mais je n'ai pas fini, je dois encore présenter des numéros.

SACHA GUITRY. Mes éloges ne pouvaient pas attendre.

YVONNE *(riant)*. Avouez surtout que vous avez quitté la salle pour éviter Pujol.

SACHA GUITRY. Pujol ?

YVONNE. Le pétomane !

SACHA GUITRY. Ah, le péteur professionnel… Il n'y a pas de sot métier.

YVONNE. Un monsieur aussi raffiné que vous ne doit pas l'apprécier…

SACHA GUITRY. D'ordinaire, j'aime bien le talent, pourtant celui-là… je ne le sens pas.

Elle éclate de rire. Il est touché par sa spontanéité.

SACHA GUITRY. Comme il vous va !

YVONNE. Quoi ?

SACHA GUITRY. Votre nom : Printemps. Yvonne Printemps. Oui, du printemps vous possédez l'énergie, la gaieté, la fraîcheur. Vous pourriez vous contenter d'avoir vos yeux et votre sourire, mais, en plus, vous avez avalé des oiseaux.

Elle rougit, charmée du compliment.

SACHA GUITRY. Laissez-moi contempler de plus près votre visage. Quel enchantement. Tout est joli. Que c'est donc joli, une femme jolie. Non, quel régal ! Et voyez-moi ce cou... comme il est blanc... comme il est souple quand il plie... et cette main, comme elle se montre fine, vive. *(Il lui attrape la main et la tient dans les siennes.)* Une main, c'est si laid quand ce n'est pas ravissant.

YVONNE *(se laissant faire, enjouée)*. Et en plus, j'en ai une deuxième !

Elle lui tend la deuxième.

SACHA GUITRY *(enivré)*. Cachottière.

Ils sont embarrassés par l'attirance physique qu'ils éprouvent.

YVONNE *(se réveillant)*. Oh mon Dieu, où en est Pujol ?

SACHA GUITRY. Pujol ?

YVONNE. Le pétomane... *(Elle se dégage et écoute le plateau au loin, d'où jaillissent des rires.)* Tout va bien, il n'a pas fini *Au clair de la lune.*

SACHA GUITRY. Ce Pujol, je croyais qu'il avait arrêté le métier.

YVONNE *(finissant de se repoudrer)*. Oui, à cause de son régime : ça le déprimait de manger des flageolets et des lentilles à longueur d'année.

SACHA GUITRY. Un homme doit toujours sacrifier quelque chose au talent.

YVONNE *(très gavroche)*. Sûr qu'il doit soigner sa condition physique. C'est un athlète qui ne peut pas se permettre un pet de travers !

Elle s'esclaffe. Il la dévisage, émerveillé par sa joie de vivre, puis sourit.

YVONNE. Comme vous me regardez... ça me gêne...

SACHA GUITRY. Vous êtes merveilleusement dessinée...

YVONNE. Moi ? Je suis presque plate, je n'ai pas de formes...

SACHA GUITRY. Vous êtes une esquisse de femme... le trait vient d'être tracé... un nouveau printemps s'élance... on ne se fatigue pas d'une esquisse, c'est quelque chose qui commence... Notre imagination s'en empare, s'en pénètre, la modifie et la prolonge. Vous ne vieillirez jamais.

YVONNE. Là, je suis d'accord. Ni vieillir, ni mourir : de toute façon, je n'ai rien signé. *(Elle remarque la fixité des prunelles de Sacha.)* Il va falloir que je retourne en scène.

SACHA GUITRY. Justement, je venais vous proposer de participer à la revue que je suis en train d'écrire avec Albert Willemetz, un spectacle qui ouvrira ici dans deux mois.

YVONNE. Ben, pourquoi pas ?

SACHA GUITRY. Pourquoi pas, n'est-ce pas ?

YVONNE. Et ça s'appellera comment ?

SACHA GUITRY *(entre ses dents).* Il faut l'avoir.

YVONNE. Pardon ?

SACHA GUITRY. *Il faut l'avoir.*

YVONNE. À qui parlez-vous ?

SACHA GUITRY. *Il faut l'avoir*, c'est le titre de la revue.

YVONNE *(étonnée mais fière de l'effet qu'elle produit sur lui).* Cessez de me regarder !

SACHA GUITRY. Cessez d'être éblouissante, alors !

YVONNE. Flatteur.

SACHA GUITRY. Oh non ! Vous êtes une des dix plus jolies femmes de Paris.

YVONNE *(fâchée).* Qui sont les neuf autres ?

SACHA GUITRY. Elles n'existent pas.

YVONNE. Pas ?

SACHA GUITRY. Plus.

YVONNE. Ah ! *(Elle baisse les paupières.)* Vous me troublez.

SACHA GUITRY. Je n'ose y croire.

De nouveau, ils sont magnétisés l'un par l'autre. Le silence s'installe. On perçoit qu'ils pourraient déjà s'embrasser, qu'ils en ont très envie.

YVONNE. Vous êtes marié ?

SACHA GUITRY *(sans réfléchir)*. Non.

YVONNE. Si !

SACHA GUITRY. Ah oui, c'est vrai. Où avais-je la tête ?

Le regard continue.

SACHA GUITRY. C'est la première fois que je l'oublie.

YVONNE. Et que vous le regrettez ?

SACHA GUITRY. Qui sait ?

Le regard se poursuit.

SACHA GUITRY. Et vous ?

YVONNE. Et moi quoi ?

SACHA GUITRY. Êtes-vous mariée ?

Elle rit.

SACHA GUITRY. Quelle réponse délicieuse…

Ils demeurent figés.

YVONNE. Je ne crois pas au mariage. Je ne crois qu'à l'amour.

SACHA GUITRY. Une bien belle religion. Je devrais m'y convertir, peut-être.

Yvonne, alertée par un bruit en coulisse, se tord les mains, préoccupée.

YVONNE. Ah mon Dieu…

SACHA GUITRY (*sans bouger*). Oui ?

YVONNE. C'est que…

SACHA GUITRY (*idem*). Quoi ?

YVONNE. Il va falloir…

SACHA GUITRY (*idem*). J'écoute…

YVONNE. Je suis embêtée…

SACHA GUITRY (*idem*). Pourquoi ?

Yvonne trouve soudain le moyen d'interrompre ce moment suspendu.

YVONNE. On m'a dit que Sacha Guitry était dans la salle, je ne voudrais pas le faire attendre.

SACHA GUITRY (*charmé par son esprit*). Bien sûr…

Il s'incline et commence à se retirer. À cet instant, une ombre arrive.

YVONNE. Attention, voici le pétomane.

SACHA GUITRY (*jovial, se retournant vers l'ombre*). Monsieur Pujol ! Quel bon vent vous amène ?

Yvonne éclate de rire.

Noir.

Musique rapide et joyeuse.

Puis le faisceau de lumière éclaire à nouveau Sacha Guitry qui continue sa conversation avec Marcel, comme si le projecteur était le régisseur.

SACHA GUITRY. Me croirez-vous, Marcel ? À trente ans, je n'avais jamais trompé ma femme.

LE RÉGISSEUR. C'était de la fidélité ou de la paresse ?

SACHA GUITRY. De la distraction. Je travaillais trop pour regarder autour de moi. Pourtant…

LE RÉGISSEUR. Pourtant ?

SACHA GUITRY. Non, rien.

LE RÉGISSEUR. Allez, dites.

SACHA GUITRY. Charlotte, mon épouse, raffolait des ténors mais je ne mesurais pas encore à quel point. Un jour de 1915, à la campagne, alors qu'elle et moi nous lisions, chacun enfoncé dans un grand fauteuil profond, le ténor Francell, qui, comme par hasard, habitait la villa voisine, est entré, n'a vu que Charlotte et a lancé : « Tu es seule, chérie ? »

LE RÉGISSEUR. Qu'est-ce que vous avez fait ?

SACHA GUITRY. Je me suis levé et j'ai répliqué : « Non, je ne suis pas seul ! Mais pourquoi m'appelles-tu chéri ? Je ne savais pas que je te plaisais autant. »

Sur le coup, ça les a glacés et ça m'a amusé ; pourtant, j'étais horrifié d'apprendre que je l'étais.

LE RÉGISSEUR. Que vous étiez quoi, Maître ?

SACHA GUITRY. Eh bien que je l'étais.

LE RÉGISSEUR. Ah oui, cocu ! Vous vouliez dire « cocu » ?

SACHA GUITRY (*entre ses dents*). C'est ça, répétez-le, si ça vous fait plaisir. Il est certain que ça risque peu de vous arriver...

LE RÉGISSEUR. Ah ! Ne recommencez pas, monsieur Guitry... Germaine n'a pas...

SACHA GUITRY. Chanceux Marcel. Contre l'adultère, l'ingratitude physique se révèle une arme plus efficace que la vertu. Enfin, encore une fois, je ne me moque pas de vous, mon ami, mais de moi. Lorsqu'on épouse une femme jolie, on prend le risque d'être cocu, c'est logique, c'est inscrit dans la police d'assurance. Enfin bref, je l'étais. Le bonheur à deux ne dure que le temps de compter jusqu'à trois.

LE RÉGISSEUR. Alors ?

SACHA GUITRY. Alors, je suis retourné voir le rossignol.

Il rejoint Yvonne qui chantonne pour elle-même en mémorisant le texte d'une opérette dans les coulisses du Palais-Royal.

YVONNE. Ah ! Monsieur Sacha…

SACHA GUITRY. Mademoiselle Printemps !

Ils rient parce qu'ils éprouvent du plaisir à se voir.

YVONNE. Vous connaissez maman ?

Sacha Guitry s'incline vers une ombre de femme assise, qui tricote.

SACHA GUITRY. Mes hommages, madame.

L'ombre se prête au baise-main mais ne répond pas. Sacha Guitry revient vers Yvonne.

SACHA GUITRY. Elle ne parle pas ?

YVONNE. Jamais quand elle tricote.

SACHA GUITRY. Et elle tricote beaucoup ?

YVONNE. Tout le temps. Aux Folies-Bergère, les artistes l'ont surnommée madame Hiver.

SACHA GUITRY. Heureusement que le printemps succède à l'hiver. *(Changeant de ton.)* Je vous apporte une pièce, mademoiselle, dans laquelle un rôle vous tend les bras.

YVONNE. Vrai ?

SACHA GUITRY. Vrai. Non seulement je vous soumets ce rôle, mais je tiens à ce que vous sachiez que je l'ai écrit pour vous.

YVONNE. Un rôle, un vrai rôle ? Pour moi ? Je n'ai encore jamais fait de théâtre, que de la revue. Quel rôle est-ce ?

SACHA GUITRY. Le rôle d'une belle jeune fille, vive, lumineuse, qu'on nomme le Rossignol. Le héros en tombe amoureux. Naturellement, j'interpréterai le héros.

YVONNE. Ah oui ?

SACHA GUITRY. Il s'agit de La Fontaine.

YVONNE. La fontaine de quoi ?

SACHA GUITRY. Je jouerai La Fontaine.

YVONNE *(riant)*. Vous !

SACHA GUITRY. Moi... pourquoi ?

YVONNE *(idem)*. Je ne vous vois pas en fontaine.

SACHA GUITRY. Je parlais de La Fontaine, mademoiselle, Jean de La Fontaine.

   Yvonne se ressaisit.

YVONNE. Ah oui, bien sûr.

SACHA GUITRY. Le fabuliste.

YVONNE. Oui, oui.

SACHA GUITRY. L'écrivain Jean de La Fontaine, qui est mort.

YVONNE. Oh mon Dieu, quand ?

SACHA GUITRY. Il y a deux siècles, mademoiselle.

YVONNE. Ah bon ! Alors c'est moins grave.

SACHA GUITRY. Il y a deux siècles, hier ou demain matin, c'est de la même mort qu'il s'agit.

YVONNE. Non, je m'étais inquiétée parce que j'avais cru qu'il s'agissait d'un de vos amis.

SACHA GUITRY. Mais c'est un de mes amis, mademoiselle, un de mes amis les plus chers.

Yvonne se sent mal à l'aise et lui rend la brochure.

YVONNE. Tenez, c'était gentil de me proposer votre pièce, mais vous vous trompez. Nous appartenons à des mondes différents. Je ne sors pas de la Comédie-Française, moi, j'ai commencé par *Nue Cocotte* à La Cigale, puis continué à l'Alcazar avec *Ah ! les beaux nichons* ; et maintenant je m'égosille dans *Le Poilu*.

SACHA GUITRY. Du moment que vous ne tenez pas le rôle-titre…

YVONNE. Y a erreur, je vous dis. Je ne pourrai pas y arriver. Je ne suis pas assez cultivée.

SACHA GUITRY. Mais moi non plus. Je n'ai jamais dépassé la classe de sixième ; à dix-sept ans, j'étais encore en sixième ; mon père avait peur que je me marie en sixième, que je meure en sixième. Avec tout ce que je sais on pourrait faire un livre, tandis qu'avec ce que je ne sais pas on pourrait faire une bibliothèque.

YVONNE. Allez, je me rends bien compte que je suis ignorante. Je ne suis pas allée à l'école. Et je bûche au music-hall depuis l'âge de treize ans.

SACHA GUITRY. Ignorante peut-être, sotte sûrement pas. Vous êtes fine.

YVONNE. Quelle importance... Je me fous d'être intelligente.

SACHA GUITRY. Ah oui ?

YVONNE. Les femmes préfèrent être belles plutôt qu'intelligentes parce que, chez les hommes, il y a plus d'idiots que d'aveugles.

Il lui tend la brochure de nouveau mais elle ne la prend pas. Elle lui jette un œil suspicieux.

YVONNE. Les gens bavassent, vous savez... Beaucoup se demandent pourquoi vous ne vous battez pas à la guerre avec les soldats du front.

SACHA GUITRY. J'ai été réformé.

YVONNE. Pourquoi ?

SACHA GUITRY. Pour cause de rhumatismes.

YVONNE. À votre âge ?

SACHA GUITRY. On a le droit d'être précoce ! J'ai déjà fourni une assez belle carrière de malade. Enfin, les rhumatismes, ça a le mérite de ne pas tuer son bonhomme. C'est un peu comme une femme : ça énerve, ça fait mal, ça se déplace et ça ne part pas.

Yvonne. Vous parlez mal des femmes…

Sacha Guitry. Je ne parlais pas des femmes mais d'une seule : mon épouse.

Yvonne. Eh bien, cela ne donne pas envie de vous épouser.

Sacha Guitry. Qui cela tenterait-il ?

  Ils se regardent, troublés.

Yvonne. Et à part ça ? Question santé ?

Sacha Guitry. Rien à signaler sinon que l'idée que je puisse être malade me rend malade. Je m'affole. Je m'y connais juste assez en médecine pour envisager le pire.

Yvonne. Ah ! Vous êtes un malade imaginaire ?

Sacha Guitry. Non, un bien-portant imaginaire. *(Changeant de ton.)* Pourquoi ce feu de questions ? Je me sens un soldat qui passe au conseil de révision.

Yvonne. J'essaie de mieux vous connaître.

Sacha Guitry. Mademoiselle Printemps, vous me posez un problème épouvantable. Sans le savoir, sans le vouloir, vous avez provoqué des ravages. Je ne cesse de penser que je ne dois pas penser à vous. Moi qui croyais tout posséder, je découvre que je n'ai rien. En quelques secondes votre sourire a bouleversé ma vie. Avant je faisais un métier magnifique – auteur et comédien –, maintenant il ne me plaira que si nous montons ensemble sur scène. Avant je jouissais de loisirs que j'occupais avec la lecture, les amis, les visites aux peintres, maintenant je traverse un temps vide où je songe obsessionnellement à vous. Avant j'étais marié, maintenant je suis entravé. Avant mon rêve le plus cher consistait à demeurer fidèle, voilà maintenant que je me prépare à l'adultère. Avant je détenais un avenir, il m'échappe désormais car l'avenir sera ce que vous déciderez qu'il soit. Vous êtes un désastre, mademoiselle, vous détruisez tout sur votre passage, à côté de vous Attila passerait pour une libellule. Combien de temps allez-vous piétiner mon existence ainsi ?

YVONNE. Je suis désolée. Qu'est-ce que je peux faire pour me racheter ?

SACHA GUITRY. Accepter une invitation à dîner.

YVONNE. D'accord. Et puis ?

SACHA GUITRY. Lire ma pièce.

YVONNE. Puisque vous insistez. Et ensuite ?

SACHA GUITRY. Si vous l'aimez, la jouer.

YVONNE. Je vous dirai ça. Et puis ?

SACHA GUITRY. Et puis… d'ici là nous serons peut-être arrivés à une certitude.

YVONNE. Laquelle ?

SACHA GUITRY. Que nous devons être amants.

Elle tend la main pour recevoir la pièce. Il la dépose avec majesté.

YVONNE. En fait, vous ne m'offrez pas un rôle, mais deux : le rossignol et la maîtresse.

SACHA GUITRY. L'un officiel, l'autre en contrebande, si vous n'y voyez pas d'inconvénient…

YVONNE. J'estime qu'un amour qui ne prend pas naissance d'une façon clandestine ne peut devenir un amour très profond. Une plante sauvage doit avoir la force de pousser toute seule, sans tuteur.

SACHA GUITRY. Il sera toujours temps de l'empoter plus tard.

 Ils rient de complicité.
 Elle feuillette le texte.

YVONNE. Est-ce un grand rôle ?

SACHA GUITRY. Non, mais s'il est tenu par vous, on ne se souviendra que de lui.

YVONNE *(lisant)*. « Le Rossignol » – moi – « entre en catimini dans la pièce. » En catimini ? *(Les yeux brillants.)* C'est quoi, le catimini, comme fourrure ?

SACHA GUITRY *(attendri)*. Une fourrure blanche, virginale. Je vous en offrirai un manteau dès demain si vous m'y autorisez.

 Elle rougit, ravie, et lui abandonne la main qu'il veut baiser.
 Noir et musique pendant quelques secondes.

Le projecteur encercle à nouveau Sacha Guitry en 1938, lequel continue sa conversation avec le régisseur.

LE RÉGISSEUR. Comment ça s'est passé ?

SACHA GUITRY. Un succès. Mieux : un triomphe.

LE RÉGISSEUR. Vous parlez de la pièce ?

SACHA GUITRY. Évidemment.

LE RÉGISSEUR. Moi, je vous parlais de votre femme, Maître.

SACHA GUITRY. Nous nous retrouvions tous les trois, Charlotte, Yvonne et moi, sur les planches. En fait, mon épouse jouait mon épouse, tandis que ma maîtresse jouait ma maîtresse.

LE RÉGISSEUR. Avaient-elles des scènes ensemble ?

SACHA GUITRY. Ni dans la pièce ni dans la vie. Elles s'ignoraient, comme l'avenir ignore le passé, comme le printemps ignore l'hiver.

LE RÉGISSEUR. Et vous, au milieu de tout ça ?

SACHA GUITRY. Je faisais parler La Fontaine de mes soucis. Dans l'histoire, le poète découvrait que sa femme l'avait trompé. Et puisque c'était Charlotte, bien sûr, qui interprétait madame de La Fontaine...

Soudain une ombre de femme – Charlotte Lysès – apparaît derrière Sacha Guitry. Il joue la scène avec ce souvenir fantôme.

L'ombre de Charlotte Lysès. Je ne peux pas te rendre heureux ?

Sacha Guitry. Regarde, tu me rends triste.

L'ombre de Charlotte Lysès. Que suis-je donc pour toi ?

Sacha Guitry. Le remords de ma vie. Et je n'aime pas qu'on me rappelle à chaque instant que j'ai fait le malheur d'un être délicat, sensible, charmant. Si tu voyais tes yeux, tes pauvres yeux…

L'ombre de Charlotte Lysès. J'ai tant pleuré ! Tu ne veux pas que je reste, là, près de toi ?

Sacha Guitry. Je n'en ai pas envie.

L'ombre de Charlotte Lysès. Oh ! Mais tu ne me hais pas, cependant ?

Sacha Guitry. Te haïr ? Oh ! ma douce, si tu savais – si tu savais quels sont mes sentiments pour toi ! Mon cœur s'emplit d'une tendresse inexprimable lorsque je pense à toi et, chaque fois que j'évoque ton cher visage douloureux, je suis ému, sincèrement.

L'ombre de Charlotte Lysès. Alors, tu m'aimes donc ?

Sacha Guitry. Mais oui, je t'aime – et je sais que tu m'aimes aussi. Oui, oui, nous nous aimons… Puisque cela s'appelle également aimer… Mais il ne faut pas que cela soit un prétexte pour nous faire du mal – et ce n'est pas une raison de nous déchirer davantage !… Si plaindre, c'est aimer, je t'aime.

L'ombre de Charlotte Lysès en madame de La Fontaine
a disparu.

Sacha Guitry continue sa conversation à bâtons rompus
avec le régisseur.

LE RÉGISSEUR. En fait, vous régliez vos comptes en
public ?

SACHA GUITRY. Autant parler de ce qu'on connaît…
Jules Renard disait qu'un auteur dramatique est responsable de ses actes.

LE RÉGISSEUR. Moi je n'aurais jamais osé.

SACHA GUITRY. Quoi ?

LE RÉGISSEUR. Laver mon linge sale, prêter mes
humeurs à La Fontaine…

SACHA GUITRY. Quoi ? Je ne suis pas modeste, c'est
ça ?

LE RÉGISSEUR. Je n'ai rien dit, Maître.

SACHA GUITRY. Vous l'avez pensé ! Quelle étrange
manie, mon Dieu… Modeste, comme si c'était une
qualité ! Avez-vous jamais vu quelqu'un parvenant à
la gloire, à la fortune, au bonheur à force de modestie ? Il m'apparaît plutôt que c'est l'orgueil qui nous
y mène.

LE RÉGISSEUR. Mais de son côté, Yvonne Printemps
était-elle libre ?

LE RÉGISSEUR. Le bruit avait couru…

SACHA GUITRY. Je perçois mal…

LE RÉGISSEUR. … qu'elle avait une liaison avec Guynemer, l'aviateur, le héros de la guerre.

SACHA GUITRY. Vous entendez, Marcel ? Là-haut ? Un avion passe…

On saisit le ronronnement d'un avion dans le ciel, au lointain.

SACHA GUITRY. Et voilà, c'est déjà fini. Ça passe vite, un avion.

LE RÉGISSEUR. Vous ne m'avez pas répondu…

SACHA GUITRY. Je croyais pourtant…

LE RÉGISSEUR. Je vous demandais si son cœur était libre…

Yvonne apparaît, se met au piano et répond à sa façon, énigmatique, en susurrant *La Chanson de Fortunio* (paroles d'Alfred de Musset, musique de Jacques Offenbach).

YVONNE.
Si vous croyez que je vais dire
Qui j'ose aimer,
Je ne saurais, pour un empire,
Vous la nommer.

Nous allons chanter à la ronde,
Si vous voulez,
Que je l'adore et qu'elle est blonde
Comme les blés.

Je fais ce que sa fantaisie
Veut m'ordonner
Et je puis, s'il lui faut ma vie,
La lui donner.

Du mal qu'une amour ignorée
Nous fait souffrir,
J'en porte l'âme déchirée
Jusqu'à mourir.

Mais j'aime trop pour que je die
Qui j'ose aimer.
Et je veux mourir pour ma mie,
Sans la nommer.

Sacha Guitry, très excité, déboule auprès d'elle.

SACHA GUITRY. Mon petit Von, veux-tu bien me donner un baiser ?

YVONNE. Tiens, justement, j'en avais un sur les lèvres.

Ils s'embrassent.
Avec un minuscule crayon, Sacha Guitry coche une ligne sur une feuille cartonnée qu'il tient à la main.

SACHA GUITRY. Bon, ça, c'est fait ! Deuxièmement, mon petit Von, m'accompagnerais-tu ce soir aux Ballets russes ?

YVONNE *(battant des mains)*. J'adore les spectacles de Diaghilev.

SACHA GUITRY. Parfait ! *(Il coche.)* Ça, c'est fait aussi. *(Consultant son bristol.)* Ah oui, j'allais oublier. Troisième point. Mon petit Von, acceptes-tu de porter mon nom ?

YVONNE. Pardon ?

SACHA GUITRY. Je te demande si tu veux bien porter mon nom.

YVONNE. Tu me demandes ça comme ça ?

SACHA GUITRY. Comment, comme ça ?

YVONNE. Comme ça ?

SACHA GUITRY. Comme ça !

YVONNE. Ici ?

SACHA GUITRY. Tu veux que je me mette plus loin ?

YVONNE. Maintenant ?

SACHA GUITRY. As-tu une heure précise pour les demandes en mariage ?

YVONNE. Ah, je n'aime pas ça du tout ! Non ! Je n'aime pas du tout ta façon de demander en mariage !

SACHA GUITRY. Excuse-moi, le manque d'habitude…

YVONNE. Tu t'y prends comme un manche.

SACHA GUITRY. Qu'est-ce qui cloche ? Le texte ou la mise en scène ?

YVONNE. Le texte est excellent…

SACHA GUITRY. Merci.

YVONNE. Mais la mise en scène ! Recommence en posant ton manteau et en ôtant ton chapeau, que je n'aie pas l'impression de me trouver dans le métro ! Et débarrasse-toi de ce bristol !

SACHA GUITRY. Mon petit Von, veux-tu bien…

YVONNE. Ah non, je t'en prie. Pour une demande en mariage, rends-moi mon sexe et dis-moi Yvonne, s'il te plaît !

SACHA GUITRY. Ma petite Yvonne…

YVONNE. Oui…

SACHA GUITRY. … veux-tu bien m'épouser ?

YVONNE *(intriguée)*. Tu divorces ?

SACHA GUITRY. Non, j'épouse.

YVONNE. Ne joue pas le niais ! Charlotte a donc accepté le divorce ?

SACHA GUITRY. Nous venons de signer les papiers.

YVONNE *(ravie)*. Oui ?

SACHA GUITRY. Oui.

YVONNE. Comment ça s'est passé ?

SACHA GUITRY. Normalement. Avant le mariage, c'est les petits mots. Pendant le mariage, c'est les grands mots. Après le mariage, c'est les gros mots.

YVONNE. Alors recommence ta demande encore une fois, s'il te plaît. Si, si ! Que je me prépare à cette surprise.

SACHA GUITRY. Ben non, justement, ce ne sera plus une surprise.

YVONNE. Ne t'en fais pas, il me reste encore une bonne réserve de surprises à l'intérieur.

SACHA GUITRY. Yvonne, veux-tu bien m'épouser ?

Il attend le « oui » mais Yvonne suit son propre raisonnement.

YVONNE. Pourquoi divorces-tu et pourquoi m'épouses-tu ?

SACHA GUITRY. La perspective de vivre à deux sans s'adorer me fait horreur. Je respecte trop l'amour et trop la femme pour accepter qu'un mariage dure lorsqu'il se délite. S'aimer modérément me semble l'apanage des médiocres.

YVONNE. Donc ?

SACHA GUITRY. Donc, je ne crois qu'aux mariages d'amour et aux divorces de raison.

YVONNE. Donc ?

SACHA GUITRY. Donc, veux-tu devenir ma femme ?

YVONNE. Oui !

Elle se jette dans ses bras.

YVONNE. Oh, comme je suis contente.

SACHA GUITRY. Et moi donc !

YVONNE. Mes copines vont en mourir de jalousie !

SACHA GUITRY. Je compte sur plusieurs mortes. *(Il sort un écrin.)* Tiens, si tu ne m'en veux plus, accepte ce modeste présent et ce mot.

Les yeux brillants, Yvonne saisit d'abord le mot.

YVONNE. « Garde-moi ta journée du 10 avril. » Pour quoi faire ?

Musique nuptiale. La lumière change.
Sacha et Yvonne se tournent vers le public et figurent un couple qui s'avance vers le bureau du maire au milieu d'une haie d'honneur.

SACHA GUITRY. Nous nous sommes mariés le 10 avril 1919 à midi. Nos témoins étaient Sarah Bernhardt, Tristan Bernard, mon père Lucien Guitry et Georges Feydeau. À son habitude, Feydeau était en retard : il sortait d'une boîte de nuit et s'était trompé de mairie. Pour toute excuse, il a bougonné : « On n'a pas idée de se marier à l'aube. »

Des applaudissements crépitent et remplacent la musique.
On passe soudain de la mairie à la salle des spectacles où se produisent les Guitry – le couple de jeunes mariés devient un couple d'acteurs qui salue sous les ovations.
Ils s'inclinent.

SACHA GUITRY *(continuant à parler au présent tout en bougeant comme dans le passé)*. Ensuite, nous avons enchaîné les pièces et les triomphes. Nous étions le couple en vogue à Paris. Les salles ne désemplissaient pas. Tout Paris courait nous acclamer.

La lumière change. On comprend qu'ils rentrent chez eux, le soir.

YVONNE. Ouf, je suis vannée !

SACHA GUITRY. Moi, pas tant que ça. Vingt minutes d'ovations effacent toute fatigue.

YVONNE. Il est vrai que c'est agréable, mais tu n'as pas chanté, toi.

SACHA GUITRY. Il valait mieux. J'ai une voix de cheval de cirque.

YVONNE. Tu es cruel envers ces pauvres bêtes. Tiens, fais-moi une note.

SACHA GUITRY *(produisant un horrible son)*. Aaah…

YVONNE *(riant)*. Extraordinaire, c'est la seule qui n'existe pas.

Il s'assoit à son bureau.

SACHA GUITRY. Pendant que je finis notre prochaine pièce, si tu écrivais ta lettre de remerciement au président de la République pour les fleurs somptueuses qu'il t'a envoyées ?

YVONNE. Pourquoi tu me dis ça ? Je ne pense qu'à ça depuis trois jours.

SACHA GUITRY. Oui, mais tu n'y penses que dans les moments où il t'est impossible de le faire, en voiture, sur scène, au milieu d'une réception, ou juste avant de t'endormir.

YVONNE. Traite-moi de gourde, ça ira plus vite.

SACHA GUITRY. Eh bien là, ce soir, profite donc du fait que, pour une fois, tu as plusieurs heures devant toi.

YVONNE. Ah, ne m'agace pas. J'ai encore des bas à trier et je dois établir les menus avec la cuisinière.

SACHA GUITRY. Oh, les prétextes…

YVONNE *(de mauvaise foi)*. Les prétextes ? Mais tu es inconscient ! Tu serais content de te pavaner au bras d'une souillon en bas filés ? Tu aurais envie de manger des rognons sept fois par semaine ? C'est pour toi que je me donne tout ce mal, mon petit coco, alors respecte mon travail et laisse-moi faire.

   Agacée, elle agite une sonnette.

YVONNE. Jocelyne ! Marie !

   Elle sonne de nouveau.

YVONNE. Où sont-elles, ces empotées ?

SACHA GUITRY. C'est leur jour de sortie !

YVONNE *(furibonde)*. Ah !

Sacha Guitry (*faussement indigné*). Oui, je sais : c'est une cabale, c'est une conspiration !

Yvonne (*avec superbe*). Eh bien, je vais l'écrire, ta lettre, tiens.

Sacha Guitry. Non, c'est la tienne.

Yvonne. Ne joue pas au plus fin avec moi. Tu m'estimes incapable d'écrire une lettre ?

Sacha Guitry. Ah, non, c'est toi qui crois ça. Elle s'assoit en face de lui.

Yvonne. Pousse-toi, tu prends toute la place.

Elle dégage sans précaution ses affaires, saisit le porte-plume, pose un papier devant elle.

Yvonne. Eh ben voilà, évidemment… il faut changer la plume…

Il s'esclaffe.

Yvonne. C'est ça, ricane… Rira bien qui rira le dernier, mon bonhomme.

Sacha Guitry. Je n'ai jamais compris cette expression.

Yvonne. Ah oui ? Je la comprends très bien, moi.

Maintenant que la plume est changée, elle regarde la feuille blanche. En panne d'inspiration, elle change l'encrier de place.

Puis elle le rebouge, puis une nouvelle fois encore, cherchant des prétextes pour ne pas commencer. Sacha saisit l'encrier et le tourne légèrement.

SACHA GUITRY. Veux-tu que je le mette de profil ?

YVONNE. Bas les pattes.

Elle soulève la plume.

YVONNE. Quel jour sommes-nous ?

SACHA GUITRY. Le 3 février 1921.

Elle écrit.

YVONNE *(du ton d'un docteur qui exige un bistouri)*. Buvard !

SACHA GUITRY *(en s'exécutant, du ton de l'infirmière qui obéit)*. Buvard.

YVONNE *(idem)*. Règle !

SACHA GUITRY *(idem)*. Règle.

YVONNE. Dictionnaire !

SACHA GUITRY. Pourquoi ?

YVONNE. J'ai besoin du dictionnaire. Mon institutrice disait qu'on ne devait jamais se passer d'un dictionnaire, que même Victor Hugo travaillait avec un dictionnaire auprès de lui.

SACHA GUITRY. Demande-moi, plutôt.

YVONNE. Prétentieux.

Il sort un épais dictionnaire de sous la table et le lui tend.

SACHA GUITRY. Tiens, Victor.

YVONNE. Dispense-moi de ton ironie, s'il te plaît. Tu ne t'estimes tout de même pas plus fort que Victor Hugo ?

SACHA GUITRY. *Mea culpa.*

YVONNE. Tu m'emmerdes avec ton italien...

Il va pour préciser que c'est du latin mais le regard furibond d'Yvonne l'arrête.
Elle consulte le dictionnaire.

YVONNE. Tu y crois, toi ? Il n'y a pas le mot « habitude » dans le dictionnaire. Un Larousse, pourtant !

SACHA GUITRY. Habitude ? Que voulais-tu vérifier ?

YVONNE. S'il y a un *t* ou deux *t.*

Il jette un coup d'œil à la page qu'elle a ouverte.

SACHA GUITRY. Cherche peut-être plutôt à la lettre *h,* au lieu de la lettre *a,* on ne sait jamais...

Elle hausse les épaules mais s'exécute.

YVONNE. Ah oui... tiens... C'est bien ça, un seul *t,* comme je le pensais.

SACHA GUITRY. Bravo !

> Pendant ce dialogue, derrière eux, un cadran de pendule géant est projeté.
> La pendule accélère (ellipse), accompagnée d'effets sonores et lumineux qui marquent le passage du temps.
> Ayant multiplié les ratures, Yvonne jette sa feuille au sol.
> La pendule accélère (ellipse).
> En pestant, Yvonne jette encore ses trois derniers essais.
> La pendule accélère (ellipse).
> Pendant que Guitry bâille, Yvonne feuillette le dictionnaire.

YVONNE. C'est quand même incroyable qu'on ne trouve pas les imparfaits du subjonctif dans un dictionnaire.

SACHA GUITRY. Pourquoi veux-tu mettre des imparfaits du subjonctif ?

YVONNE. Ça fait plus chic. Attention, je m'adresse au président de la République française !

> Il saisit la lettre.

SACHA GUITRY. Dans ta phrase, tu n'en as pas besoin.

YVONNE. Et alors ? Je fais ce que je veux. Je peux sortir avec mes bijoux ou sans mes bijoux, c'est moi qui décide.

SACHA GUITRY. Oui, mais le français a des règles strictes.

YVONNE *(avec mépris)*. Pffuit, ce que tu peux être conventionnel !

SACHA GUITRY. Je t'adore.

YVONNE. Judas !

La pendule accélère (ellipse).
C'est une montagne de brouillons qui gît maintenant aux pieds d'Yvonne, laquelle s'applique en tirant la langue.

YVONNE. Ça y est… je la sens bien cette lettre… Il ne me reste plus que quelques petits détails à régler… Quel jour sommes-nous déjà ?

SACHA GUITRY. Ah, maintenant, à une heure du matin, nous sommes le 4 février 1921.

YVONNE. Vaut-il mieux mettre la date au début ou à la fin ?

SACHA GUITRY. Si tu ne la termines pas ce mois-ci, il est préférable de la dater lorsque tu l'auras finie.

YVONNE. Tu paieras cher tes remarques insolentes, mon bonhomme, crois-moi, tu les paieras cher.

La pendule accélère (ellipse).
Sacha est endormi, Yvonne continue à écrire. Elle fait soudain une tache.

YVONNE. Et flûte !

La pendule accélère (ellipse).
Yvonne trace un trait victorieux au bas de sa page.

YVONNE. Ouf ! ça y est.

> Sacha se redresse et ouvre les yeux.
> Elle se lève, triomphante, sa lettre terminée.

SACHA GUITRY. C'est vrai, ça y est ?

YVONNE *(heureuse)*. Ça y est !

> Fière, elle lui donne sa lettre à lire. Il la parcourt des yeux.

SACHA GUITRY. Bravo… rien à dire… il ne manque pas un mot, il n'y a pas une faute.

YVONNE *(satisfaite)*. Ah !

SACHA GUITRY. Je te félicite, ma chérie.

YVONNE. Merci. Pourtant, tu ne m'as pas beaucoup aidée.

SACHA GUITRY. Tiens, en bas, tu as souligné la date ?

YVONNE. Oui, j'étais tellement contente d'avoir fini.

SACHA GUITRY. Ça n'a pas d'importance. *(Il la lit machinalement.)* « 4 février 1821. »

YVONNE. Pardon ?

> Elle lui arrache la lettre, constate qu'elle s'est trompée de siècle et pousse un hurlement.

YVONNE. Ah !

Noir.

Sur un écran apparaissent des titres de pièces avec une voix d'homme très timbrée qui commente, dans le style des actualités cinématographiques de l'époque.

LA VOIX DU JOURNALISTE. Les succès se multiplient pour le couple admirable formé par Yvonne Printemps et Sacha Guitry. Non seulement ils remplissent les théâtres de Paris avec des œuvres comme *Faisons un rêve*, *Le Mari, la Femme et l'Amant*, *Désiré*, *L'Amour masqué*, mais les pays étrangers se les disputent. À New York, à Londres, à Rome, partout on annonce The Guitrys.

L'image s'affiche : The Guitrys sur une façade de théâtre new-yorkais.

Sacha et Yvonne, à l'arrière d'une voiture, commentent leur voyage. Ils se penchent vers la devanture lumineuse.

SACHA GUITRY. « The Guitrys »... J'ai l'impression que nous sommes un couple d'acrobates.

YVONNE. Mais c'est ce que nous sommes, mon chéri. Enfin, parfois. Encore assez souvent.

SACHA GUITRY. Encore ?

YVONNE. Dame... c'est normal... tu travailles beaucoup...

Nouvelles images. La voix reprend.

LA VOIX DU JOURNALISTE. Et c'est un accueil triomphal que reçoivent chaque fois nos deux artistes, peut-être les meilleurs ambassadeurs du talent français.

Retour à la voiture.

YVONNE. J'ai envie d'apprendre à causer l'anglais. Qu'en penses-tu ?

SACHA GUITRY. Très bonne idée. *(Pour lui.)* Et juste après, tu te mettras au français.

YVONNE. Et toi ?

SACHA GUITRY. Quoi, moi ?

YVONNE. Tu n'ouvres le bec ni en anglais, ni en italien, ni en allemand.

SACHA GUITRY *(l'interrompant)*. Allemand, jamais : je suis trop patriote.

YVONNE. Mais l'anglais tout de même !

SACHA GUITRY. J'aime tellement la langue française que je considère un peu comme une trahison le fait de cultiver une langue étrangère.

Les images changent et la voix du commentateur continue.

LA VOIX DU JOURNALISTE. Les rois, les princes, les hauts responsables politiques et Charlie Chaplin, le célèbre Charlot que nous connaissons par les écrans, viennent applaudir les Guitry.

Retour à la voiture.

SACHA GUITRY. Où étais-tu, cet après-midi ?

YVONNE. Tu le sais très bien.

SACHA GUITRY. Non, je suis resté à l'hôtel pour terminer mon acte.

YVONNE. Si, tu le sais puisque tu ordonnes au personnel de me surveiller. Donc, je te confirme ce que le chauffeur a déjà dû te dire : j'ai fait des courses dans les grands magasins.

SACHA GUITRY. J'aurais pu t'accompagner.

YVONNE. Mon chéri, tu devais travailler.

SACHA GUITRY. Et puis t'offrir ce que tu voyais, ce qui te plaisait.

YVONNE. Mon chéri, tu es un ange ! Je croule sous les toilettes, les fourrures et les bijoux, mais comprends que j'ai besoin aussi d'être un peu seule, de me balader, pour le plaisir, le nez au vent. Je ne suis pas comme toi, je ne suis pas intelligente, moi.

Elle l'embrasse.

LA VOIX DU JOURNALISTE. Le couple légendaire composé par Yvonne Printemps et Sacha Guitry nous revient enfin après une tournée triomphale au Nouveau

Monde ! Depuis Sarah Bernhardt, jamais le théâtre français n'avait brillé si haut et si loin. Où qu'ils aillent, Sacha Guitry et Yvonne Printemps reçoivent l'amour que l'on porte à Paris, dont ils sont les drapeaux.

Retour à la voiture.

YVONNE. Ah, quel bonheur de rentrer à Paris !

SACHA GUITRY. Oh oui…

YVONNE *(volubile)*. C'était un tel plaisir, hier, de retrouver les amis. Oh, tu as vu Mary Baquet ? Extraordinaire ! Elle ne change pas, toujours vieille.

SACHA GUITRY. C'est une ruine à ne pas visiter. Et la petite Fanny Gazon qui fait parler les tables…

YVONNE. Si elle faisait parler son lit, ce serait plus drôle… Oh, et la Berthe Revol ! Quelle cruche…

SACHA GUITRY. Il faudrait lui coudre la bouche.

YVONNE. Elle est tellement idiote que si elle disait systématiquement le contraire de ce qu'elle va dire, elle serait géniale.

SACHA GUITRY. Qu'as-tu pensé de la nouvelle étoile de la Comédie-Française, Béatrice Raguenot ?

YVONNE. C'est une vieillarde âgée de vingt ans. Dès qu'on l'aperçoit, on devine aussitôt qu'elle ressemble à sa mère, même si on n'a pas rencontré sa mère.

SACHA GUITRY. Et sa tante, la Dussart ?

YVONNE. Elle est décrépite mais persuadée d'être encore la seule à s'en rendre compte.

SACHA GUITRY. J'ai bien apprécié Josette Plessy.

YVONNE. Ah bon ?

SACHA GUITRY. Elle est rigolote.

YVONNE. Dès qu'une femme ressemble à un ouistiti, les hommes la trouvent rigolote.

SACHA GUITRY. Quand je pense que c'est moi qui passe pour un misogyne ! *(Un temps.)* Et pourquoi ne critiques-tu pas autant les hommes ?

YVONNE *(songeuse)*. Mmm ?… Ça ne me vient pas…

Elle réfléchit à quelque chose. Il la dévisage, mal à l'aise.

SACHA GUITRY. Il faudrait essayer…

YVONNE *(sursautant)*. Quoi donc ?

SACHA GUITRY. D'esquinter les hommes… Tu me caricaturais bien, moi, lorsque tu te produisais aux Folies-Bergère.

YVONNE. Oh, ne me parle pas de ça, j'en ai honte.

Et elle l'embrasse.

SACHA GUITRY *(satisfait mais râlant pour la forme)*. C'est à croire que les baisers ont été inventés aussi pour se fermer la bouche.

Musique. Changement de lumière. Yvonne se met à chanter un de ses futurs succès (extrait de *L'Amour masqué*, paroles de Sacha Guitry, musique d'André Messager).

YVONNE.
  J'ai deux amants, c'est beaucoup mieux !
  Car je fais croire à chacun d'eux
  Que l'autre est le monsieur sérieux.
  Mon Dieu, que c'est bête les hommes !
  Ils me donnent la même somme
  Exactement par mois,
  Et je fais croire à chacun d'eux
  Que l'autre me donne le double chaque fois
  Et ma foi…
  Ils me croient !
  Ils me croient tous les deux !
  Je ne sais pas comment nous sommes
  Mais, mon Dieu,
  Que c'est bête un homme, un homme, un homme
  Mon Dieu que c'est bête un homme !
  Alors vous pensez… deux !

Sacha Guitry apparaît, la partition à la main.

SACHA GUITRY. Parfait. *(À l'orchestre.)* Second couplet.

YVONNE.
  Un seul amant c'est ennuyeux,
  C'est monotone et soupçonneux,
  Tandis que deux c'est vraiment mieux.

Elle s'interrompt.

YVONNE. Sacha, pourquoi m'écris-tu des paroles pareilles ?

SACHA GUITRY. Elles ne te plaisent pas, mon petit Von ?

YVONNE. Tout le monde prétend que je t'inspire et tu me fais jouer des femmes coquettes, infidèles, déloyales.

SACHA GUITRY. Allons, ne confonds pas muse et modèle.

YVONNE. C'est comme ça que tu me vois ?

SACHA GUITRY. Non.

YVONNE. Alors, c'est pour m'encourager à devenir comme ça ?

SACHA GUITRY. Surtout pas. C'est pour l'éviter. Je crois que si tu simules certaines situations, tu n'auras plus à les vivre. En incarnant un personnage frivole, tu t'en débarrasses.

YVONNE *(amusée)*. Voilà ton calcul. Tu me purges, en quelque sorte ?

SACHA GUITRY. Mon petit Von, je t'aime.

YVONNE. Tiens, au fait, moi aussi.

Elle reprend son morceau.

YVONNE.
Mon Dieu que les hommes sont bêtes
On les ferait marcher sur la tête

Facilement je crois
Si par malheur ils n'avaient pas
À cet endroit précis des ramures de bois
Qui leur vont !
Et leur font
Un beau front ombrageux.
Je ne sais pas comment nous sommes,
Nous sommes, nous sommes,
Mais, mon Dieu,
Que c'est bête un homme, un homme, un homme...
Mon Dieu que c'est bête un homme !
Alors vous pensez... deux !

Sacha Guitry s'approche et l'enlace.

SACHA GUITRY. S'il te faut plusieurs hommes, mon petit Von, sois tranquille, j'ai plein de défauts, j'en ai pour dix. Je veux être un, deux, neuf, cent hommes pour toi.

YVONNE. Arrête ! J'ai l'impression d'avoir épousé un régiment. Tu m'adores, mon Sacha ?

SACHA GUITRY. Impossible d'adorer plus.

YVONNE. Alors laisse-moi un peu de liberté, laisse-moi du temps à ne rien faire, du temps à moi.

SACHA GUITRY. C'est le cas, mon petit Von.

YVONNE. Nous travaillons continuellement et, quand nous nous interrompons, tu me boucles ou tu me fais surveiller.

SACHA GUITRY. Je ne veux pas qu'on abîme mon ros-signol.

YVONNE. Ton rossignol vit dans une cage, une cage dorée mais une cage.

SACHA GUITRY. Je te considère comme un objet d'art, infiniment précieux, autant que mes dessins, mes pastels, mes miniatures… Je ne t'ai pas mise sous clé, non, je te mets sous verre. Toi, dans une cage ? Plutôt dans une vitrine avec « Défense de toucher ». Mes jalousies sont celles d'un amateur fervent qui ne tolère pas que l'on profane ses trésors, mon égoïsme celui d'un bibliophile avisé qui ne prête jamais ses livres.

YVONNE. Je ne me sens pas libre.

SACHA GUITRY. Tu es libre de rester ou de partir.

YVONNE. Je reste, bien sûr.

SACHA GUITRY. Tu es même libre de te croire heureuse.

Elle l'enlace.

YVONNE. Je le suis, mon chéri.

Ils s'embrassent.
Musique.
On retrouve Guitry sous l'œil-projecteur du régisseur. Il fixe la boîte en galuchat qu'il a rapportée sur son bureau et la caresse.

SACHA GUITRY. Eh oui ! Elle s'est donnée à moi, et c'est elle qui m'a eu.

LE RÉGISSEUR. Quelle femme, monsieur Guitry, quelle femme ! Il paraît que vous l'avez couverte de bijoux. Cinq millions de bijoux, on dit ?

SACHA GUITRY. Lorsqu'elle traversait la maison, j'avais l'impression de voir glisser un sapin de Noël. Ah oui, ce n'était pas tout de la prendre, il fallait savoir la garder. N'empêche… *(Il soupire.)* Les femmes, quand même, quels chameaux !

LE RÉGISSEUR. Pas toutes.

SACHA GUITRY. Je parle de celles qui sont jolies.

LE RÉGISSEUR. Là, je ne peux pas juger.

Soudain, on retourne dans le passé. L'ombre d'un chauffeur se glisse derrière Sacha Guitry.

L'OMBRE DU CHAUFFEUR. Des ragots, monsieur, de purs ragots. Je sais ce que certains et certaines disent dans la maison mais c'est de la médisance sans fondement. Moi qui, en tant que chauffeur, suis le seul à sortir d'ici avec madame, je ne l'ai jamais vue en compagnie d'un homme.

SACHA GUITRY. Et quand elle prétend boire le thé chez sa mère ?

L'OMBRE DU CHAUFFEUR. Elle s'y rend, monsieur, elle s'y rend.

SACHA GUITRY. C'est pourtant étrange, ce regain d'affection pour sa mère… Ou pour le thé… Allez savoir !

L'OMBRE DU CHAUFFEUR. Elle entre bien chez sa mère et ressort deux heures plus tard avec la vieille dame.

SACHA GUITRY. Et les grands magasins ?

L'OMBRE DU CHAUFFEUR. Je la dépose devant puis je l'attends.

SACHA GUITRY. Et ça dure ?

L'OMBRE DU CHAUFFEUR. Une heure et demie. Deux heures. Comme le thé.

SACHA GUITRY. C'est si intéressant que cela, les grands magasins !?

L'OMBRE DU CHAUFFEUR. Je ne sais pas, monsieur. Moi, je reste à mon volant en faisant des mots croisés.

SACHA GUITRY. Enfin, quand madame sort du Printemps ou des Galeries Lafayette, a-t-elle des paquets à la main ?

L'OMBRE DU CHAUFFEUR. Ah non.

SACHA GUITRY (*choqué*). Pardon ?

L'OMBRE DU CHAUFFEUR. Ah non. Rarement, monsieur.

SACHA GUITRY. Nom de Dieu !

Ce détail abasourdit les deux hommes, preuve de la légèreté d'Yvonne.

Quelques secondes plus tôt, Yvonne est entrée et elle a entendu les trois dernières répliques.

YVONNE. Évidemment, je fais livrer.

L'ombre du chauffeur disparaît.

SACHA GUITRY. Pardon ?

YVONNE. Tu t'étonnes que je revienne les mains vides de mes courses, donc je te précise que je me fais livrer. Tu ne voudrais pas que je me transforme en baudet, tout de même ?

SACHA GUITRY *(les yeux mi-clos)*. Bien joué.

YVONNE. Pardon ? *(Elle s'approche, mécontente.)* Tu ne me crois pas ?

SACHA GUITRY. Je crois que tu es très maligne.

YVONNE. Dis donc, on dirait que tu évalues la qualité d'un mensonge alors que je te dis la vérité. Ça ne me plaît pas beaucoup.

SACHA GUITRY. À moi non plus, ça ne me plaît pas beaucoup.

YVONNE. Tu farfouilles... tu suspectes... je n'apprécie pas ton attitude.

SACHA GUITRY. Eh bien, moi, je n'apprécie pas ta conduite. D'ailleurs, ce n'est pas une conduite, c'est plutôt une inconduite.

YVONNE. Méfie-toi ! Ta jalousie m'agace tellement que je pourrais avoir envie de te donner des raisons d'être jaloux.

SACHA GUITRY. Oh, oh ? Tu me menaces...

YVONNE. Je te fais comprendre que, si un jour je finissais par te tromper, ce ne serait pas à cause de moi, ni d'un autre, mais bien à cause de toi.

SACHA GUITRY. Crois-tu que c'est de gaieté de cœur que je me torture, crois-tu que je me délecte d'être jaloux ?

YVONNE. Allons, jaloux, tu l'es par nature, tu n'as pas besoin de prétexte. Comme tu ne penses qu'à toi, comme tu détestes que ta propriété s'éloigne ou soit appréciée, admirée par les autres, tu te tourmentes le cœur en permanence. Pas par amour, seulement par amour-propre.

SACHA GUITRY. Toi, tu es infidèle par nature.

YVONNE. Moi ?

SACHA GUITRY. Oui, il n'y a qu'à te voir jouer : tu es douée pour l'adultère, tu l'es merveilleusement. Le regard rapide sur le côté... l'insolence arrogante... le coup de téléphone à double entente... les mots entre deux portes... les rendez-vous dans les taxis... Oui, le mensonge, tous les mensonges, là tu es à ton affaire.

YVONNE. Tu confonds tout : c'est toi qui me fais interpréter ce genre de rôle !

SACHA GUITRY. Tu y arrives si bien... Tu as davantage que des prédispositions, c'est certain : on ne fait pas sauter un cul-de-jatte en hauteur.

YVONNE. Reviens à la réalité. Donne-moi des exemples sans rapport avec le théâtre.

SACHA GUITRY. Dans une réception, il n'y a qu'à constater comment les hommes se trémoussent autour de toi.

YVONNE. Tu parles de ce qu'ils font, pas de ce que je fais.

SACHA GUITRY. Tu les as poussés à se dandiner en te mettant en valeur !

YVONNE. Il faudrait que je sois laide, que je pue ?

SACHA GUITRY. Tu n'es pas obligée de sourire à la terre entière.

YVONNE. Tu préférerais que je morde ? Quand nous recevons, tu souhaiterais que je fasse la gueule, que j'insulte tes amis, c'est ça que tu voudrais ? Tu n'invites tout de même pas les gens pour qu'ils détournent leurs regards de moi ?

SACHA GUITRY. Entre l'amabilité et... l'aguichage, il y a un monde.

YVONNE. Ah, c'est ça : j'aguiche ? J'aguiche ! Non mais dis-le, j'aguiche ?

SACHA GUITRY. Oui, tu aguiches.

YVONNE. Traite-moi de putain, ça ira plus vite.

SACHA GUITRY. Aucun rapport. Ces dames-là se font payer par ceux qu'elles attirent. Pas par leur mari.

YVONNE. C'est vrai que, toi, tu ne me rémunères pas pour plaire : je n'ai jamais touché encore un seul de mes cachets.

SACHA GUITRY. Tu vis dans le luxe. Tu es couverte de bijoux. Tu as autant de domestiques qu'on peut en rêver.

YVONNE. J'ai travaillé pour ça.

SACHA GUITRY. Enfin, mon petit Von, je m'occupe de tout. Le produit de ton art te revient, avec bien plus encore, et je t'épargne les soucis.

YVONNE. Pffuit ! Maquereau !

SACHA GUITRY. Yvonne ! Tout mais pas ça !

YVONNE. Parfaitement ! Maquereau ! Ça se pavane, ça pose au grand seigneur alors qu'en réalité ça n'est qu'un petit maquereau. Eh bien, tu l'auras cherché : à partir de cet instant, je vais te tromper ! C'est décidé ! Bien fait pour toi.

SACHA GUITRY. Yvonne, calme-toi, je t'en supplie.

YVONNE. Mais je suis calme. Calme comme un général qui va donner l'assaut. Tu vas regretter tes paroles, mon bonhomme, et maudire tes soupçons. Vois-tu, ton erreur, ce n'est pas de douter que je t'aime, c'est de croire que tu m'aimes.

À ce moment-là, elle éclate en sanglots.

SACHA GUITRY (*entre ses dents*). Bien joué.

YVONNE. Tu dis, mon chéri ? (*Redoublant de pleurs.*) Oh, je suis si malheureuse…

Malgré lui, il s'approche pour la consoler.

SACHA GUITRY. Oh, faut-il que je t'adore, toi… Est-il possible d'enivrer un homme à ce point ?

YVONNE *(attendrissante)*. Je ne comprends pas ce que tu me reproches, mon chéri… J'ai l'impression que tu as décidé de te mettre en colère…

SACHA GUITRY. C'est tout le contraire…

YVONNE. Comme si tu souhaitais m'éloigner…

SACHA GUITRY. C'est tout le contraire.

YVONNE. Comme si tu ne voulais plus de moi…

SACHA GUITRY. C'est tout le contraire, mon petit Von…

YVONNE *(très câline)*. Vrai ?

Il la serre tendrement dans ses bras : elle s'abandonne à cette étreinte.

À ce moment-là, la sonnerie du téléphone retentit.

La voix de la bonne répond au lointain : « Allô… oui… je vais la chercher, monsieur. »

L'ombre de la bonne surgit.

L'OMBRE DE LA BONNE. Madame, téléphone pour vous.

Yvonne implore des yeux son mari.

YVONNE. Tu permets, mon chéri ?…

SACHA GUITRY. Va donc, mon petit Von.

Elle se lève, embrasse Sacha sur le front, puis, en arrangeant ses cheveux et en se donnant une contenance, elle disparaît vers l'endroit où l'attend le téléphone.

En la voyant faire, Sacha Guitry sursaute, stupéfait, atterré.

SACHA GUITRY. Elle se recoiffe pour répondre au téléphone : elle a un amant !

Noir.

Une salle de restaurant chic. Une table pour quatre est dressée. Guitry entre le premier.

À son côté, l'ombre du serveur s'incline.

L'OMBRE DU SERVEUR. Vous désirez, monsieur ?

SACHA GUITRY. Un verre de bourbon, car je risque d'attendre.

LE SERVEUR. Tout de suite, monsieur.

Yvonne entre en coup de vent, nerveuse, et s'approche de la table.

Sacha Guitry est réellement surpris de la voir débarquer.

SACHA GUITRY. Que se passe-t-il ? Tu es à l'heure.

YVONNE. Oh, excuse-moi, j'ai dû me tromper.

Elle tourne sur ses talons et repart.

Il se lève et se précipite pour la rattraper.

SACHA GUITRY. Allons reste, ne te fâche pas. Cela arrive même aux meilleurs d'avoir un contretemps et de se présenter à l'heure.

YVONNE (*marmonnant*). Toi et ta manie de te pointer toujours en avance…

SACHA GUITRY. C'est pour mieux t'attendre, mon enfant. Un délicieux moyen d'intensifier la vie.

YVONNE. Bon, ils rappliquent, les Willemetz ?

SACHA GUITRY. Ils ne tarderont pas. (*Allumant une cigarette.*) Qu'as-tu fait, cet après-midi ?

YVONNE. Des photographies. Avec Lartigue.

SACHA GUITRY. Ah oui… Il est très bien, ce petit.

YVONNE (*avec conviction et sous-entendu*). Oui, il est très bien.

　　Sacha Guitry la regarde, inquiet. Elle sait ce qu'il redoute et, par rage, insiste en souriant.

YVONNE. Mais il n'est pas petit.

SACHA GUITRY. Qui ? Quoi ?

YVONNE. Lartigue.

　　Elle éclate de rire.

SACHA GUITRY. Tu me fais souffrir, Yvonne.

YVONNE (*haussant les épaules*). Ah bon ?

SACHA GUITRY. Tu veux être méchante et tu n'es qu'injuste. J'ai parfois l'impression que l'infidélité reste le seul lien qui te rattache encore à ton mari.

YVONNE. J'ignore de quoi tu parles.

SACHA GUITRY. Comment as-tu trouvé Pierre Fresnay ?

YVONNE. Comme toi : à la Comédie-Française.

SACHA GUITRY. Et… ?

YVONNE. Et rien.

SACHA GUITRY. Et Maurice Escande, ne passerais-tu pas un peu trop de temps avec lui ?

YVONNE. Ah, tu as remarqué ?

SACHA GUITRY. En effet.

YVONNE. Là, tu devrais être rassuré, tu n'as rien à craindre : tout le monde sait qu'il préfère les garçons.

SACHA GUITRY. Oh, tu pourrais relever le défi et vouloir le remettre dans le droit chemin.

YVONNE. Je ne suis pas une sainte.

SACHA GUITRY. C'est justement ce que je disais.

YVONNE. Bouh… que c'est laid, ce qui s'agite derrière ton crâne. Je n'aimerais pas séjourner dans ta tête.

SACHA GUITRY. C'est l'enfer, tu y serais bienvenue. *(Lui tendant la carte du restaurant.)* Que prends-tu ?

YVONNE. Des huîtres.

SACHA GUITRY. Tu es folle. Les huîtres donnent la typhoïde. Choisis autre chose.

YVONNE. De la salade.

SACHA GUITRY. Il faudrait être certain que les feuilles ont été lavées à l'eau minérale. Attends, je vais faire demander le chef…

YVONNE. Oh, tu m'agaces ! Je ne mangerai rien, na !

Elle saisit un sucre sur la table.

SACHA GUITRY. Mais qu'est-ce que tu fais ?

YVONNE. Je croque un sucre. C'est permis ?

SACHA GUITRY. Yvonne, il est nu !

YVONNE *(regardant autour d'elle, soudain intéressée)*. Qui ?

SACHA GUITRY. Le sucre. Il n'est pas enveloppé de papier. Tu vas attraper les microbes de tous ceux qui l'ont tripoté pour l'apporter jusqu'ici.

YVONNE. Ah, j'en ai assez ! Je risque bien plus de tomber malade en ne dormant pas qu'en avalant un sucre nu.

SACHA GUITRY. Tu ne dors pas ?

YVONNE. Non. Chaque nuit, tu tournes et tu retournes tes papiers, tu froisses tes brouillons, tu marmonnes, tu arpentes la pièce.

SACHA GUITRY. Tu as épousé un écrivain, mon petit Von.

YVONNE. J'ai épousé un vaniteux, surtout ! Tout gribouilleur réveille-t-il sa femme à trois heures du matin pour lui lire la scène qu'il vient de rédiger ? Et en plus il faut rire, il faut apprécier, il faut crier que c'est formidable. Tortionnaire ! J'exige de faire chambre à part.

SACHA GUITRY *(décomposé)*. Chambre à part ?

YVONNE. Je l'exige.

SACHA GUITRY *(sinistre)*. Eh bien, soit.

YVONNE. Merci, je vais enfin dormir sans être réveillée par ton génie.

SACHA GUITRY. Quelle tristesse quand même…

YVONNE. Oh, pour ce que ça changera…

SACHA GUITRY. Quoi ?

YVONNE. Tu sais très bien…

SACHA GUITRY. Enfin, nous le faisons.

YVONNE. Oh, si peu.

SACHA GUITRY. Mais si. Nous le faisons souvent. Aussi souvent qu'avant.

YVONNE. Souvent pour toi. Pas souvent pour moi.

SACHA GUITRY. Enfin, Yvonne…

YVONNE *(explosant)*. Eh bien moi, je suis journalière.

SACHA GUITRY. Qu'est-ce que ça veut dire, journalière ? Tous les jours ou plusieurs fois par jour ?

YVONNE. Oh, tu me fatigues…

SACHA GUITRY. Pas assez, visiblement. Tu remarqueras que, pour l'harmonie de notre couple, je fais des concessions. D'ailleurs, au sujet de concessions, j'en ai pris une pour ta mère, comme tu me l'as demandé.

YVONNE. De quoi parles-tu ?

SACHA GUITRY. Une concession au cimetière. À Montparnasse. Tu ne me remercies pas, naturellement ?

YVONNE (*grinçante*). Si, je te remercie : merci, Prince, merci. Bon, alors, ils radinent, ces Willemetz ? Ça me dégoûte d'être à l'heure. (*Se tournant vers Sacha.*) Oh, de temps en temps, tu m'agaces tellement que j'aurais envie de m'y reposer déjà, au cimetière !

SACHA GUITRY. J'imagine très bien. Sur ta tombe, on écrira :

« Enfin froide. »

YVONNE. Et sur la tienne : « Enfin raide. »

Deux ombres s'approchent, celles du couple Willemetz, leurs amis, et Sacha et Yvonne se lèvent, tout sourire.

YVONNE ET SACHA. Quel plaisir ! Comment allez-vous ?

Noir. Musique.
Applaudissements.

Yvonne et Sacha, seuls sur le plateau du théâtre de la Madeleine, saluent le public à la fin d'une pièce. Les rappels se multiplient, rythmés par le rideau qui s'ouvre et se ferme. Ils sourient, miment l'idylle dès que les spectateurs les voient et s'engueulent sitôt que le velours les isole.

SACHA GUITRY *(entre ses dents)*. Qui t'envoie ces tonnes de roses depuis une semaine ?

YVONNE. Dieu.

SACHA GUITRY. Tu mens.

YVONNE. Le pape !

SACHA GUITRY. Tu en serais capable.

YVONNE *(amusée)*. Oui, mais pas lui.

Le rideau s'écarte.
Ils saluent, rayonnants. Le rideau se ferme.

SACHA GUITRY. Où étais-tu, cet après-midi ?

YVONNE. Tu m'ennuies.

SACHA GUITRY. Yvonne, tu crois que je n'entends pas ce qu'on dit sur toi ?

YVONNE. Qu'est-ce qu'on dit ? Les gens sont tellement méchants qu'ils me permettent d'être riche, pas d'être heureuse.

SACHA GUITRY. On m'appelle « le cocu effréné ».

YVONNE. Oh ! Je croyais que tu allais me parler de moi mais, comme d'habitude, tu ne parles que de toi.

> Le rideau s'écarte.
> Ils saluent, rayonnants. Le rideau se ferme.

YVONNE. Parce que tu te figures que je n'ai pas vu le petit jeu que tu mènes avec ta Lyonnaise ?

SACHA GUITRY. Ma Lyonnaise ?

YVONNE. Jacqueline Delubac.

SACHA GUITRY. C'est ça, entête-toi à me trouver coupable pour effacer ta culpabilité.

YVONNE. Moi, coupable ? Je ne me considérerai jamais responsable des sottises qui pullulent dans ta tête.

SACHA GUITRY. Comment oses-tu manifester de la jalousie, toi !

YVONNE. La jalousie, ça va avec l'amour, c'est un lot.

SACHA GUITRY. Faux. Tu es volage par tempérament et jalouse par vanité. Je ne vois pas d'amour là-dedans.

YVONNE. J'en ai marre : je veux divorcer.

> Le rideau s'écarte.
> Ils saluent, rayonnants.
> Le rideau se ferme.

YVONNE. Je veux divorcer.

SACHA GUITRY. Sauvons les apparences, Yvonne. C'est notre couple qu'ils applaudissent.

YVONNE. Pour les apparences, je suis d'accord. Mais je veux le divorce.

SACHA GUITRY. Enfin, que vas-tu devenir ?

YVONNE. Ne te fais pas de souci pour moi.

SACHA GUITRY. Tu ne peux plus te réfréner : même tes amants sont cocus.

> Le rideau s'écarte.
> Ils saluent, rayonnants.
> Le rideau se ferme.

SACHA GUITRY. Tu veux partir avec Pierre Fresnay. Cet Alsacien ? Ce protestant ? C'est un bon acteur, certes, mais…

YVONNE (*éclatant de rire*). Mais pas seulement !

SACHA GUITRY. Yvonne !

YVONNE. Oh, ça suffit ! Et toi ? Pourquoi m'humilies-tu en courtisant cette Lyonnaise ?

SACHA GUITRY. Il faut bien que je feigne de me lasser de toi afin de pouvoir, plus tard, faire semblant de ne pas te regretter.

> Yvonne vacille sous la détresse élégante que révèle cette phrase. Puis elle se ressaisit.

YVONNE. Oh, toi ! Tu es plus grisé par les mots que tu prononces que par ceux que tu écoutes.

> Le rideau s'écarte.
> Ils saluent, rayonnants.
> Au baisser de rideau, Yvonne s'éclipse.

YVONNE. Adieu.

SACHA GUITRY. Mais, Yvonne…

YVONNE. Pierre m'attend.

SACHA GUITRY. Yvonne…

> Le rideau se rouvre. Sacha salue seul, donnant le change mais un peu triste, un peu perdu.
> Les sons se modifient, la lumière aussi… Échos. Réverbérations. Retour au plateau nu.
> On trouve Sacha Guitry plusieurs années plus tard, en 1938, dans le théâtre où il est venu s'installer.

LE RÉGISSEUR. Monsieur Guitry, monsieur Guitry ! Après tant d'années, vous pourriez quand même vous fier à moi. Non, vrai, ça me fait de la peine que vous ne me disiez pas les choses simplement.

SACHA GUITRY. Qu'est-ce qu'il vous prend, Marcel ?

LE RÉGISSEUR. Je le sais, Maître ! Je le sais ! Comme tout le monde. C'était annoncé dans les journaux ce matin.

SACHA GUITRY. Mais quoi ?

LE RÉGISSEUR. Que vous divorcez d'avec Jacqueline Delubac.

SACHA GUITRY. Ah… les journaux l'ont écrit. Au fond, je me complique l'existence pour rien : si je veux apprendre ce qui m'arrive, je dois lire la presse.

LE RÉGISSEUR. C'est faux ?

SACHA GUITRY. Mmm…

LE RÉGISSEUR. Faux ?

SACHA GUITRY. Hier, après sept ans de vie commune, Jacqueline Delubac a déménagé de l'autre côté de la rue, chez sa mère. Me voilà seul de nouveau ; et je me demande déjà avec qui.

Des bruits montent de la salle. Une femme cherche à s'imposer tandis qu'une autre la retient. Claquements de portes. Bruits de pas.

LA VOIX D'YVONNE. Laissez-moi passer. Je sais qu'il s'est enfermé au théâtre. Ne me prenez pas pour une naïve, je le connais mieux que vous. Il s'est forcément réfugié sur scène.

Yvonne arrive dans l'allée entre les fauteuils.

YVONNE. Ah, vous voyez ! Il est là.

LA VOIX DE LA CAISSIÈRE. Mais vous n'avez pas de rendez-vous !

YVONNE. Ça fait sept ans que nous avons ce rendez-vous !

Sacha Guitry se lève pour l'accueillir.

SACHA GUITRY. Et comme d'habitude, tu es en retard. Merci, Geneviève, vous pouvez retourner à la caisse. Marcel, laissez-nous un instant.

Yvonne rit et monte sur la scène.

YVONNE. Eh bien, me voici !

SACHA GUITRY. Te voici ?

YVONNE. J'ai appris ce matin que tu étais libre, que tu t'étais enfin débarrassé de ta Lyonnaise. Quelle bonne nouvelle ! Franchement, comment as-tu pu t'attacher à cette porte de prison, je me le demande.

SACHA GUITRY. Elle était fraîche.

YVONNE. Gourde.

SACHA GUITRY. Élégante.

YVONNE. Fade.

SACHA GUITRY. Intelligente.

YVONNE. Calculatrice.

SACHA GUITRY. Jolie.

YVONNE. Oh, tu te moques !

SACHA GUITRY. Mais si, elle est jolie.

YVONNE. Oh, comme tu es méchant avec cette pauvre femme !

SACHA GUITRY. Et elle a fait d'immenses progrès en tant qu'actrice.

YVONNE. Elle pouvait ! Elle s'est améliorée, assez pour quitter le zéro, pas assez pour atteindre la moyenne. Mais n'insistons pas, c'est déjà un miracle qu'elle soit parvenue à se montrer médiocre.

SACHA GUITRY. Tu es cruelle.

YVONNE. Je vais me gêner. Elle a quand même prétendu me remplacer, cette intrigante !

SACHA GUITRY. En tant que madame Guitry, pas en tant qu'artiste.

YVONNE. Mais madame Guitry, c'est un rôle d'artiste. Et je sais de quoi je parle.

SACHA GUITRY. Justement, que devient madame Fresnay ?

YVONNE *(grimaçant)*. Nous ne sommes pas mariés, je te signale.

SACHA GUITRY. Pourquoi ?

YVONNE. En temps normal, j'aurais répondu : « On ne fait pas deux fois les mêmes erreurs », mais en face de toi, je préfère m'abstenir. *(Elle ouvre soudain les bras, joyeuse.)* Je reviens, Sacha.

SACHA GUITRY. Pardon ?

YVONNE. Je te reviens. Maintenant que tu as achevé tes petites errances avec ta Lyonnaise, je te pardonne et je reviens.

SACHA GUITRY. Tu me pardonnes ? C'est extraordinaire !

YVONNE. N'est-ce pas ?

SACHA GUITRY. Tu n'as pas changé !

YVONNE *(ravie)*. Merci.

SACHA GUITRY. Non, ce n'était pas un compliment mais une exclamation : tu n'as pas changé !

YVONNE *(toujours ravie)*. On le dit, oui.

SACHA GUITRY. Bon, alors je vais transformer mon exclamation en interrogation : tu n'as pas changé, Yvonne ?

YVONNE. Qu'en penses-tu ?

Elle tourne sur elle-même, séduisante, irrésistible.

SACHA GUITRY. Je le crains.

YVONNE. Tu t'en réjouis.

SACHA GUITRY. J'en désespère ! Enfin, Yvonne, sois sérieuse, même si la gravité n'appartient pas à ton tempérament : que me proposes-tu ?

YVONNE. Qu'on revive ensemble.

SACHA GUITRY. Comme ma maîtresse ?

YVONNE. Ah non ! Maîtresse, quelle insulte ! N'oublie pas que j'ai été ta femme.

SACHA GUITRY. Mais justement, je ne l'oublie pas.

YVONNE. Tu n'as pas été heureux pendant les quatorze ans que nous avons passés ensemble ?

SACHA GUITRY. Et toi ?

YVONNE. Moi, j'ai été très heureuse.

SACHA GUITRY. Je m'en doute ! Tu t'es bien amusée et tu t'es tout autorisé.

YVONNE. Et toi, n'as-tu pas été heureux pendant ces quatorze ans ?

SACHA GUITRY. Je les divise en tranches, moi, ces quatorze ans. Quelques années de grande passion, quelques années de grands soupçons, quelques années de grande souffrance.

YVONNE. Tout a été grand, au fond.

SACHA GUITRY. Yvonne, ce fut très douloureux.

YVONNE. Ah oui ? Je ne voyais pas les choses comme ça.

SACHA GUITRY. Tu as une mémoire merveilleuse : tu oublies tout.

YVONNE. Oh, c'est ça ? Tu as encore des petites choses à me pardonner ? Depuis ce temps ? Tu proclamais pourtant que l'indulgence fournissait la clé du bonheur.

SACHA GUITRY. Yvonne, n'essaie pas de me mettre en contradiction avec moi-même : j'y arrive très bien tout seul. *(Il la contemple.)* Ah, ces yeux... ces yeux...

YVONNE *(coquette)*. Ils ne te plaisent pas ?

SACHA GUITRY. Si.

YVONNE. Ouf, je n'ai que ces deux-là... Alors ?

SACHA GUITRY. Tu es toujours aussi belle.

YVONNE. Donc ?

SACHA GUITRY. Tu es toujours assez belle pour me rendre malheureux. Je refuse.

YVONNE. Sacha !

SACHA GUITRY. Je sais qui tu es, une femme splendide, talentueuse, passionnante, mille fois plus vivante que les autres, mais voilà, je sais aussi qui tu es, une gourmande, une sensuelle, un vrai génie de la vie. Tu n'as qu'une seule religion, l'amour. Et tu la pratiques avec zèle. Je ne veux pas épouser une bigote de l'amour.

YVONNE. Qu'est-ce à dire ?

SACHA GUITRY. Une virtuose de l'infidélité.

YVONNE. Je te trouve mesquin.

SACHA GUITRY. L'inconstance, je pourrais encore fermer les yeux dessus, mais la déloyauté, non. Tu m'as trop menti, Yvonne.

YVONNE. Pour ton bien, Sacha.

SACHA GUITRY. Pour le tien, exclusivement. Si j'ai eu la force de t'absoudre du passé, j'ai épuisé mon capital de clémence : je ne pourrai plus te pardonner le futur.

YVONNE. Tu me sous-estimes.

SACHA GUITRY. C'est toi qui me surestimes. Je ne veux plus souffrir, je me suis converti au bonheur. Après Jacqueline, j'épouserai une nouvelle femme, sans doute, mais ce ne sera pas toi.

YVONNE. Elle aura vingt ans, bien sûr !

SACHA GUITRY. Je ne vais tout de même pas prendre une femme de mon âge. Quitte à me remarier, j'en choisis une plus jeune.

YVONNE. Tu finiras par les repérer à la sortie des maternelles ! Imagines-tu qu'épouser des gamines t'empêchera de vieillir ?

SACHA GUITRY. On est vieux dès qu'on cesse d'aimer.

YVONNE. Et tu crois que la prochaine t'aimera ?

SACHA GUITRY. Pourquoi ? Ne suis-je pas un peu aimable ?

YVONNE. Si, mais il y a des éblouissements qui ne durent pas.

SACHA GUITRY. Eh bien, ça durera le temps de l'éblouissement, pas plus. Puisqu'on ne peut pas aimer sans se faire d'illusions, cédons au nouveau leurre quand le mirage précédent s'évanouit.

YVONNE. Triste programme.

SACHA GUITRY. Je te remercie de t'inquiéter pour moi.

YVONNE. Alors c'est non ?

SACHA GUITRY. C'est non.

YVONNE *(avec un sourire triste)*. Je m'en doutais. Mais j'avais envie d'essayer.

SACHA GUITRY *(soudain ému)*. Vraiment ?

YVONNE *(sincère)*. Vraiment.

SACHA GUITRY. Sache que, pendant quelques instants, j'ai eu envie d'accepter.

YVONNE *(émue à son tour)*. Vraiment ?

SACHA GUITRY. Vraiment.

Leurs yeux s'embuent quelques secondes.

SACHA GUITRY. Vous pouvez revenir, Marcel. De toute façon, je suis sûr que vous nous avez écoutés.

LE RÉGISSEUR. Pardon, Maître, qu'est-ce que vous dites ?

SACHA GUITRY. S'il vous plaît : un régisseur ne doit pas jouer la comédie.

Yvonne, en se levant pour partir, passe devant la boîte en galuchat sur le bureau de Guitry. Par réflexe, elle la touche.

SACHA GUITRY. Non, s'il te plaît…

Il est pâle, tendu, fragile. Elle s'en rend compte. Du coup, encore plus intriguée, elle ouvre la boîte et découvre ce qu'elle contient.

YVONNE. Oh…

Elle est bouleversée. Sacha Guitry détourne la tête.
Avec un mouchoir, Yvonne essuie une larme et repose le couvercle avec douceur.
Résignée, elle passe devant lui pour sortir.

SACHA GUITRY. Attends une seconde encore. *(Il la retient par le bras.)* J'ai quelque chose à te demander.

YVONNE. Quoi ?

YVONNE. Notre chanson, Yvonne…

YVONNE. Notre chanson ?

SACHA GUITRY. Aucune de celles que j'ai écrites pour toi, non, une vieille chanson, autour de laquelle je t'avais composé une piécette en un acte.

YVONNE. Ah oui…

SACHA GUITRY. Je suppose que j'anticipais… oui, je prévoyais que nous nous séparerions et que je serais très malheureux…

YVONNE. Malheureux. Seulement toi, et pas moi ?

SACHA GUITRY. Tu es douée pour le bonheur tandis que moi, je m'applique. *(Se tournant vers les musiciens.)* Messieurs, le morceau de Martini, s'il vous plaît.

L'orchestre entonne *Plaisir d'amour* (paroles de Jean-Pierre Claris de Florian, musique Jean-Paul Égide Martini).

YVONNE *(émue mais voulant encore fuir)*. Qu'est-ce qui te fait croire que je vais chanter ?

SACHA GUITRY. Te rends-tu compte, Yvonne ? Il y a un siècle et demi, quelqu'un a écrit cette chanson pour nous. Et personne ne le sait. Et l'auteur ne le savait pas non plus.

Yvonne sourit, éprouvée, et, parce que c'est son tour, entame la mélodie.

YVONNE.
Plaisir d'amour ne dure qu'un instant,
Chagrin d'amour dure toute la vie.

Ils sont dos à dos.
Elle continue à fredonner pendant qu'il dit les paroles.

SACHA GUITRY.
J'ai tout quitté pour l'ingrate Sylvie,
Elle me quitte et prend un autre amant.

YVONNE (*chantant*).
Plaisir d'amour ne dure qu'un instant,
Chagrin d'amour dure toute la vie.

SACHA GUITRY.
Tant que cette eau coulera doucement
Vers ce ruisseau qui borde la prairie,
Je t'aimerai, me répétait Sylvie.
L'eau coule encore, elle a changé pourtant...

Pendant la dernière reprise du refrain, Yvonne se lève, fait un signe d'adieu à Sacha, puis sort délicatement.

YVONNE (*chantant*).
Plaisir d'amour ne dure qu'un instant,
Chagrin d'amour dure toute la vie.

Yvonne a disparu mais la musique continue.
Sacha Guitry demeure, ému, regardant l'endroit où Yvonne s'est effacée.

LE RÉGISSEUR. Monsieur Guitry... Monsieur Guitry... s'il vous plaît...

SACHA GUITRY. Oui ?

LE RÉGISSEUR. Qu'y a-t-il dans cette boîte ?

Sur la musique, Sacha Guitry s'approche du bureau. Il ouvre la boîte en galuchat et soupire.

SACHA GUITRY (*mélancolique*). Sa jupe. Celle qu'elle portait le jour où nous nous sommes rencontrés...

Voyez comme je suis bête, Marcel : je ne m'en suis jamais séparé.

Et pendant que la musique s'achève, il déplie la jupe, la porte lentement à son visage et l'embrasse.

The Guitrys a été créé au Théâtre Rive Gauche le 26 septembre 2013. Mise en scène de Steve Suissa, décors de Stéphanie Jarre, lumières Jacques Rouveyrollis, costumes Pascale Bordet, avec Claire Keim, Martin Lamotte et Sylvain Katan.

La Trahison d'Einstein

PERSONNAGES

ALBERT EINSTEIN.
LE VAGABOND.
PATRICK O'NEILL.
LA VOIX D'HELEN DUKAS, *assistante d'Einstein*.

1

Une fin d'après-midi, dans le New Jersey, au bord d'un lac.

Tandis que le soleil dore l'horizon de teintes cuivrées, un homme, assis sur le sol, se prépare un repas frugal avec du pain, du jambon, des cornichons.

C'est un vagabond. En sandales, couvert d'habits froissés, douteux, son sac à dos posé dans l'herbe, il regarde ce qui se passe au loin.

Ce qu'il voit – et qui l'amuse – nous échappe.

Lorsque l'action qu'il fixe amène ses yeux à se tourner vers la droite, Einstein entre.

En ce jour de 1934, Albert Einstein a cinquante-cinq ans.

Cheveux hirsutes, ample chemise, pantalon en lin, sans chaussettes dans ses chaussures, il rivalise de négligence vestimentaire avec le vagabond. Descendant, trempé, de son voilier, il s'ébroue sur la berge. Après un sourire au vagabond, il extrait une serviette de sa besace de sportif.

EINSTEIN. Alors ? Le spectacle vous a régalé ?

LE VAGABOND. Excellent. Joli voilier, éblouissante lumière sur le lac, quelques solides pointes de vitesse… et j'ai cru au moins cinq fois que vous alliez chavirer.

EINSTEIN. Ah, merci… Je ne me serai pas donné du mal pour rien.

LE VAGABOND. Comment réussissez-vous ça ?

EINSTEIN. Quoi ? Coucher ma voile sur les flots ou rétablir ma coque ?

LE VAGABOND. Vous intéresser à un sport dans lequel vous êtes aussi doué qu'un éléphant pour la danse ? Moi, à ce niveau de maladresse, j'abandonnerais.

EINSTEIN. Je pratique la navigation depuis des années.

LE VAGABOND. Ah…

EINSTEIN. J'aime quand les choses me résistent.

LE VAGABOND. Dans ce cas, vous avez fait le juste choix : avec la voile, vous ne vous lasserez pas.

EINSTEIN. Fendre les flots me détend. Autant que jouer du violon.

LE VAGABOND *(inquiet)*. Aïe… Vous torturez également le violon ?

EINSTEIN. Mieux que je ne navigue.

LE VAGABOND. Ouf…

EINSTEIN. Aucun des compositeurs que j'ai interprétés ne s'en est plaint.

LE VAGABOND. Ils étaient déjà morts, peut-être ? Remarquez, les poissons non plus, ils ne protestent pas ! Pourtant, lorsqu'ils vous voient piquer sur eux à toute berzingue en agitant votre coquille, ça doit paniquer dans les bas-fonds...

Einstein éclate de rire, nullement vexé, puis achève de se sécher.

EINSTEIN. Et vous, comment vous détendez-vous ?

LE VAGABOND. Je n'ai pas besoin de me détendre, je suis né détendu. *(Détaillant Einstein.)* C'est fou comme vous lui ressemblez !

EINSTEIN. À qui ?

LE VAGABOND. Au savant. Celui qui vient de s'installer ici, à Princeton, à l'université, le bonhomme connu dans le monde entier, Neinstein. Alfred Neinstein.

EINSTEIN. Albert Einstein ?

LE VAGABOND. Oui ! D'après les photos des journaux, on dirait vous trait pour trait.

EINSTEIN *(égayé)*. Vous n'êtes pas le premier à le remarquer.

LE VAGABOND. Une sacrée pointure, il paraît, ce gars-là.

EINSTEIN. Il paraît.

LE VAGABOND. Prix Nobel de sciences.

EINSTEIN *(corrigeant)*. De physique.

LE VAGABOND. Quoi ? Ce n'est pas une science, la physique ?

Einstein hoche la tête.

EINSTEIN. Savez-vous ce qu'il a découvert ?

LE VAGABOND. L'Amérique ?

EINSTEIN. La théorie de la relativité restreinte.

LE VAGABOND. Ah !

EINSTEIN. $E = mc^2$.

LE VAGABOND. Rien que ça ? Il ne s'est pas foulé !

EINSTEIN. Voulez-vous que je vous explique ?

LE VAGABOND. Surtout pas.

EINSTEIN. Vous avez les moyens de…

LE VAGABOND. Silence ! Pas un mot ! Que j'y entrave rien prouve son génie. Et puis, arrêtez de crâner : quand on vous voit conduire un bateau, on devine que ce n'est pas vous qui allez raconter $E = mp^2$.

EINSTEIN *(corrigeant)*. $E = mc^2$.

LE VAGABOND. Mc^2 ?

EINSTEIN. Mc^2.

LE VAGABOND *(haussant les épaules)*. Vous dites n'importe quoi.

EINSTEIN. Non.

LE VAGABOND. Si.

EINSTEIN. Non.

LE VAGABOND. Prouvez-le.

EINSTEIN. Ça risque de prendre du temps.

Croyant à une dérobade, le vagabond glousse.

LE VAGABOND. Oh, le lâche, la grosse excuse…
(Einstein s'éloigne.) Remarquez, vaut mieux que vous
ne soyez pas Neinstein, parce que lui, si je le rencontrais, je lui frotterais les oreilles.

Einstein, qui partait, s'arrête, intéressé.

EINSTEIN. Ah bon ?

LE VAGABOND. Ou je lui botterais le cul. Au choix.

EINSTEIN. C'est vous qui choisissez ou Einstein ?

LE VAGABOND. Moi ! Je vois ce qui est disponible, le
cul ou les oreilles, et je fonce.

EINSTEIN. Bien, je vous écoute. Avec mes oreilles.

Einstein revient près de lui.
Le vagabond le regarde, sans comprendre.

LE VAGABOND. Pardon ?

EINSTEIN. Frottez ! Vos critiques, exposez-les.

LE VAGABOND. Ça ne vous concerne pas. Vous, je
n'ai rien à vous reprocher. *(Plaisantant.)* À part de
copier mon style vestimentaire.

EINSTEIN. C'est vrai : nous avons le même tailleur.

LE VAGABOND. Ouais ! Le même ! Et il s'appelle la dèche.

EINSTEIN (*bouffonnant avec lui*). Très fort sur l'ampleur.

LE VAGABOND (*idem*). Expert en plis !

EINSTEIN. Choisissant les tissus qui attirent les taches.

LE VAGABOND. Comme ça, on casse la monotonie : on change d'aspect sans changer de vêtements.

Ils rient.

LE VAGABOND. Vous ne portez pas de chaussettes ?

EINSTEIN. Jamais, le gros orteil finit toujours par les percer.

Ils pouffent. La glace est rompue entre eux.
Puis le vagabond donne un coup de coude à Einstein en désignant le bateau non loin.

LE VAGABOND. Dis, ton voilier, tu l'as piqué à qui ?

Einstein sourit.

EINSTEIN. Auriez-vous envie que je vous embarque pour un tour ?

LE VAGABOND. Arrête, je déteste l'eau.

EINSTEIN. Désolé que les lacs du New Jersey ne soient pas remplis de bière. Cependant, nous pourrions…

LE VAGABOND. Non ! Je ne sais pas nager.

EINSTEIN. Pas besoin de savoir nager.

LE VAGABOND. Avec toi à la barre ? Si.

Einstein grimace. Le vagabond s'en divertit.

LE VAGABOND. Oh la tronche ! Dingue la ressemblance avec Neinstein. Vraiment dément ! Les yeux de cocker, les cheveux en pétard. Pareil.

EINSTEIN. Cinquante-cinq ans que l'on me répète ça.

Le vagabond tressaille.

LE VAGABOND. Mince !

Il se relève, paniqué, et recule.

LE VAGABOND. C'est vous ?

Einstein approuve de la tête.

LE VAGABOND. Oh, navré. Et moi qui jacassais comme si vous étiez une cloche.

Einstein s'offre à lui.

EINSTEIN. Frottez-moi les oreilles.

Le vagabond hausse les épaules. Einstein insiste gentiment.

EINSTEIN. Si, si, je vous prie : frottez-moi les oreilles. Vous aviez des reproches à m'adresser.

LE VAGABOND (*tentant d'éviter le sujet*). Vous ne rentrez pas ?

EINSTEIN. Je prends mon temps.

LE VAGABOND. Personne ne vous attend ?

EINSTEIN. Si.

LE VAGABOND. Ah… Mal marié ?

EINSTEIN. Marié, tout simplement. Deux fois. J'aime bien répéter mes erreurs. Une manie… Jusqu'à sept ans, je redisais toutes mes phrases. Ça m'est resté. Ça m'est resté.

Le vagabond hésite, réfléchit et pivote, furieux, vers Einstein.

LE VAGABOND. Je ne digère pas vos discours contre les militaires, les armes, la guerre.

EINSTEIN. Ah, voilà… Vous me reprochez mon pacifisme ?

LE VAGABOND. Vous n'avez pas le droit ! Parce que vous luisez du cerveau, on boit vos paroles. Comment pouvez-vous encourager les déserteurs, les lâches, les objecteurs de conscience ! Franchement, vous ne prouvez pas votre intelligence en assaisonnant les vrais patriotes.

EINSTEIN. Le patriotisme est une maladie infantile, la varicelle de l'humanité.

LE VAGABOND. Vous daubez sur les militaires qui nous défendent au péril de leur vie !

EINSTEIN. L'individu qui se réjouit de marcher en rang sur les accents d'une musique épouvantable tombe sous mon mépris. C'est par erreur qu'il a reçu un vaste cerveau ; l'épine dorsale y suffisait amplement. Les hommes ne doivent pas assassiner les hommes.

LE VAGABOND. À la guerre, on ne tue pas pour tuer, mais pour ne pas mourir. Et le soldat se bat à votre place.

EINSTEIN. Donnant-donnant, moi je pense à sa place.

LE VAGABOND. Je vois : seul contre tous, à part, au-dessus de la mêlée.

EINSTEIN *(bêlant soudain)*. Bêêê… bêêê… bêêê…

LE VAGABOND *(choqué)*. Pardon ?

EINSTEIN. Pour appartenir à une communauté de moutons, il faut être un mouton. Bêêê… bêêê…

LE VAGABOND. Les soldats sont des héros !

EINSTEIN. L'héroïsme sur commande, l'héroïsme sous contrainte, quelle farce !

Furieux, le vagabond s'exclame avec violence :

LE VAGABOND. J'avais un fils, Eddy. Il est mort à la guerre !

Einstein cesse de persifler, bouleversé.

LE VAGABOND. Déchiqueté par un explosif. Il avait
vingt et un ans. En 1918... à la fin... lorsque certains rentraient déjà... L'était toujours en retard, ce
couillon...

EINSTEIN *(sincèrement compatissant)*. Condoléances.

LE VAGABOND. Tu parles... condoléances ! Un mot
qu'on prononce pour se protéger du vide.
Comme la croix au cimetière militaire, la petite
croix qu'on plante au-dessus d'un immense trou.
Condoléances ! *(Il se tourne vers Einstein, en
colère.)* Je l'aimais, Eddy. Je l'aimais plus que tout.
Simple, je n'avais jamais compris l'amour avant de
me pencher sur son berceau : c'est lui qui me l'a
appris. Mon gosse a été un grand Américain. Mon
fils a été un héros.

EINSTEIN. Je n'en doute pas. Pas une seconde.

LE VAGABOND *(comme s'il avait remporté une victoire)*. Ah !

EINSTEIN. Avez-vous d'autres enfants ?

Le vagabond secoue la tête.

LE VAGABOND. Un an après que j'ai laissé mon fils
au boulevard des Allongés, mon patron m'a foutu
dehors. Je râlais, je gueulais, je broyais du charbon.

Une déprime du genre agressif. Je voulais mordre les gens.

EINSTEIN. Vous leur reprochiez d'être vivants.

LE VAGABOND. Ensuite, j'ai picolé...

EINSTEIN. Vous vous blâmiez de survivre...

LE VAGABOND. Plus d'entrain, plus de métier, plus d'argent. Conclusion, ma femme s'est barrée et moi j'ai pris la route. Sans famille, pas besoin d'un toit. Pourquoi s'esquinter à gagner un salaire ? Moi, monsieur, la crise, je ne l'ai pas vue passer... Si j'avais été enchaîné à un emploi, ligoté à des traites de crédit, sûr que j'aurais avalé ma chique en 1929 ! Au lieu de ça, j'ai traversé la Californie, j'ai fixé l'horizon en marchant et les étoiles en m'endormant. Pour trouver de quoi bouffer, je me débrouille ou j'aiguise les couteaux. Y a toujours des lames qui mollissent, je leur redonne du tranchant... D'ailleurs si vous en avez qui... Oh non, on ne dégote sûrement pas un seul couteau chez un pacifiste !

EINSTEIN. Avec quoi croyez-vous que je coupe ma nourriture, avec mes ongles ? Je vous apporterai mes couteaux.

LE VAGABOND. N'êtes pas végétarien, en plus ?

EINSTEIN. Non, mais j'y songe.

LE VAGABOND. Décourageant...

Le vagabond est accablé. Einstein revient au sujet :

EINSTEIN. Dans votre cas comme dans le mien, les meilleurs mots pour parler de la guerre seraient les larmes. Je ne veux plus qu'il y ait de guerre.

LE VAGABOND (*grommelant*). Quelle originalité...

EINSTEIN (*avec un entêtement violent*). Je ne veux plus qu'il y ait de guerres.

LE VAGABOND. Un enfant... Un enfant de six ans... Six ans et demi peut-être... Quelle naïveté... Un robinet d'eau bénite...

EINSTEIN. Aimez-vous la guerre ?

LE VAGABOND. Me demander si j'aime la guerre, c'est aussi stupide que de me demander si j'aime la mort. Moi, monsieur, je n'ai pas décroché le prix Nobel, même pas le prix Nobel de la manche ou de l'affûtage des canifs, alors j'évite les questions idiotes. La guerre, elle se pointera, nous ne pourrons pas y échapper. Comme la mort.

EINSTEIN. Faux ! La guerre ne constitue pas le seul moyen de résoudre les conflits ; je lui préfère la négociation, l'élévation morale. Or, depuis des siècles, on confie l'éducation du peuple à des militaires. Si ! Lisez les manuels d'histoire : ils exaltent le territoire, le royaume, la nation ; ils encensent des empereurs stratèges, des généraux tacticiens, ces monstres qui abandonnent des milliers de dépouilles derrière eux. On énumère les victoires en chantant alors que ces victoires scandent à chaque fois la défaite de l'homme. Votre fils a obéi à l'État. Quelle est pourtant la fonction de l'État ? Sa tâche consiste à protéger l'individu, à lui offrir la possibilité de se réaliser par son métier, son art, sa famille. L'État nous sert, nous n'avons pas à en devenir les esclaves. La personne humaine doit trôner au sommet, sa vie demeurant intouchable et sacrée. Pour moi, l'État se met hors la loi quand il nous contraint à une préparation militaire, il nous met hors la morale quand il nous oblige à assassiner. Il a trahi sa mission. Comme vous, je ne veux plus la guerre. Militer pour le pacifisme, c'est insuffler l'esprit de concorde, provoquer une révolution mentale.

LE VAGABOND. Comment ?

EINSTEIN. Premièrement, il faut détruire le sentiment nationaliste, ce prétendu amour des siens qui s'égare dans la haine des autres. Deuxièmement, il faut presser les jeunes gens de refuser le service militaire – ne vaudrait-il pas mieux utiliser ce temps et cet argent à former les cerveaux au respect de la vie ? Troisièmement, il faut anéantir l'industrie qui soutient, masquée, le nationalisme. Là, je propose qu'on ne fasse pas de quartiers : fin totale, désarmement définitif. Que les États renoncent à leur souveraineté et transfèrent leur pouvoir militaire à la Société des Nations ; en cas de conflit, ils se soumettront à l'arbitrage de la Cour internationale de justice. Notre avenir réside dans un gouvernement mondial. Ainsi l'humanité sera telle que nous la souhaitons, et un jour, un jour lointain peut-être mais un jour radieux, la guerre sera abolie et ce mot même, loin de nous effrayer, ne désignera plus que l'incompréhensible folie de nos ancêtres.

Il s'arrête, flamboyant, plein d'énergie, prêt à continuer. Le vagabond le contemple, sidéré.

LE VAGABOND. Quelle langue de trompette ! Je pige maintenant pourquoi vous pratiquez le sport : votre crâne bouillonne tellement qu'il a besoin de lâcher de la vapeur...

EINSTEIN. Vous ai-je convaincu ?

LE VAGABOND. Moi qui rêvais de vous chauffer les oreilles, vous m'avez mis la cervelle en fromage blanc.

EINSTEIN. Vous ai-je convaincu ?

LE VAGABOND (*changeant de voix, fragile*). Donc, vous n'êtes pas pacifiste dans l'intention de vous moquer de mon fils ?

EINSTEIN. Au contraire. J'aurais préféré que votre fils ne meure pas au champ de bataille. J'aurais préféré que votre fils soit parmi nous et que vous soyez fier de ce qu'il entreprend aujourd'hui. J'aurais préféré que votre fils confie ses précieuses qualités – sa jeunesse, sa force, sa droiture, son intelligence – à une autre cause que le combat. J'aurais préféré que votre fils soit un héros en vivant, pas un héros en mourant.

LE VAGABOND (*rougissant*). C'est gentil d'avoir pris la peine de m'expliquer votre point de vue.

EINSTEIN. Vous ai-je convaincu ?

LE VAGABOND. Pas une seconde.

Échange d'un sourire entre les deux hommes. Einstein se lève pour partir.

EINSTEIN. Voyons, quelle heure est-il ?

LE VAGABOND. 18 heures.

EINSTEIN. Ah… j'ai rendez-vous à 17 heures. Il faudrait peut-être que je me mette en route. (*Au vagabond.*) À bientôt ?

LE VAGABOND. Pourquoi pas ? (*Indiquant la nature.*) Vous connaissez le chemin de mon bureau. (*Amusé.*) Curieux : vous ne m'impressionnez pas.

EINSTEIN. Ça tombe bien car moi non plus je ne m'impressionne pas.

Einstein part.
Le vagabond demeure préoccupé.
Après une minute, un homme au faciès intransigeant, habillé de façon stricte, s'approche.

O'NEILL. Que vous a-t-il dit ?

Le vagabond découvre l'intrus, le toise et, pour l'amener à plus de politesse, lui lance :

LE VAGABOND. Bonsoir !

O'NEILL (*agacé*). Oui, bonsoir.

LE VAGABOND. Ça vous écorche la bouche, la politesse ?

O'NEILL. Alors, que vous a-t-il raconté ?

Sans répondre, le vagabond ramasse ses affaires et s'apprête à quitter ce lieu.

LE VAGABOND *(sur le ton de l'adieu)*. Bonsoir.

Nerveux, l'homme se précipite sur lui et le saisit par le col de la chemise, sans ménagement.

O'NEILL. Rapportez-moi votre conversation avec lui.

LE VAGABOND. Avons-nous gardé les cochons ensemble ?

O'NEILL. A-t-il critiqué l'Amérique ? A-t-il tenu des propos communistes ?

LE VAGABOND. Je t'emmerde.

O'NEILL. Vous auriez intérêt à vous montrer plus coopératif. Sinon…

LE VAGABOND. Sinon ?

L'homme a un rictus et sort une carte de son manteau.

O'NEILL. Agent O'Neill, des services secrets, FBI.

Le vagabond est effrayé par l'assurance de l'espion, par sa froide détermination.

LE VAGABOND. Punaise, vous foutriez la trouille à Al Capone, vous !

O'NEILL. Maintenant, au travail ! Et vite ! Je veux un rapport précis.

Noir

2

Une nuit de mars 1939.

La lune baigne le paysage bleu sombre de lueurs argentées.

Einstein est assis sur la berge, une lampe à huile posée à ses côtés, laquelle diffuse une lumière dorée, chaude, rassurante. Il puise des lettres dans un gros sac en toile ; de temps en temps, sur un carnet, il ajoute une note au crayon.

Le vagabond, comme s'il en avait l'habitude, se tient non loin d'Einstein et lit un journal.

Il sursaute.

LE VAGABOND. Oh ! En Allemagne, ils ont brûlé vos livres en place publique ?

EINSTEIN. J'ai joui de cet honneur. S'il peut réduire nos pages en cendres, Hitler ne parviendra pas à brûler la pensée, parce que la pensée, c'est le feu.

LE VAGABOND. Vous avez de ces formules, vous !

EINSTEIN. C'est un peu ma spécialité.

Le vagabond reprend sa lecture.

LE VAGABOND. Cet Hitler… Internements et exécutions arbitraires, la jeunesse endoctrinée, la population obligée de saluer par « Heil Hitler »… Je me demande si les journaux n'exagèrent pas.

EINSTEIN. J'aimerais que ce soit le cas.

LE VAGABOND. Pour vendre du papier, les journalistes en font des tonnes. Cordell Hull, le secrétaire d'État, l'a affirmé l'autre jour : la presse pousse vraiment mémère dans les bégonias.

EINSTEIN. Ça l'arrangerait, ça vous arrangerait, ça m'arrangerait aussi. Les actes immondes nous choquent tant que nous préférons nous exclamer « C'est faux ! ». À les nier, nous nous sentons meilleurs, nous nous procurons une vertu bon marché.

LE VAGABOND. Bien vu ! Lorsque j'avais dix ans, un camarade m'a expliqué comment on fabriquait les enfants. Le zizi du monsieur dans la fente de la dame… Et puis ensuite il fait pipi… Ce qu'il m'a raconté m'a paru si extravagant que j'ai refusé de le croire et que j'ai conclu : « De toute façon, je connais mon père et ma mère, ils n'essaieraient même pas une saloperie pareille. »

Il glousse. Einstein, lui, ne rit pas, agité de pensées sombres.

LE VAGABOND. Excusez-moi, je vous ennuie avec mes bêtises.

EINSTEIN. Il n'y a qu'une seule qualité qui doit se montrer absolue dans cet univers où tout s'avère relatif : l'humour. J'apprécie votre humour. *(Revenant au sujet.)* Non, les journaux ne dramatisent pas : Hitler, chancelier d'Allemagne, accomplit ce qu'il a annoncé, la guerre et l'extermination de certaines populations.

LE VAGABOND. En face d'Hitler et de ses bataillons de nazis, je ne voudrais pas être un Juif allemand.

EINSTEIN. Justement ce que je suis. *(Un temps.)* Ou plutôt ce que j'étais… J'ai acquis la nationalité suisse.

LE VAGABOND. Et juif ? On peut se débarrasser de ça ?

EINSTEIN. À ma naissance, sur mes papiers d'identité, il y avait inscrit « citoyen allemand de confession juive ». Cela m'amusait : je me demandais s'il existait un type d'incroyance qui permettait de cesser d'être juif.

LE VAGABOND. Vous ne croyez pas en Dieu ?

EINSTEIN. Si j'entrais dans une synagogue, Dieu ne me reconnaîtrait pas… D'ailleurs, la seule religion ne fait pas le Juif. Quel leurre ! Un jour des années 30, je me réveille différent ; la veille j'étais un Allemand, ce matin-là j'étais un Juif. Que s'était-il passé pendant la nuit ? Hitler avait gagné les élections. L'antisémitisme m'avait repeint en Juif.

LE VAGABOND. Alors, c'est quoi, être juif ?

EINSTEIN. Un destin. Ça colle à la peau des pensées, ça forge le caractère, ça oriente l'intelligence, ça garnit la mémoire. Dès qu'on se rend compte qu'on est juif, il est déjà trop tard.

Le vagabond continue en bouffonnant :

LE VAGABOND. Comme les scouts : Juif un jour, Juif toujours !

Ils rient en se forçant. À l'évidence, ils essaient de se montrer plus légers qu'ils ne le sont en réalité.
Le vagabond désigne les journaux.

LE VAGABOND. « Juifs interdits de travail », « Juifs détroussés », « Juifs arrêtés »… Vous avez eu raison de mettre un océan entre Hitler et vous. Ici, dans le New Jersey, vous ne craignez rien.

EINSTEIN. Je me suis enfui à temps, certes. Un lâche ponctuel… *(Einstein soulève le sac et révèle que celui-ci est rempli de lettres de différentes tailles.)* Tenez, devinez ce que c'est.

LE VAGABOND. Si les lettres m'étaient adressées, au poids les ardoises que j'ai laissées depuis vingt ans dans les pubs du pays…

EINSTEIN. Devinez.

LE VAGABOND. Des ligues pour la pudeur vous demandent de raser votre moustache ?

EINSTEIN. Non.

LE VAGABOND. Des messages de femmes qui vous admirent ?

EINSTEIN. Je ne suis ni chanteur ni acteur, et je crains que les équations mathématiques ne se révèlent guère sexy.

LE VAGABOND *(plaisantant)*. Pourtant, moi j'ai connu un théorème de Pythagore qui me mettait dans tous mes états. *(Cessant de bouffonner.)* En réalité, j'ai toujours eu des difficultés en mathématiques.

EINSTEIN. Et moi donc ! *(Sérieux.)* Des Juifs, en Europe, sollicitent mon intervention pour les aider à migrer ici, aux États-Unis. Voici la correspondance d'une semaine.

LE VAGABOND. Pourquoi ont-ils besoin de vous ?

EINSTEIN. Le gouvernement américain multiplie les obstacles. Outre l'extrait de naissance, les candidats à l'exil doivent produire une attestation délivrée par la police de leur pays confirmant qu'ils sont d'excellents citoyens. Comme si un Juif persécuté, ses valises à la main, allait s'arrêter au quartier général de la Gestapo pour réclamer un certificat de bonne conduite !

LE VAGABOND. Aïe…

EINSTEIN. Les nazis se contentent d'inscrire « communiste » ou « sympathisant communiste » afin que la requête soit refusée. Le président Roosevelt redoute les communistes davantage que les fascistes.

LE VAGABOND. Il a raison, non ?

Einstein examine le vagabond avec surprise. Moment de malaise entre eux. Aucun n'a envie de s'aventurer dans cette discussion, chacun appréhendant ce que l'autre pourrait énoncer.

Un temps.

LE VAGABOND. Que faites-vous de ces lettres ?

EINSTEIN. Je les distribue. Nous trouvons des industriels qui fournissent du travail ou assument la charge financière des réfugiés. Comme je n'ai ni dollars ni postes à donner, j'écris des attestations en faveur d'artistes, d'enseignants, de scientifiques juifs.

LE VAGABOND. Ça marche ?

EINSTEIN. Un peu. Très peu. Trop peu.

LE VAGABOND. Le gouvernement a imposé des quotas. Que tous les malheureux viennent ici ne constitue pas une solution.

EINSTEIN. D'accord. Ce n'est pas l'Amérique qui doit résoudre ce problème, c'est l'humanité.

Le vagabond siffle devant l'ampleur de la tâche.

LE VAGABOND. L'humanité ? Rien que ça ? Quand vous la rencontrerez, donnez-lui mon bonjour.

EINSTEIN *(bouffonnant à son tour).* Ce sera difficile… On ne la voit plus beaucoup ces derniers temps. Avez-vous de ses nouvelles ? *(Plus sévère.)* Que serait Hollywood sans les Juifs ? Une plage de retraités où n'apparaîtrait qu'une seule star, la souris Mickey…

Le vagabond toussote, puis tire une lettre du sac et la montre à Einstein.

LE VAGABOND. Je peux ?

EINSTEIN. Je vous en prie.

LE VAGABOND. « Professeur Albert Einstein, Princeton, États-Unis. » Quoi ! L'enveloppe ne comporte que ça et elle vous arrive quand même ? Alors là, chapeau ! Respect, Monseigneur. Je croyais qu'il n'y avait que Mickey, justement, qui recevait des lettres sans adresse précise. « Mickey, Hollywood », et hop, sur la table de Mickey. *(Il inspecte les timbres.)* Oh, quels timbres exquis ! Moi, si j'étais une célébrité mondiale comme vous, je me mettrais à la philatélie. Vous n'y avez jamais pensé ? *(Il décachette l'enveloppe.)* Tiens, intéressant : je vous la lis ?

EINSTEIN. J'écoute.

LE VAGABOND. Un Belge vous remercie de soutenir le Mouvement des objecteurs de conscience. Un mouvement de gauche, non ? Socialiste ?

Einstein tique.

EINSTEIN. Pourquoi ?

Un peu gêné, le vagabond s'obstine.

LE VAGABOND. Les objecteurs de conscience prétendent que les guerres sont organisées par les capitalistes pour affaiblir les travailleurs en tuant leurs éléments jeunes et contestataires. D'après ce qu'on m'a dit, le pacifisme vient des rouges !

EINSTEIN. « On » ? Qui « on » ? Qui vous a affirmé ça ?

LE VAGABOND. M'en souviens plus.

EINSTEIN. Souvenez-vous-en et excluez cette personne de vos fréquentations, je vous en prie.

Einstein dévisage le vagabond avec sévérité. Moment de trouble.

Penaud, le clochard s'absorbe dans le déchiffrement de la lettre.

LE VAGABOND. Ce Belge vous implore d'aider des jeunes objecteurs.

EINSTEIN. Je refuse.

LE VAGABOND. Pardon ?

EINSTEIN. Il y a peu de temps, on pouvait espérer combattre le militarisme en Europe par la résistance individuelle. Aujourd'hui, face à l'Allemagne qui prépare la guerre, il ne faut pas se berner : la liberté se trouve en danger. La Belgique est un trop petit pays…

LE VAGABOND. Oui, sur un rocher, je crois ?

EINSTEIN. Non, ça c'est Monaco. Le royaume de Belgique ne possède pas de frontières naturelles ; l'Allemagne l'attaquera. Je vous l'affirme sans détour :

en tant que citoyen belge, je ne déclinerais pas le service militaire. Je l'accepterais.

LE VAGABOND. C'est vous qui déclarez ça ? Vous me choquez.

EINSTEIN. Vous ? Vous qui n'êtes pas pacifiste ?

LE VAGABOND. Pas besoin d'adhérer au pacifisme pour noter que vous trahissez vos principes.

EINSTEIN. Non. Je mets mes principes de côté, sur une étagère, en attendant le moment où je pourrai les récupérer, quand le refus du service militaire incarnera de nouveau un moyen de lutte efficace au service du progrès humain. Je ne serai pas pacifiste « envers et contre tout ».

LE VAGABOND. Ah, pratique, votre étagère à principes !

EINSTEIN. Non, pas « pratique » : pragmatique.

LE VAGABOND. Vous en rangez sur cette étagère ?

EINSTEIN. Oui, des principes scientifiques. Dans tous les domaines, les principes n'ont pas de sens indépendamment de leurs conséquences. L'expérience doit en vérifier la justesse. Ici, en l'occurrence, mes principes conduisent à une conséquence que je ne saurais admettre : le triomphe des nazis. Donc, j'abandonne mes principes.

LE VAGABOND. Et hop, vous vous arrangez ! Vous jouez les vertueux pendant des années et puis, sans prévenir, vous baissez votre culotte.

EINSTEIN. Si aujourd'hui, Belge, Français, Hollandais, Polonais, Hongrois, vous vous opposez de façon absolue à la guerre en refusant les armes, le service militaire, la mobilisation, vous favorisez les nazis allemands. En vous montrant radical, vous travaillez à la victoire du plus fort.

LE VAGABOND. Et alors ? Pas nouveau ! Il y a toujours eu des nations plus armées, plus teigneuses, plus vicieuses que d'autres. C'est pour cela que chaque nation, même pépère, se contraint à entretenir un système de défense. Teniez-vous au pacifisme parce que vous n'aviez jamais pipé ça ?

EINSTEIN. L'Allemagne d'aujourd'hui ne se comporte pas en nation comme les autres. Infectée par le national-socialisme, elle ambitionne la mort de la démocratie, elle instaure le parti unique, elle traque les Juifs, elle s'attaque aux libertés élémentaires. En se préparant à l'affronter, il s'agit de défendre une conception de la civilisation ! L'humanité est en péril.

Un temps.
Einstein achève :

EINSTEIN. Vous devriez jubiler : je rejoins vos positions.

LE VAGABOND. Oh, mes positions m'attristent tellement que je ne parviens pas à me réjouir que vous vous y rangiez. Dans ma victoire, je ne vois que votre défaite.

Les deux hommes se sourient. Pendant quelques secondes, ils vibrent en profonde sympathie.

EINSTEIN. Je vais rentrer.

LE VAGABOND. Vous êtes veuf mais vous ne filez pas au foyer plus vite que lorsque vous aviez encore madame.

EINSTEIN. Pauvre Elsa…

LE VAGABOND. Pas d'autres femmes depuis ?

Einstein a un geste évasif qui laisse supposer que d'autres liaisons ont pris place.

LE VAGABOND. Ah, quand même…

EINSTEIN. Les aventures sentimentales sont plus dangereuses que la guerre : au combat, on n'est tué qu'une fois, en amour, plusieurs fois. *(Il s'approche pour reprendre son sac de lettres.)* Puis-je vous confier une ou deux lettres ? Aideriez-vous ces personnes ?

LE VAGABOND. Je n'ai pas beaucoup de relations, à part des chiens, deux ou trois écureuils, et quelques puces.

EINSTEIN *(las)*. Bien sûr…

Il se détourne, fatigué, avec son sac sur les épaules. Le vagabond le considère avec pitié.

LE VAGABOND. Monsieur Einstein, vous prenez les événements trop à cœur. Personne ne vous demande de porter l'humanité sur votre dos.

EINSTEIN. Je n'ai aucun don pour l'indifférence. *(Douloureux.)* Le monde ne sera pas détruit par ceux qui commettent le mal, mais par ceux qui le contemplent sans réagir. Roosevelt en tête. Les bras croisés se révéleront aussi dangereux que ceux qui se lèvent pour saluer Hitler.

> Il part.
> Le vagabond demeure seul, puis lorgne à gauche.
> L'agent au manteau noir s'approche.

O'NEILL. Alors ? Il a encore insulté l'Amérique ?

LE VAGABOND. Non. Il est aux anges d'habiter ici. Il souhaiterait même que plus de gens puissent profiter de l'Amérique.

O'NEILL. Qui ?

LE VAGABOND. Des Juifs persécutés en Europe.

O'NEILL *(grimaçant)*. Oui, nous sommes au courant.

LE VAGABOND. Il se décarcasse pour les aider, il travaille autant à ça qu'à ses équations.

O'NEILL. Une perte de temps… Dans le dossier d'un aspirant à l'immigration, une recommandation d'Einstein produit un effet négatif.

LE VAGABOND. Pourquoi ?

O'Neill. Nous savons qui il est.

Le vagabond. Et quoi ?

   O'Neill marque un silence puis rabroue le vagabond.

O'Neill. Vous m'avez obéi ? Vous l'avez poussé dans ses retranchements ?

Le vagabond. Oui, je lui ai servi vos arguments : les objecteurs de conscience socialistes, l'Amérique qui doit se méfier des immigrants bolcheviques.

O'Neill. Alors ?

Le vagabond. Il m'a écouté.

O'Neill. Et… ?

Le vagabond. Il m'a écouté.

O'Neill. Il se méfie…

Le vagabond. De moi ?

O'Neill. De tout le monde. C'est un menteur professionnel.

   Un temps.

Le vagabond. Je vous déçois, non ? Je ne fais pas un mouchard convenable. Prenez quelqu'un d'autre.

O'Neill. Vous essayez de contourner vos devoirs d'Américain ? Si votre fils mort au combat entendait ça…

Le vagabond baisse la tête, confus.

O'NEILL. Estimez-vous que vos contacts avec lui ont perdu en qualité ?

LE VAGABOND. Non. Ça me gêne. En réalité, j'ai rien contre monsieur Einstein, je le gobe bien…

O'NEILL. Retenez-vous. Quoiqu'il se soit réfugié ici, il déteste l'Amérique. Pendant qu'il sollicite notre nationalité, il nous blâme. L'individu dissimule des intentions néfastes…

LE VAGABOND. Lesquelles ?

O'NEILL. Contaminer les États-Unis. Leur inoculer le poison communiste. C'est un traître au service des rouges !

LE VAGABOND. Vous le savez ou vous le craignez ?

O'NEILL. Nous enquêtons pour le prouver.

LE VAGABOND. D'accord ! Vous possédez la conclusion, ensuite vous cherchez les arguments : vous raisonnez comme un tambour, vous !

O'NEILL. Pourquoi s'agite-t-il tant pour installer ses amis ici ? Leur judéité masque leur nature de bolcheviques.

LE VAGABOND. Ça me dépasse… Larguez-moi. Rendez-moi ma liberté.

O'NEILL. Hors de question. Les jours qui viennent seront particulièrement intéressants. Ouvrez vos oreilles : les événements vont obliger le lièvre à sortir du bois.

O'Neill s'éloigne.

LE VAGABOND. Que se passe-t-il ?

O'NEILL. Hitler a envahi la Tchécoslovaquie ce matin. En Europe, la guerre va commencer.

3

Affolé, essoufflé, venant de la route, le vagabond bondit, inquiété par ce qu'il aperçoit au loin, sur le lac. Avec
de larges gestes, il interpelle quelqu'un.

LE VAGABOND. Attention ! Mais… mais ce n'est pas
possible… Attention… Faites gaffe… Vous allez finir
dans l'eau si… Relevez… bon Dieu… relevez… allez
à droite…

Soudain, il pousse un cri.

LE VAGABOND. Putain, il s'est renversé !

Il s'effraie.

LE VAGABOND. Vous savez nager ? *(Un temps.)* Hé…
hé… Monsieur Einstein, répondez ! Vous savez
nager ?

Le vagabond a soudain l'air consterné.

LE VAGABOND. Je cauchemarde : il ne bouge plus, il ne répond pas. *(Fort, au lointain.)* Vous êtes blessé ? Vous avez reçu un coup ? Hé, oh ! *(Pour lui.)* Il s'est assommé !

Il se décide à plonger. Il pose son sac et quitte la scène.

LA VOIX DU VAGABOND *(off)*. Oh, oh, réveillez-vous ! Monsieur Einstein ? Vous êtes dans l'eau. Vous allez nourrir les poissons si vous ne rejoignez pas la rive. Monsieur Einstein… Oh merde, je n'ai plus pied. Je… je… Au secours !
Au secours ! À moi !

Bruits de claques sur l'eau. Soudain silence.
Enfin, apparaît Einstein qui porte le vagabond jusqu'à la berge. Celui-ci a l'air plus mal en point que le savant.
Assis au sol, le vagabond tousse, crache, se remet, très choqué.
Puis il se tourne vers Einstein, ivre de fierté.

LE VAGABOND. Je vous ai sauvé la vie !

Einstein sourit sans démentir, l'esprit ailleurs.

LE VAGABOND. Que vous est-il arrivé ?

EINSTEIN. Rien…

LE VAGABOND. Comment ça, rien ? D'abord, vous avez conduit votre bateau plus mal qu'une poule au volant d'une décapotable. Ensuite, quand vous avez été éjecté, vous êtes resté inerte.

EINSTEIN. Ah oui ?

LE VAGABOND. Le choc ? Vous aviez reçu un coup ? L'eau froide ?

EINSTEIN. Je ne sais pas. Un peu de tout ça sans doute.

LE VAGABOND. Et vous vous taisez alors que je vous parlais ! Vous ne m'entendiez pas ?

EINSTEIN. Je réfléchissais…

Le vagabond constate qu'Einstein semble soucieux.

LE VAGABOND. Un problème scientifique ?

EINSTEIN. Si seulement… *(Soudain, il se tâte avec anxiété.)* Ma lettre ! Pourvu que…

Après avoir ausculté ses poches, il sort une lettre de l'intérieur de sa veste.

EINSTEIN. Stupéfiant… même pas mouillée…

LE VAGABOND. Ça, c'est un signe.

EINSTEIN. Pardon ?

LE VAGABOND. Le signe qu'il faut l'envoyer…

Einstein la lâche, comme découragé.

EINSTEIN. Je ne crois pas aux signes. Si vous saviez comme elle me coûte, cette lettre… Jamais je n'ai été aussi déchiré.

VAGABOND. Déchiré ?

EINSTEIN. Partagé.

Einstein contemple le vagabond, hésite à parler, puis se redresse soudain.

EINSTEIN. Vous ne pouvez pas grelotter ainsi… vous allez faire une crise d'hypertension. Je vais vous chercher un plaid dans ma voiture. Attendez-moi.

Il sort.

LE VAGABOND. Votre lettre ?

EINSTEIN (*off*). Surveillez-la. Elle devrait se tenir tranquille, mais si un intrus s'approche, sortez les crocs et aboyez.

Effrayé par cette responsabilité, le vagabond se glisse vers la lettre, comme si elle était quelqu'un, et se penche pour lire l'adresse.
Il siffle d'émerveillement.

LE VAGABOND. Mazette ! Une lettre au président Roosevelt ? Il doit l'engueuler, je parie.

Puis il tique à cause d'un bruit au loin. Lorsqu'il devine qu'il s'agit d'O'Neill, il a le réflexe de couvrir l'enveloppe.
L'agent s'approche, antipathique.

O'NEILL. Appliquez-vous. Hier, il s'est produit chez Einstein un va-et-vient suspect. Il a reçu des savants étrangers avec lesquels il a passé des heures en conciliabule.

LE VAGABOND. Il n'est pas dans son assiette. Selon moi, tout à l'heure, il a tenté de boire le bouillon.

O'NEILL. Se suicider, lui ? Impossible.

LE VAGABOND. Vous l'auriez vu balancer son bateau contre le plongeoir, puis se figer dans la flotte sans bouger un cil, vous penseriez pareil.

O'NEILL. Pas son genre.

LE VAGABOND. Vous avez vu comme je l'ai sauvé ?

O'NEILL (*aigre*). Ah oui ? Vous avez coulé. C'est lui qui vous a sorti la tête des flots et vous a ramené à la nage sur son dos.

Le vagabond hausse les épaules, préférant ignorer cette version.

O'NEILL. De quoi vous a-t-il parlé ?

LE VAGABOND. D'une lettre qu'il venait d'écrire et qui lui coûtait beaucoup.

O'NEILL. Ah, si nous pouvions mettre la main dessus !

LE VAGABOND (*hypocrite*). Sûr.

O'NEILL. À qui est-elle adressée ?

LE VAGABOND. Il ne me l'a pas dit.

O'NEILL. Bon, il va revenir, je décampe. Tâchez de découvrir le contenu de cette lettre.

O'Neill disparaît.
Le vagabond remet la lettre là où elle était et reprend sa position d'attente en claquant des dents.
Einstein arrive.

EINSTEIN. Voilà.

Il lui pose un plaid sur les épaules.
Puis ses yeux aperçoivent la lettre et il s'assombrit.

EINSTEIN. J'ai vu quelqu'un, là-bas, non ?

LE VAGABOND. Oui, un promeneur qui cherchait le restaurant le plus proche. Une sale gueule. Je ne voudrais pas être la saucisse qu'il va bouffer.

Einstein s'assoit, s'emmitouflant dans un deuxième plaid.

EINSTEIN. La situation m'inquiète…

LE VAGABOND. Trop ! Vous noircissez tout. En mars, vous pensiez que la guerre allait éclater parce que l'Allemagne avait pénétré en Tchécoslovaquie ; nous sommes en août et que s'est-il passé ? Rien ! Ça s'est arrêté là. La France, l'Angleterre, la Russie, les États-Unis n'ont pas moufté.

EINSTEIN. Une honte…

LE VAGABOND. Il n'y aura pas de guerre.

EINSTEIN. Il y aura la guerre. Même si la France, l'Angleterre, la Russie et les États-Unis n'en veulent pas, l'Allemagne, elle, y est résolue. Ce n'est plus qu'une question de semaines, voire de jours. *(Avec violence.)* Je hais cette guerre mais nous devons la gagner.

Il se lève, hors de lui, et débite soudain ce qui l'obsède :

EINSTEIN *(avec fièvre)*. Vous vous rendez compte ? L'uranium va pouvoir être converti en une nouvelle source d'énergie.

LE VAGABOND *(bouche bée)*. L'ura... ?

EINSTEIN *(hors de lui)*. Il est devenu possible d'envisager une réaction nucléaire en chaîne dans une grande quantité d'uranium.

LE VAGABOND *(perdu)*. Non ?

EINSTEIN. Ça permettra de générer beaucoup d'énergie et de très nombreux éléments de type radium !

Il a proclamé cela avec fureur, comme une évidence. Il attend une réplique de son interlocuteur.

LE VAGABOND *(hagard)*. Dites-moi la même chose en chinois parce que, là, j'ai perdu ma boussole.

EINSTEIN. On va pouvoir créer une bombe nucléaire, la bombe la plus puissante, la plus meurtrière qui ait jamais existé ! Son pouvoir destructeur passera des millions de fois celui des explosifs ordinaires. Une seule de ces bombes suffira à anéantir New York !

LE VAGABOND *(effaré)*. Nom de Dieu !

Einstein désigne le sol avec emphase et fureur.

EINSTEIN. Et c'est là !

Le vagabond sursaute, effrayé.

LE VAGABOND. Quoi ?

EINSTEIN. Là !

LE VAGABOND *(paniqué)*. Là ?

EINSTEIN. Là ! Dans cette enveloppe !

Le vagabond recule, croyant que l'enveloppe contient
la bombe.
Tous deux la considèrent avec horreur.
Moment suspendu. Silence.

LE VAGABOND *(chuchotant)*. Quand va-t-elle exploser ?

EINSTEIN. Bientôt.

LE VAGABOND *(en nage)*. Bientôt, c'est quand ?

EINSTEIN. Je ne sais pas. Six mois. Un an. Deux ans
peut-être…

LE VAGABOND. Ah bon… Pas avant ?

EINSTEIN. Le temps qu'elle soit au point.

LE VAGABOND *(soupirant, soulagé)*. Ah… Donc, là, ce
n'est pas la bombe ?

EINSTEIN. Non.

LE VAGABOND (*rassuré mais encore sur ses gardes*). Alors, c'est quoi ?

EINSTEIN. Ma trahison.

Le vagabond, interloqué, regarde Einstein qui souffre.

EINSTEIN (*la tête entre les mains*). Ah mon Dieu, pourquoi ? Pourquoi moi ?

Un temps.

LE VAGABOND. Oui. Pourquoi ?

Einstein, perdu dans ses pensées, frissonne.

EINSTEIN. Pardon ?

LE VAGABOND. Pourquoi vous jouez du crayon avec le Président ?

EINSTEIN. La communauté scientifique doit avertir les autorités. Mes amis, Szilard et Wigner, estiment qu'il faut un savant universellement reconnu pour expliquer aux politiciens l'importance de ce qui se prépare. Ça tombe sur moi.

Il brandit la lettre.

EINSTEIN. Les Allemands ont retiré du marché l'uranium extrait des mines de Tchécoslovaquie, ce qui prouve qu'ils se sont lancés dans la fabrication de la bombe. Issu de ce pays, je connais son efficacité, sa détermination, la qualité de ses scientifiques, même si beaucoup ont fui depuis 1933, et j'en conclus qu'ils seront capables de produire un jour la machine infernale pour Hitler. Il n'y a pas une seconde à perdre, nous devons les prendre de vitesse. *(Un temps.)* Vous rendez-vous compte ? Je suis en train d'encourager les militaires à réaliser l'explosif le plus dévastateur, moi !

LE VAGABOND. Quelle excellente nouvelle.

EINSTEIN. Pardon ?

Le vagabond se lève, presque au garde-à-vous, gonflé d'orgueil.

LE VAGABOND. Je suis ravi que, grâce à vous, les États-Unis possèdent bientôt l'arme suprême.

EINSTEIN *(ébahi)*. Je ne le fais pas pour les États-Unis, je le fais contre Hitler, seulement contre Hitler. Si cette bombe d'uranium glisse dans les mains des fascistes, la civilisation sera condamnée. Je défends une idée, un monde, une culture. Pas un pays ni un gouvernement.

LE VAGABOND. Ttt ttt ttt, vous êtes un ami des États-Unis. Mieux : un patriote. *(Il lui tapote l'épaule, tel un général qui complimente un soldat.)* J'espère que vous recevrez bientôt vos papiers de naturalisation. *(Il ajoute, fanfaron, inspiré :)* Maintenant, je saisis pourquoi tantôt, j'ai bravé le danger pour vous

repêcher… J'ai fait mieux qu'accomplir mon devoir :
j'ai sauvé le héros qui sauvera l'Amérique.

Le vagabond, ému par ce qu'il dit, essuie une larme au
coin de son œil.
Einstein demeure interloqué.
Le vagabond désigne le côté gauche.

LE VAGABOND. Bon maintenant, faut absolument que
je m'enfile une bière. Toute cette flotte malsaine, ça
va me rouiller les boyaux.

Il disparaît, croyant que le savant le suit.
Resté seul, Eintein saisit la lettre et la déchire avec rage
en poussant un cri furieux.
Puis il secoue la tête, effondré, avec la détresse de
l'homme que personne ne comprend.

Le vagabond réapparaît.

LE VAGABOND. Vous venez ?

EINSTEIN. Oui !

Avant de partir, Einstein récupère les lambeaux de
papier, voit s'il peut les recoller ensemble, décidé à envoyer
quand même son message à Roosevelt.

4

Une musique, pure, généreuse, monte dans la nuit, accordée à la splendeur de l'univers.

Le vagabond, assis, écoute avec ravissement.

Puis Einstein entre en jouant ce morceau au violon. À cause d'une fausse note subite, il cesse et s'accroupit à côté du vagabond.

EINSTEIN. Que faites-vous ?

LE VAGABOND. Rien.

EINSTEIN. Ce ne fut pas mon cas aujourd'hui.

LE VAGABOND. Tant mieux. Ma fainéantise n'atteint le pic du plaisir que si les autres travaillent.

Ils admirent tous deux le ciel, émerveillés.

LE VAGABOND *(désignant la voûte céleste)*. Bienvenue sous mon toit.

EINSTEIN. Merci.

LE VAGABOND. Je ne m'en lasse pas. Tant d'étoiles…

EINSTEIN. Deux choses sont infinies : l'univers et la bêtise humaine. Et encore, pour l'univers, je n'ai pas de certitude absolue.

Un temps.

EINSTEIN. Incroyable comme la lune est grosse ! Énorme…

Je n'ai jamais vu ça.

Le clochard jette un œil réjoui sur l'astre argenté.

LE VAGABOND. Ouais, je dois avouer que je ne suis pas mécontent de moi.

EINSTEIN. Ah, c'est vous qui… ?

LE VAGABOND. Ouais.

EINSTEIN. Félicitations.

LE VAGABOND. Je vous la cède à dix dollars.

EINSTEIN. Dix dollars une lune aussi majestueuse ? Un prix qui ne se discute même pas.

Il sort un billet dans sa poche et le tend au clochard qui s'en empare.

LE VAGABOND. Vous agissez en seigneur, vous, parce que, franchement, ma lune, je vous l'aurais bradée à cinq dollars.

EINSTEIN. Non, vous vous conduisez en prince : une berge sublime, le lac à perte de vue, l'écume des vagues argentée, et une lune… une lune… une lune…

LE VAGABOND. Ouais ! Rare que je la réussisse si bien.

EINSTEIN. Et ce bruit discret, enveloppant, comment cela s'appelle-t-il déjà… ?

LE VAGABOND. Les grillons : ma chorale.

EINSTEIN. Félicitations !

Il dégaine un nouveau billet pour le remercier mais le clochard arrête son geste.

LE VAGABOND. Permettez : cadeau de la maison.

EINSTEIN *(insistant)*. Oh !

LE VAGABOND *(prenant le billet)*. Merci pour eux.

Ils soupirent de plaisir.

LE VAGABOND. Vous croyez en Dieu, vous ?

EINSTEIN. Définissez d'abord ce que vous entendez par Dieu et je vous dirai si j'y crois.

LE VAGABOND. Celui qui a fabriqué tout ça.

EINSTEIN. Être physicien, c'est chercher à connaître les pensées de Dieu.

LE VAGABOND. Ça veut dire quoi ? « Oui » ?

EINSTEIN. Si la foi constitue une passion pour le mystère, alors je crois. Car ce qui demeure éternellement incompréhensible dans la nature, c'est qu'on puisse la comprendre. Plus j'étudie et j'avance à la poursuite de la vérité, plus je m'étonne et m'émerveille. Le savant ressuscite l'enfant en moi.

LE VAGABOND. Là-bas, en Europe, nos soldats regardent-ils aussi le ciel ?

EINSTEIN. Non, la guerre rend myope et plie les cous. Dans un viseur, on ne scrute que la boue.

LE VAGABOND. N'empêche, voyez que vous péchiez par pessimisme, les États-Unis sont finalement entrés en guerre.

EINSTEIN *(ironique)*. Oh oui, j'ai toutes les raisons de crever d'optimisme : la guerre se mondialise.

LE VAGABOND. Important que les États-Unis viennent au secours de l'Angleterre, la France et les autres.

EINSTEIN. Trois ans ! Il leur a fallu trois ans et l'attaque de Pearl Harbor par les Japonais. Je n'ose compter déjà le nombre de morts.

LE VAGABOND. N'empêche !

EINSTEIN *(approuvant de la tête)*. N'empêche. Oui. C'est bien. *(Soudain perplexe.)* Ah, j'ai rendez-vous à 22 heures. Quelle heure est-il ?

LE VAGABOND. 22 heures justement…

EINSTEIN *(s'apaisant aussitôt)*. C'est encore un peu tôt pour arriver en retard.

LE VAGABOND. Vous faites toujours comme ça ?

EINSTEIN. J'ai remarqué que les gens en retard affichent une bien meilleure humeur que les gens en avance.

Einstein sort trois crayons et entreprend de les tailler.

LE VAGABOND. Et la bombe ?

EINSTEIN. Une équipe dirigée par Oppenheimer s'est mise au travail. Cependant, les nazis ont commencé avant nous car le président Roosevelt a mis deux ans à soupeser la menace.

LE VAGABOND. Pourquoi ne faites-vous pas partie de l'équipe ?

EINSTEIN. Je me pose la même question. D'autant que je suis naturalisé américain. Et sans doute pas l'Américain le plus ignorant en physique nucléaire.

LE VAGABOND *(essayant de plaisanter)*. Encore une énigme.

EINSTEIN. Oui, mais minable ! La différence entre les mystères de Dieu et les énigmes des hommes, c'est que Dieu ne se montre jamais mesquin.

LE VAGABOND. Ils vous ont peut-être jugé... vieux ?

EINSTEIN. L'âge produit des effets contradictoires sur nous : il fatigue certains, il en entraîne d'autres. Mon cerveau reste fertile, je l'ai prouvé ces dernières années.

LE VAGABOND. Vous n'êtes pas expert en armes !

EINSTEIN. Ah bon ? Alors, pourquoi la Marine m'emploie-t-elle pour résoudre ses problèmes d'explosifs ? Je lui ai déjà donné beaucoup de satisfactions.

LE VAGABOND. Quelle chance vous avez ! Moi, je les ai tannés pour aller au combat, ils ne veulent pas de moi : ils trouvent que je pue le camphre.

EINSTEIN. Pardon ?

LE VAGABOND. Je sens la fin de saison. J'ai trop de flacon. Je suis vioque. *(Un temps.)* Ils avancent, les chercheurs de bombe nucléaire ?

EINSTEIN. Figurez-vous que je l'ignore. On a dressé un mur de silence entre eux et moi, même avec les Européens que je connaissais bien. On a dû leur donner des ordres. Cela vient du gouvernement.

LE VAGABOND. Votre réputation de... d'homme de gauche... a retenu les politiciens ? Vous soutenez l'amitié avec l'URSS.

EINSTEIN. Plusieurs physiciens de premier plan ont des opinions politiques identiques aux miennes et l'armée n'a pas hésité à les engager. *(Un temps.)* Il doit y avoir quelque chose d'autre... j'ignore quoi.

Il se lève.

EINSTEIN. Bonsoir, mon ami. Je suis obligé de vous quitter car j'ai promis aux marins de leur résoudre un méchant problème technique pour demain.

LE VAGABOND. Vous ne dormez jamais ?

EINSTEIN. Je ne dors pas longtemps mais je dors vite.

> Ils rient.
> Einstein lui adresse un court salut et disparaît.
> Après quelques secondes, l'homme en noir se faufile auprès du vagabond.

O'NEILL. A-t-il des informations ?

LE VAGABOND. Zéro. Il se plaint que personne ne communique avec lui.

O'NEILL *(soulagé)*. Impeccable ! Excellent !

LE VAGABOND. Il rouspète, il ne capte pas pourquoi il a été écarté du projet.

O'NEILL. Pense-t-il que les Allemands sont avancés ?

LE VAGABOND. Il espère que non.

O'NEILL *(avec un ton glacé)*. Vous en êtes certain ?

> Le vagabond tremble, hésite, puis affirme :

LE VAGABOND. Certain. *(Changeant de ton, plus incisif.)* Avez-vous pu intervenir pour moi ? Pour que je rentre dans l'armée ? Je crève de moisir ici sans servir.

O'NEILL. C'est en nous rapportant les bavardages d'Einstein que vous êtes utile au pays.

Le vagabond soupire, conscient que O'Neill n'intercédera pas en sa faveur.

LE VAGABOND. Pourquoi vous en méfiez-vous autant ?

O'NEILL. Je n'ai pas à vous donner d'éclaircissements.

LE VAGABOND *(vexé)*. Ah oui ? Moi je pourrais m'engueuler avec lui ! Et vous n'apprendriez plus une broque.

O'Neill le toise, agacé.

O'NEILL. Je ne vous le conseille pas.

LE VAGABOND. M'en fous ! Suis assez taré pour vous envoyer bouler. *(Un temps.)* Pourquoi ?

Un long silence. O'Neill, tendu comme un arc, finit par lâcher :

O'NEILL. Il est allemand.

LE VAGABOND. Et alors ?

O'NEILL *(entêté)*. Il est allemand.

LE VAGABOND. Non, je cauchemarde ! Vous considérez que, parce qu'il est allemand, il pourrait donner des renseignements aux Allemands ?

O'NEILL *(raide)*. Un Allemand reste un Allemand.

LE VAGABOND. Il combat Hitler, les fascistes, les nazis.

O'NEILL. Raison de plus ! S'il n'a rien contre les Allemands, tout contre les nazis, il pourrait donc renseigner les Allemands non nazis. Qui vous certifie qu'il n'a pas alerté Roosevelt dans ce dessein ? Qui vous garantit que son intention n'était pas d'informer minute par minute ses compatriotes du projet nucléaire, de leur fournir les progrès obtenus ici qui leur manqueraient ?

LE VAGABOND. Vous ne pincez pas une miette de son esprit : s'il a prévenu Roosevelt, c'est par antifascisme.

O'NEILL. Antifasciste, comme vous dites ! Il a des sympathies bolcheviques. À supposer qu'il boude les Allemands, qui nous assure qu'il ne rencarde pas les Russes ? Le cas échéant, ce serait Staline qui posséderait la première bombe nucléaire. À cause de notre négligence.

LE VAGABOND. Vous le voyez trop filandreux… Il vient d'obtenir la naturalisation, il est loyal, réglo, il n'a pas de porte de derrière…

O'NEILL. Pfut ! Son attachement aux États-Unis reste pas clair. Jamais il n'a clamé son amour pour notre pays.

LE VAGABOND. Enfin, s'il espionnait, il l'aurait braillé, son boniment patriotique, et il l'aurait agité, son petit drapeau.

O'NEILL. Décidément, il vous a ensorcelé.

LE VAGABOND. Non, nous sommes souvent en bisbille. Cependant le bonhomme, je l'apprécie, je le respecte, je le comprends.

O'NEILL *(sarcastique)*. Vous le comprenez ? Vous, vous cernez Albert Einstein, une célébrité planétaire, celui qui a révolutionné les sciences et la façon de penser ? Pour qui vous prenez-vous ?

LE VAGABOND *(se tassant soudain)*. D'accord, je ne suis qu'un misérable ver de terre, je ne…

O'NEILL *(méprisant)*. Taisez-vous. Vous n'êtes même pas assez important pour jouer les modestes.

Le vagabond est tellement humilié par cette saillie qu'il ne répond pas.

O'NEILL. En tout cas, moi je l'avoue, et je le déclare sans aucune honte : je ne comprends rien à ce boche ! Et parmi ses nombreux secrets, celui que je saisis le moins, c'est pourquoi il perd son temps à discuter avec vous. Bonsoir.

Il sort.
De rage, le vagabond saisit son sac et l'envoie rouler au loin.

Einstein, sous le firmament étoilé joue du Bach au violon. La musique monte vers les astres, droite, nette, apaisante, superbe.

Soudain, Einstein a le sentiment qu'un malheur fond sur lui. Il frémit.

Derrière lui – dans une autre partie du globe et dans son imagination – apparaît le champignon de fumée créé par la bombe atomique.

Einstein arrête son archet sur les cordes et découvre la catastrophe.

Il se met à trembler, bouleversé, terrifié.

EINSTEIN. Mon Dieu…

Sous ce ciel que le nuage de particules noircit de plus en plus, il demeure immobile, minuscule, dérisoire, impuissant devant les tonnes de forces pures et violentes qui se déchaînent sur la planète.

Noir

Dans l'obscurité, la bombe explose. Vacarme, tremblements, saturation de l'air, vents violents, fumée, tout donne l'impression que la vie s'achève.

Puis la lumière revient sur la paisible berge.

On voit le vagabond et O'Neill, côte à côte, des feuilles de journaux à la main.

Il fait un temps radieux en ce jour d'août 1945.

Les deux hommes, oubliant leurs différends, se ruent dans les bras l'un de l'autre.

LE VAGABOND. On a gagné ! On a gagné !

O'NEILL. L'Amérique triomphe ! Nous sommes les plus forts. Enfoncés, les Japonais !

LE VAGABOND. Un whisky ?

O'NEILL. Pas pendant le service. Et je ne bois pas.

LE VAGABOND. Quoi ?

O'NEILL. Allez, vous avez raison ! Si je ne le fais pas aujourd'hui, je ne le ferai jamais. Et puis j'ai soif !

Alors que le vagabond trifouille son sac à la recherche d'un gobelet, O'Neill s'empare de la bouteille et, sans attendre, boit le whisky au goulot. Le vagabond découvre la situation, un peu surpris.

O'Neill s'essuie la bouche.

O'NEILL. Youpi ! À Hiroshima !

LE VAGABOND. À Hiroshima ! Maintenant, il est certain que les Japonais vont se rendre.

O'NEILL. Des fous, les Japs ! Des enragés ! Les pilotes, en visant une cible, préféraient exploser avec leur avion que la rater. Ça provoquait l'hécatombe dans nos troupes. Du coup Truman a lancé la bombe. Ah, quel bonheur ! À Hiroshima !

LE VAGABOND. À Hiroshima !

O'Neill arrache la bouteille des mains du vagabond et engloutit encore du whisky. Il en absorbe une quantité dangereuse pour un homme peu accoutumé à boire.

En lâchant le goulot, il glapit de joie, tel un cow-boy qui chevauche un étalon sauvage.

O'NEILL. Youpi !

LE VAGABOND. Vous ne viendriez pas du Texas, vous ?

O'NEILL. Comment l'avez-vous deviné ?

Il reprend la bouteille, découvre qu'elle est vide.

O'NEILL. Attendez. Je crois que j'en ai une dans ma voiture.

LE VAGABOND. Non, ce n'est pas la peine. Ça suffit. Surtout si vous n'avez pas l'habitude de l'alcool. Il vaut mieux…

O'NEILL. Si, si. J'avais confisqué une bouteille à un témoin que j'interrogeais. Je l'ai gardée dans ma malle. Attendez-moi.

Il disparaît en bramant « Youpi ».

Einstein arrive, grave, et descend lentement vers le vagabond. Celui-ci, tel un cancre voyant surgir un professeur, essaie de se redonner une contenance.

EINSTEIN. Vous êtes au courant ?

LE VAGABOND. Nous vivons un jour historique.

EINSTEIN. Sûr que c'est un jour qui marquera l'histoire, s'il y a encore une histoire…

LE VAGABOND (*levant le bras en signe de victoire*). Fin de la Deuxième Guerre mondiale !

EINSTEIN (*marmonnant*). Je ne sais pas comment se déroulera la Troisième Guerre mondiale, en revanche je suis certain qu'il n'y aura pas foule pour commenter la Quatrième. L'Amérique a gagné la guerre mais l'humanité a perdu la paix. (*Avec fureur.*) Quelle trahison ! Nous préparions la bombe pour lutter contre les Allemands et voilà que Truman la balance sur les Japonais.

LE VAGABOND. Nos ennemis !

EINSTEIN. Roosevelt n'aurait jamais fait ça ! Roosevelt se serait contenté d'une démonstration de puissance dans le désert, sans victimes, pour refroidir les Japonais. S'il n'était pas mort, il aurait retenu son vice-président, ce Truman ignorant, imbécile, obtus, qui massacre les Japonais pour devancer les Russes, pour empêcher des communistes de libérer l'Asie !

O'Neill revient, complètement soûl, en brandissant une bouteille.

O'NEILL. Et voilà une autre bouteille pour arroser la bombinette ! À Hiroshima !

Einstein se retourne vers lui.

EINSTEIN. Vous fêtez les massacres, monsieur ?

O'NEILL. Merde, la cible !

Il s'arrête, oscillant d'avant en arrière tant il a du mal à garder son équilibre.

EINSTEIN. À qui ai-je l'honneur ?

O'NEILL. Oh putain le con !

EINSTEIN *(tendant la main comme s'il s'agissait d'une présentation)*. Enchanté, moi c'est Albert Einstein.

O'NEILL. Normalement, vous êtes censé ne pas me voir. *(Il agite les bras.)* Vous me voyez là ? *(Einstein approuve de la tête. O'Neill masque ses yeux avec sa main.)* Et là ?

EINSTEIN. Non, là je ne vous vois plus.

O'NEILL. Ouf… je reste comme ça…

Haussant les épaules, Einstein revient au vagabond.

EINSTEIN. Truman vient de provoquer le plus colossal carnage de l'histoire et il s'en vante. Tambours et trompettes ! Triomphe ! Apothéose ! Il nous régale avec des additions de boutiquier : « nous avons créé des centaines d'emplois », « nous avons déboursé peu d'argent pour un résultat maximum », « nous sommes les plus forts ! ».

O'Neill ne peut s'empêcher de s'exclamer :

O'NEILL. Youpi ! À Hiroshima !

Furieux, Einstein se tourne vers lui.

EINSTEIN. Soyez décent s'il vous plaît.

O'NEILL *(ivre, se dissimulant derrière sa main)*. Vous ne me voyez pas !

EINSTEIN. Je vous entends ! Cette bombe a été larguée sur une ville moyenne, une cité d'environ trois cent mille habitants. Ceux qui n'ont pas péri aussitôt trépasseront dans les jours qui viennent, soit de leurs blessures, soit d'irradiation, soit des incendies causés par la chaleur.

O'Neill cesse de se cacher derrière sa main et sourit à Einstein. Celui-ci poursuit, indigné :

EINSTEIN. Trois cent mille hommes, femmes, enfants. Trois cent mille innocents. Des civils.

O'NEILL. Attention ! Minute ! *(Il précise en vacillant tant il est soûl.)* Trois cent mille Japonais.

EINSTEIN. Oui ?

O'NEILL. Premièrement, les Japonais sont nos ennemis. Deuxièmement, les Japonais sont… des Japonais.

Einstein, pour se soulager de sa colère, décide de s'intéresser à O'Neill et s'approche, les yeux brillants.

EINSTEIN. Vous êtes trop subtil pour moi, monsieur… monsieur comment déjà ?

O'NEILL. Einstein.

EINSTEIN. Non, ça c'est moi. Vous ?

O'NEILL. O'Neill. Patrick O'Neill.

EINSTEIN. O'Neill. Quel merveilleux patronyme. Tellement américain. J'aurais aimé m'appeler O'Neill. Albert O'Neill… cela ne sonne-t-il pas comme le nom d'un brave garçon ?

O'NEILL *(ému)*. Merci.

EINSTEIN. Alors, monsieur O'Neill, continuez votre analyse. Lorsque vous nous rappelez que les Japonais sont des Japonais, suggérez-vous qu'un Japonais vaut moins qu'un Américain ?

O'NEILL. Voilà !

EINSTEIN. Permettez-moi d'insister pour connaître les rouages de votre prodigieuse pensée : si une telle bombe devait tomber ici, aux États-Unis, souhaiteriez-vous qu'elle tombe sur un quartier blanc ou sur un quartier noir ?

O'NEILL (*avec évidence*). Un noir.

EINSTEIN. Car un Noir vaut moins qu'un Blanc. (*O'Neill approuve.*) Mais un Noir américain, ça vaut autant ou plus qu'un Japonais ?

O'Neill réfléchit.

EINSTEIN. Oui, difficile, je sais. Dès qu'on considère que les hommes ne s'équivalent pas, on entre dans des finesses qui échappent aux esprits frustes. Précisez, monsieur O'Neill. Un Japonais ? Un Noir américain ?

O'NEILL (*avec une grimace*). Le Noir américain vaut plus.

EINSTEIN. Oh, cela résonne admirablement, ce que vous me confiez là. Si typique d'une mentalité avancée... Nous conclurons donc, au final, qu'un Blanc américain coûte quatre Noirs américains, et quatre Noirs américains égalent... huit Japonais ?

O'Neill fait un geste pour que le chiffre grossisse.

EINSTEIN. Seize Japonais ?

O'Neill le presse de monter.

EINSTEIN. Trente-deux ? soixante-six ? cent douze ? Oui, vous avez raison : cent douze !

O'Neill, enthousiasmé, prend le vagabond à témoin.

O'NEILL. Génial, le génie... Y comprend tout. *(Il s'adresse à Einstein.)* Je vais vous apprendre une chose, monsieur Nein... Neinstein... vous n'êtes pas rouge. Non ! Z'êtes pas rouge. Je leur dirai... là-haut... à...

Le vagabond intervient pour l'empêcher de gaffer.

LE VAGABOND. Bon allez, le docteur Einstein n'a pas le temps de bavasser avec vous.

O'NEILL. C'est un as...

Einstein murmure entre ses dents.

EINSTEIN. Qu'il se taise, par pitié.

Énergique, le vagabond entraîne O'Neill.

LE VAGABOND. Je vais vous raccompagner à votre voiture, d'accord ?

O'NEILL. D'accord. *(D'une voix suppliante.)* Croyez que je peux lui dire...

LE VAGABOND. Non !

O'NEILL. Si, j'ai besoin…

LE VAGABOND. Quoi ?

O'NEILL. De le remercier.

LE VAGABOND. Le remercier ?

Soutenu par le vagabond, O'Neill s'arrête devant Einstein et, chancelant, articule avec peine :

O'NEILL. Merci, monsieur Einstein : merci pour la bombe !

Tête effrayée du vagabond. Einstein sursaute aux mots prononcés par le soulard.

EINSTEIN. Pardon ? Qu'avez-vous dit ?

O'NEILL. La bombe ! Merci pour la bombe ! C'est grâce à vous !

EINSTEIN. Quoi ? Mais comment…

Le vagabond est si désireux d'interrompre cette altercation qu'il lâche O'Neill, saisit la bouteille de whisky et la lui tend.

LE VAGABOND. Tiens, mon vieux, bois un coup avant de reprendre la route.

O'Neill est tenté, les yeux étincelants.

O'NEILL. Pas trop ?

LE VAGABOND. Mais non ! Un jour pareil ! À Hiroshima !

O'NEILL. À Hiroshima !

O'Neill boit, avalant goulûment le contenu de la bouteille. Quand il achève, le vagabond crie :

LE VAGABOND. Youpi !

L'œil vague, la bouche molle, l'air abruti, O'Neill tombe à terre.

Le vagabond se penche pour vérifier qu'il est inconscient.

LE VAGABOND. Coma éthylique, parfait ! *(Se justifiant auprès d'Einstein.)* Je ne pouvais pas le laisser conduire sa voiture dans cet état.

EINSTEIN. Qui est-ce ?

LE VAGABOND. Un Américain moyen.

EINSTEIN. Ça, je l'avais bien saisi, merci. Son métier ?

LE VAGABOND. Représentant de commerce – ils le sont tous.

EINSTEIN. Représentant de commerce ? Il tiendrait mieux l'alcool… Où veut-il en venir avec son « Merci monsieur Einstein pour la bombe » ? J'ai eu l'impression qu'il croyait que j'avais fabriqué la bombe atomique.

LE VAGABOND. Ah oui ?

EINSTEIN. Oui. C'est crétin !

LE VAGABOND. C'est crétin, donc ça n'a pas d'importance.

EINSTEIN *(remonté)*. Ce qui est crétin a beaucoup d'importance car la crétinerie recèle de fortes chances d'être crue, répétée, jusqu'à devenir banale et passer pour une vérité. Plus facile de désintégrer un atome qu'un préjugé.

LE VAGABOND. Possible qu'il suppose... que... c'est grâce à vos travaux... que...

EINSTEIN. Que quoi ?

LE VAGABOND. Qu'on a pu créer la bombe nucléaire.

Un temps. Einstein contemple le vagabond.

EINSTEIN. Et vous choisissez aujourd'hui pour me dire ça ? *(Einstein se presse la tête entre les mains.)* Insensé !

LE VAGABOND. Monsieur Einstein... vous y êtes pour quelque chose ?

Einstein pousse un hurlement de bête traquée :

EINSTEIN. Non ! Je me reproche une chose, d'avoir écrit à Roosevelt... car j'ai appris récemment que les Allemands n'étaient pas autant avancés que je le croyais. *(Tempêtant.)* Si j'avais su que les nazis échouaient à fabriquer la bombe atomique, je n'aurais pas levé le petit doigt. J'ignorais qu'Hitler avait découragé les scientifiques en condamnant la recherche nucléaire, cette invention juive basée sur une théorie juive !

LE VAGABOND. Votre théorie ?

Traqué, Einstein se reprend, hésite, bafouille.

EINSTEIN. Non… *(Avec violence.)* Je n'ai ni inventé, ni inspiré la bombe atomique. Mes équations ne visaient pas l'apocalypse. Mes investigations restaient théoriques, purement théoriques, des travaux de physique fondamentale. Je spéculais de façon…

Il s'assoit, essoufflé, et avoue, baissant la garde :

EINSTEIN. Un Français, Becquerel, a découvert la radioactivité en 1896, mais c'est moi qui, dans la théorie de la relativité, ai établi que la masse et l'énergie représentent deux aspects de la même réalité. Oui, j'ai eu une intuition, celle qu'il y avait de l'énergie tapie dans la matière. Cela a posé les bases de la physique nucléaire. À partir de là, tout le monde a deviné la suite. Dès 1939, chacun s'est convaincu de la possibilité d'une réaction en chaîne : l'énergie libérée par fission produirait de nouveaux neutrons qui relanceraient le processus. *(Au vagabond.)* La science n'a plus d'auteur, aujourd'hui, pas davantage que de nationalité. Elle avance seule, elle se sert de nous, elle nous utilise comme des marionnettes pour formuler les équations.

LE VAGABOND. Si, le soir où vous avez conçu votre théorie, quelqu'un vous avait annoncé la bombe d'Hiroshima, vous seriez-vous abstenu ?

Einstein, bouleversé, fixe le vagabond et réfléchit.

EINSTEIN. Quelle question !

LE VAGABOND. Quelle réponse…

EINSTEIN. Franchement, si c'était à refaire…

LE VAGABOND (*saisissant la balle au bond*). Oui, si c'était à refaire ?…

EINSTEIN. Je serais plombier !

LE VAGABOND. Vous plaisantez ?

EINSTEIN. Être ou ne pas être Einstein… (*Un temps.*) Si c'était à refaire, j'agirais identiquement.

À ce moment-là, le corps allongé de O'Neill tressaute et lance :

O'NEILL. Youpi !

Sans y prêter plus d'attention, le vagabond lui donne une légère claque pour lui imposer le silence.
Einstein s'enferme la tête dans les mains.
Comme un écho du vent, on perçoit une explosion, des clameurs, des cavalcades, des sanglots d'enfants. Est-ce dans l'air du soir ou dans la tête des deux hommes ?
On ne doit pas le savoir.
Quand Einstein relève la tête, il pleure…

EINSTEIN. Je n'ai rien fait mais je ne pourrai pas me pardonner.

LE VAGABOND. Est-ce que Dieu avait le choix en créant le monde ?

7

Sous un soleil timide, le vagabond et O'Neill se rejoignent au bord de l'eau.

La bonhomie habituelle du vagabond est affectée de désarroi. Pâle, sur ses gardes, il est rongé par le souci.

O'NEILL. Maintenant, c'est certain, les Russes ont la bombe atomique. Ils l'ont fait exploser dans le désert, pour nous narguer.

LE VAGABOND. J'ai lu ça.

O'NEILL. Les cafards se sont infiltrés partout en Amérique, nous en avons la certitude. Comment croyez-vous que les bolcheviques ont fabriqué la bombe ? En nous volant les plans !

LE VAGABOND. Est-ce possible ?

O'NEILL. On peut multiplier les précautions, ajouter des gardiens, monter des murs, sécuriser les enceintes, rien n'empêchera un physicien de communiquer des formules et des équations. Et puis, il y a les femmes…

LE VAGABOND. Pardon ?

O'NEILL. Les services secrets russes n'hésitent pas à envoyer de belles femmes pour séduire les hommes importants puis recueillir leurs confidences. Ils en ont toujours fourni au docteur Einstein qui, paraît-il, n'a pas seulement la tête dans les étoiles mais souvent sur l'oreiller.

LE VAGABOND. Merde ! On a tout faux, vous et moi : faut être espionné, pas espion. *(Se ressaisissant.)* Vous voulez me faire croire qu'il leur gazouille des équations à l'oreille ! Vous l'accusez de traîtrise !

O'NEILL. Facile d'arriver à la traîtrise, il suffit d'avoir de bons sentiments. Prenez votre Einstein par exemple : il pestait tant après les explosions d'Hiroshima et de Nagasaki qu'il a crié qu'on devait retirer la bombe aux États-Unis et la confier à une force supranationale, un machin genre Nations unies. En 1946, il a constitué son Comité d'urgence des scientifiques atomistes, un groupe de pacifistes antinucléaires où se trouvent les chercheurs du Projet Manhattan, ceux qui ont travaillé à la construction de la bombe. Chaque fois qu'il le peut, il secoue l'opinion, il exige soit le transfert des armements, soit le désarmement total. Quand on s'agite comme ça, il n'y a qu'un pas pour confier un secret de fabrication aux Soviétiques.

LE VAGABOND. Vous parlez en l'air ou vous avez des preuves ?

O'NEILL. Nous avons des pistes. Einstein subit désormais une surveillance maximale. Tout est étudié, son courrier, sa poubelle, ses coups de fil, ses visiteurs. Nous ne laissons plus un détail de côté. Dès que nous nous sentirons prêts…

Le vagabond baisse la tête.

LE VAGABOND. Lynchage ?

O'NEILL. Procès, prison, expulsion, nous verrons. Un lynchage raffiné pour prix Nobel.

LE VAGABOND. On lynche beaucoup, ces derniers temps.

O'NEILL. Vous parlez des Nègres ? Mêlez-vous de ce qui vous regarde.

LE VAGABOND *(marmonnant)*. J'avais l'impression que ça me regardait, même si j'ai la peau blanche.

O'Neill le lorgne avec mépris, d'une façon censée lui imposer le silence.

O'NEILL *(cherchant Einstein autour de lui)*. Pas à l'heure, comme d'habitude.

LE VAGABOND. Le retard est le privilège des petites femmes et des grands hommes. *(Cédant soudain à la colère.)* J'en ai ma claque ! Vous me pourrissez la vie !

O'NEILL. Ah oui ? Au moins, nous vous laissons la poursuivre, votre vie de vagabond. Imaginez que nous rouvrions votre dossier…

LE VAGABOND. Je ne suis coupable de rien.

O'NEILL. Tout le monde est coupable.

LE VAGABOND. Non !

O'NEILL. Et certains davantage.

LE VAGABOND. Assez !

O'NEILL. Nous pourrions par exemple nous souvenir de vos attitudes répréhensibles : les violations de propriétés privées…

LE VAGABOND. Oh, pour dormir…

O'NEILL. … les attentats à la pudeur…

LE VAGABOND. Je me lavais dans une rivière…

O'NEILL. … et les diverses taxes non réglées…

LE VAGABOND. S'il faut payer des impôts sur les aumônes, maintenant ! Vous, vous auriez foutu Jésus et les douze apôtres en prison pour fraude fiscale…

O'NEILL. Assez ! Voici votre cible. Recueillez les informations qui m'intéressent. Sinon…

    Il part.
    Einstein, un peu moins vif que d'ordinaire, le teint pâle et les traits tirés, rejoint le vagabond.

EINSTEIN. Mon ami, j'ai une très bonne nouvelle !

LE VAGABOND. La bombe russe ?

Einstein marque un temps de surprise.

EINSTEIN. Quoi, la bombe russe ?

LE VAGABOND *(alarmé)*. Ne me dites pas que vous sautez au plafond à cause de la bombe russe ! Non, s'il vous plaît, ne m'annoncez pas ça.

EINSTEIN *(grimaçant)*. La bombe russe…

LE VAGABOND *(catastrophé)*. Vous m'aviez raconté que vous vous opposiez à ce que la bombe reste américaine.

EINSTEIN *(avec hauteur)*. La bombe américaine… Sans les scientifiques européens, les Américains n'auraient pas réussi un pétard !

LE VAGABOND. Vous applaudissez donc la bombe russe !

EINSTEIN. Cessez d'utiliser cette expression ridicule. La bombe n'est pas plus russe qu'américaine. D'ailleurs, si, par abus, on devait lui attribuer une nationalité, on l'appellerait la bombe française car les savants dont les travaux ont inventé la bombe, ce sont MM. Joliot-Curie, Halban et Kowarski dans les laboratoires du Collège de France à Paris. Parfaitement ! Ils en ont déposé le brevet en 1939. Pourtant, après les massacres d'Hiroshima et de Nagasaki, les Français n'ont pas réclamé de droits d'auteur.

LE VAGABOND *(toujours inquiet)*. Vous êtes content ?

EINSTEIN *(avec aigreur)*. Je fulmine de joie !

LE VAGABOND. Pourquoi ?

Einstein a soudain un haut-le-cœur et cherche un appui. Le vagabond se précipite vers lui pour le soutenir.

EINSTEIN. Oh... Excusez-moi... Vous n'auriez pas un peu d'eau ? Si je ne prends pas ce médicament...

LE VAGABOND. Ça s'avale avec de la bière, votre pilule ?

EINSTEIN. Oui.

Il ingurgite le remède et la bière, soupire, se détend.

LE VAGABOND. Des problèmes de digestion ? Connais ça. Moi aussi j'ai une riche vie intérieure.

Ils se sourient.

LE VAGABOND. Alors ? Qu'est-ce qui vous réjouit donc ?

EINSTEIN (*avec un sourire ambigu*). Bientôt, il n'y aura plus de guerres.

Le vagabond, ne saisissant pas l'ironie, reçoit la phrase au premier degré.

LE VAGABOND. Merveilleux. Et quand ?

EINSTEIN. Après la Quatrième Guerre mondiale.

LE VAGABOND. Pourquoi ?

EINSTEIN. Parce qu'il n'y aura plus d'hommes. Grâce à la bombe H.

LE VAGABOND. Qu'est-ce que ça veut dire, bombe H ?

EINSTEIN. Ça veut dire que, une fois qu'elle aura explosé, personne ne subsistera pour enterrer les morts. Les bombes A, les bombes atomiques lancées sur Hiroshima et Nagasaki, ne représentaient qu'un pet de nonne à côté de la bombe H, la bombe à hydrogène.

LE VAGABOND. Mon Dieu…

EINSTEIN. Votre Dieu ? On se demande où il est passé, celui-là, sûr qu'il ne fréquente pas beaucoup les laboratoires. *(Un temps.)* Dorénavant, les humains ont les moyens de se détruire et d'anéantir toute vie.

Le vagabond se dresse sur ses jambes et aborde Einstein avec véhémence, comme il ne l'a jamais osé.

LE VAGABOND. Vous n'avez pas honte !

EINSTEIN. Pardon ?

LE VAGABOND. Vous n'avez pas honte d'être un savant ? d'armer le bras des brutes ? de rendre les assassins plus efficaces ? Se taper sur la gueule, les hommes l'ont toujours fait, mais maintenant, avec votre aide, on change d'échelle. Merci, Monseigneur. On tue le maximum de gens en un minimum de temps. On massacre style cinq étoiles, ça glisse comme du petit-lait. Ah, quel progrès !

EINSTEIN. Allons, vous exagérez ! Il…

LE VAGABOND. Putain de progrès ! Moi qui pensais que la science incarnait le sommet de la civilisation… Oui, grâce à elle, l'humanité avance, mais en barbarie. Désolé, monsieur Einstein, ce que vous incarnez – l'instruction, la connaissance –, nous a fait prendre une fausse route. L'aboutissement de tant de culture, ça devient les guerres mondiales, des camps de concentration, des bombes A, des bombes H, l'apocalypse ! Vous n'avez fabriqué que de la mort !

EINSTEIN. Mais…

LE VAGABOND. Je panique !

Il se lève, ramasse ses sacs et s'en va.

EINSTEIN. Attendez. Écoutez-moi.

LE VAGABOND. Non. J'ai les foies, la chair de poule, des sueurs froides, les boyaux qui tricotent et les castagnettes qui s'emballent. La planète sent le sapin. L'espoir s'est fait la malle. On va à la culbute. J'ai peur d'aujourd'hui. Je me méfie de demain. Je crains qu'il n'y ait plus d'après-demain. Je flippe quand je croise une brute. Je balise quand je rencontre un génie. Et du génie ou de la brute, je ne sais pas duquel je dois le plus me méfier.

Il s'enfuit, laissant Einstein déconcerté.
Le vieil homme veut rattraper le vagabond mais, au moment où il se soulève, il rugit de souffrance et s'effondre au sol.

Quelques secondes plus tard, le vagabond revient sur ses pas parce qu'il a vu son ami tomber.

LE VAGABOND. Monsieur Einstein… monsieur Einstein…

O'Neill entre à son tour, embarrassé, et observe la scène. Lorsqu'il l'aperçoit, le vagabond l'apostrophe.

LE VAGABOND. Ne vous plantez pas là, face de rat ! Appelez un médecin, vite !

O'Neill s'approche et constate qu'Einstein va mal.

O'NEILL. Parlez-lui. Empêchez-le de tourner de l'œil. Je file chercher du secours.

O'Neill repart en courant.
Le vagabond, tenant le savant dans ses bras, donne de petites claques à Einstein qui finit par reprendre conscience.

LE VAGABOND. Ah, voilà… Docteur Einstein… Restez avec moi. On est allé chercher un médecin et une ambulance. Ttt… ttt… restez avec moi. *(Cherchant un sujet de conversation pour retenir l'attention d'Einstein)* Dites, j'ai besoin de savoir : est-ce que vous aimez l'Amérique ?

Einstein, très doux, répond de façon enfantine.

EINSTEIN. Bien sûr.

LE VAGABOND. Pourquoi ?

EINSTEIN. Parce que j'ai un ami en Amérique.

LE VAGABOND. Ah oui ? À quoi ressemble-t-il ?

EINSTEIN. Une barbe à papa géante avec une tête de Sioux.

Ils se regardent avec tendresse.

LE VAGABOND. Qu'est-ce que vous appréciez en moi, à part mon physique éblouissant ?

EINSTEIN. Il est parfois dur d'aimer les hommes. Avec vous, c'est facile.

LE VAGABOND. Pourquoi ?

EINSTEIN. Comme nous ne sommes d'accord sur rien, nous avons toujours plein de choses à nous dire. *(Ils rient.)* Les humains se passionnent pour des objectifs dérisoires, richesse, pouvoir, luxe, gloire. Pas vous.

LE VAGABOND. Je suis libre.

EINSTEIN. Pas du tout. Vous vous êtes enfermé dans vos souvenirs en consacrant votre existence au fils disparu. Pour le célébrer vous vivez loin des autres, loin de la société, loin des normes, loin de tout ce que vous avez connu avant. Un deuil monumental et spectaculaire. Vous me bouleversez. Par comparaison, je me sens misérable.

LE VAGABOND. Arrêtez ! Vous êtes admirable.

EINSTEIN. Admirable, moi ? Ça reste relatif. L'immense savant cache un père minuscule et un mari infinitésimal. J'ai trompé leur confiance, j'ai… (*Durement.*) Deux enfants génétiquement malades, l'une morte, l'autre à l'asile. Puis un fils brillant, Hans-Albert, qui enseigne l'ingénierie hydraulique à Berkeley, que je fréquente encore moins que mes collègues. J'ai peur d'avoir plus de cerveau que de cœur.

LE VAGABOND. Non, vous aimez l'humanité.

EINSTEIN. Je la rêve… Est-ce que je l'aime ? (*Un temps.*) J'aime tout le monde mais ai-je jamais aimé précisément quelqu'un ?

Il se met soudain à frissonner en claquant des dents.

LE VAGABOND. Que se passe-t-il ?

EINSTEIN. Je ne vais pas bien, mon ami. Il y a toujours eu beaucoup de chiffres dans mon cerveau mais maintenant, il y en a encore plus : le nombre de mes victimes. Des centaines de milliers. Demain des millions. Après-demain des milliards. Et ces chiffres diffèrent des autres, ils sentent le cadavre, la décomposition, le déchet humain. Vous le percevez ? C'est le souffle d'Hiroshima… Chaque nuit, il traverse le Pacifique. Des mégatonnes d'énergie, les vents qui suivent la dépression, l'air brûlant… Le souffle d'Hiroshima parcourt la terre. Il arrive jusqu'à moi, il me frôle l'épaule, il me réveille et je vois le néant. Des manteaux de suie couvrent le ciel.

À cet instant, Einstein a de nouveau un malaise et perd conscience. Le vagabond s'angoisse.

LE VAGABOND. Docteur Einstein ! Docteur Einstein…
Au secours ! Quelqu'un ! Vite !

8

Dans un crépuscule où pointe une pleine lune, le vagabond et O'Neill se font face.

O'Neill, en manteau, gants, écharpe, se tient sur le départ. Le vagabond, lui, enfouit son émotion sous de la véhémence.

LE VAGABOND. Mais je vous dis qu'il va me rejoindre !

O'NEILL. Il ne viendra pas.

LE VAGABOND. Il me l'a promis. Le prochain dimanche de pleine lune ! Il ne m'a jamais posé de lapin.

O'NEILL. N'y songez plus. Il ne se déplace pas, il ne sort plus de chez lui. Il est trop mal en point.

LE VAGABOND. Je ne vous crois pas !

Quoique au courant de l'extrême faiblesse d'Einstein, le vagabond la nie.

D'un geste raide, O'Neill lui tend une carte de visite.

O'NEILL. Si vous apprenez un détail, vous pourrez me joindre à ce numéro-là.

Le vagabond refuse la carte.

LE VAGABOND. Il a un rhume et vous, vous l'enterrez !

O'NEILL. Même si je retardais mon départ, il ne guérirait pas.

Le vagabond se mord les lèvres de chagrin. O'Neill poursuit, le front plissé :

O'NEILL. Je pensais qu'Hoover lancerait les hostilités contre lui, organiserait une campagne de dénigrement, l'expulserait des États-Unis. Souvent, nous en avons parlé, à l'Agence… mais Hoover n'a pas osé. On ferme le dossier Einstein. Mon travail n'a servi à rien. *(Insistant.)* Prenez ma carte.

Le vagabond hésite puis saisit la carte.
Comme s'il opérait un échange, il sort une bouteille de son manteau.

LE VAGABOND. Tenez. Un petit cadeau d'adieu.

O'NEILL. Pour moi ? Du bourbon ? C'est… c'est gentil. Je suis surpris. Merci.

Il s'éloigne de quelques pas et confesse ce qui le préoccupe.

O'NEILL. Je n'ai rien compris à ce boche.

LE VAGABOND. Normal, vous ne pouvez pas entraver quelque chose de nouveau puisque vous détenez les réponses avant même de vous poser les questions.

O'NEILL. Pas vous ?

LE VAGABOND. Moi, j'ai les questions sans les réponses.

O'NEILL. Et lui ?

LE VAGABOND. Il se pose des questions que personne ne s'est jamais posées et, parfois, il y trouve des réponses – voilà ce qui distingue un génie de deux bouseux comme nous.

O'NEILL. Je ne comprends toujours pas.

LE VAGABOND. Einstein représente l'idéaliste, vous l'idéologue et moi le réaliste.

O'NEILL. Qui gagne ?

LE VAGABOND. Sûrement pas le réaliste puisque je reste une merde sur un tas de fumier.

O'NEILL *(poursuivant sa pensée)*. Selon moi, Einstein bénéficiait d'une protection.

LE VAGABOND. De qui ?

O'NEILL. De sa notoriété. Parce qu'il est mondialement connu, on l'a laissé déblatérer contre la guerre, défendre les Juifs, les Noirs, les communistes.

LE VAGABOND. Faux. Vous savez très bien que votre dossier était vide.

Le vagabond s'écarte.
O'Neill range la bouteille dans sa poche.

O'NEILL. Et merci pour le bourbon. Ça me fera…
un souvenir.

LE VAGABOND *(grommelant pour lui-même)*. Tu
parles, j'ai pissé dedans.

O'Neill disparaît.
Le vagabond se tourne vers l'endroit où l'espion est
parti et l'invective dans le vide :

LE VAGABOND. Et c'est tout ce que ça vous fait ?
Vous surveillez un génie pendant des années, et vous
restez plus bas de plafond, vous repartez même plus
creux qu'à l'arrivée. Vous êtes con comme un balai !
Manche à couilles !

La porte claque. La voiture de O'Neill démarre.

LE VAGABOND. Quand on songe qu'Einstein se bat
pour des gens pareils ! Pour assurer la paix à des
nuisibles, des Hoover, des O'Neill, des McCarthy !
Il a tout faux, Einstein, il a tout faux. La bombe,
faut la placer à la maternité, sous le berceau des crétins !

Dans son dos, sans que le vagabond s'en rende compte,
Einstein s'approche, affaibli, s'aidant d'une canne.

EINSTEIN. Eh bien quoi, vous engueulez les poissons ?

Le vagabond manque défaillir de joie.

LE VAGABOND. Vous ! C'est vous ?

EINSTEIN. Vous n'allez pas encore me prendre pour un clochard qui ressemble à Neinstein !

LE VAGABOND. Oh, vous me soulagez… On m'avait dit… que vous n'alliez pas bien.

EINSTEIN. Qui est « on » ?

LE VAGABOND. Des gens, en ville.

EINSTEIN. Félicitez « on ». « On » avait raison : j'ai eu de meilleurs moments.

Le vagabond se précipite pour l'aider à s'asseoir.

LE VAGABOND. Vous avez pu conduire jusqu'ici ?

EINSTEIN. Helen Dukas, mon assistante, m'attend dans la voiture.

LE VAGABOND. Vous êtes venu… pour moi ?

EINSTEIN. J'avais juré que nous nous retrouverions à la prochaine pleine lune. Vous les réussissiez si bien, les pleines lunes. Comment s'annonce-t-elle, ce soir ?

Ils s'assoient côte à côte.
Einstein lève la tête en remontant un plaid de laine sur lui.

EINSTEIN. Contemplons !

LE VAGABOND. Parce qu'il est impossible de prévoir toutes les conséquences de ses actes, le sage se limite à la stricte contemplation.

EINSTEIN *(appréciant la formule)*. Oh, oh...

LE VAGABOND. Je disais ça à ma femme quand je voulais ne rien foutre à la maison.

EINSTEIN. Dommage : vous me l'apprenez trop tard pour que je puisse m'en servir. *(Examinant la lune.)* Oh, vous vous êtes surpassé ! Somptueux ! Ça frôle le chef-d'œuvre. Ça représente au moins une lune à quinze dollars.

LE VAGABOND. Oh non, laissez-moi vous l'offrir.

Einstein sort une importante liasse de billets et la glisse dans la poche du vagabond.

EINSTEIN. Si, si, j'insiste. Vous en aurez plus l'usage que moi.

Comprenant qu'il s'agit d'un cadeau d'adieu, le vagabond a la gorge si serrée qu'il ne parvient ni à répondre ni à remercier.

EINSTEIN. Quand vous scrutez le ciel, voyez-vous des frontières ? Lorsque vous contemplez les étoiles, considérez-vous que cela a un sens, les passeports, les visas, les postes de douane et les couleurs de peau ?

Le vagabond secoue la tête.

LE VAGABOND. Au fond, c'est vous le vagabond, le sans racines, l'apatride, étranger partout, étranger nulle part, humain. Et vous ne déambulez pas seulement sur terre mais dans le ciel, familier des étoiles, pèlerin de l'infini, champion du relatif. Moi, par rapport à vous, je fais bourgeois, installé, croûton !

Ils rient, frivoles.

LE VAGABOND. Pourquoi moi, monsieur Einstein ?

EINSTEIN. Parce que c'est vous.

LE VAGABOND. Je n'ai pourtant pas inventé la marche arrière.

EINSTEIN (*frissonnant*). Je ne sais pas si ce que j'ai inventé, directement ou indirectement, me rend plus fréquentable… (*Se penchant.*) Vous avez le cœur bon. Je vous sais incapable d'une trahison.

LE VAGABOND. Moi ?

EINSTEIN. Je me doute bien que les agents du FBI ont dû vous tourmenter parfois… D'ailleurs, pour cet inconvénient, pardonnez-moi.

Le vagabond, ému, a envie d'embrasser Einstein mais se retient.

EINSTEIN. Hoover, Truman, McCarthy… Nous ne pouvons pas plus nous entendre qu'une alouette avec un requin : ils font passer leur politique pour une morale alors que moi je tente de trouver la politique de ma morale.

LE VAGABOND. Comment allez-vous ?

EINSTEIN. Dans ma vie, j'ai connu trois grandes humiliations, la maladie, la vieillesse et l'ignorance. Par bonheur, quelque chose va venir à bout des trois.

LE VAGABOND. Quoi donc ?

EINSTEIN. La mort. *(Einstein a prononcé ce mot sans appréhension, comme un homme qui accepte son sort.)* Elle s'approche comme une ancienne dette, que je vais enfin me résoudre à payer...

Le vagabond se racle la gorge et change de sujet.

LE VAGABOND. Vous rappelez-vous qu'un jour, il y a plusieurs années, je m'étais mis en colère quand j'avais peur que vous, les savants, vous conceviez des armes trop puissantes ? Eh bien, j'ai changé d'avis. La frousse nous protège. Un affrontement nucléaire produirait une telle bouillie que les dirigeants seront obligés de négocier avant. On va avoir la paix car tout le monde chie dans son froc.

EINSTEIN. La paix, voilà le nom que vous donnez à cette terreur ?

LE VAGABOND. La paix atomique !

EINSTEIN. J'ai voulu faire cette guerre pour nous débarrasser de la guerre, et voici le résultat : une paix qu'on appelle la guerre froide ! La paix perpétuelle au moyen de l'angoisse perpétuelle !

LE VAGABOND. On ne réformera pas les hommes, monsieur Einstein : ils ont besoin de serrer les fesses pour réfléchir. Sans un ennemi ou un danger, ils ne s'unissent pas. Vous, vous croyez à l'humanisme fondé sur la bonne volonté ; moi, je ne crois qu'à la solidarité fondée sur la trouille.

EINSTEIN. Pas d'accord. Avec les siècles, nous avons domestiqué beaucoup de nos basses inclinations en devenant plus tolérants, plus rationnels, plus raffinés. L'homme ne se réduit pas à une création de la nature : il est aussi une invention de lui-même. Nous pouvons nous épurer. Je rêve qu'un jour l'humanité se débarrasse de la violence et de la peur.

LE VAGABOND. J'accepte les gens tels qu'ils existent. Vous, vous voulez les changer.

EINSTEIN. Exact. Le problème d'aujourd'hui, ce n'est plus l'énergie atomique, c'est le cœur des hommes. Il faut désarmer les esprits avant de désarmer les militaires.

Einstein sort un crayon et se met à le tailler.

EINSTEIN. Tiens, toute ma vie, ça.

LE VAGABOND. Quoi ?

EINSTEIN. Les pelures... Un crayon bien taillé en donne 175. Voici l'exact résumé de mon existence : à raison de 3 crayons par jour, je fabrique quotidiennement 525 copeaux, soit 3 675 par semaine, autant dire 191 100 par an. Vous imaginez ? Depuis mon entrée à l'Université à l'âge de 18 ans, j'ai donc usé 63 510 crayons, fourni plus de 11 millions de pelures, sans compter les craies, les plumes et les encriers que j'ai achevés. Ajoutez trente pages par jour, soit 635 000 déjà, un buvard toutes les cinquante pages, soit 12 700, une gomme par mois, soit 3 016, je suis un des plus grands producteurs de déchets sur cette planète.

LE VAGABOND. Ce n'est pas ce qu'on retiendra de vous.

EINSTEIN. Oui, toutes ces pelures se résumeront en une petite formule : $E = mc^2$. *(Un bref temps.)* Quelle farce ! On ne veut que le bien et on fait le mal, immanquablement. Ma vie durant, je me suis consacré à la vérité, j'ai élaboré des théories humanistes, j'ai imaginé des plans justes et généreux, or le destin, avec une insistance cruelle, en multiplie les conséquences néfastes. Impossible de rater le pire tandis que le meilleur recule à mesure que j'avance tel l'arc-en-ciel dans l'azur. Dieu volontairement et le Diable malgré moi, voilà la formule de mon existence.

LE VAGABOND. Je vous interdis de vous flageller.

EINSTEIN. Je suis une tragédie, la tragédie des bonnes intentions. Enfin, ce qui me rassure, c'est que je vais rejoindre ça… les miettes, les poussières, la cendre. Quel soulagement…

LE VAGABOND. Arrêtez !

EINSTEIN. Pourquoi se cabrer contre l'inéluctable ? Il y a deux sortes de mourants, les révoltés et les consentants, ceux qui poussent un dernier cri, ceux qui poussent un ultime soupir. Moi, je pousserai un ultime soupir… *(Un temps.)* Vous allez me manquer.

LE VAGABOND. Vous aussi.

EINSTEIN. Merveilleux, n'est-ce pas ?

LE VAGABOND. Horrible !

EINSTEIN. Pas du tout, ce manque couronnera notre amitié. *(Un temps.)* Après le départ d'un proche, il ne faut pas pleurer de chagrin mais de joie. Plutôt que regretter ce qui n'est plus, on doit se réjouir de ce qui a été.

Une voix de femme retentit au loin.

LA VOIX D'HELEN DUKAS. Docteur Einstein !

EINSTEIN *(à pleine voix)*. Oui ! *(Au vagabond.)* Allons bon, il faut que je me dépêche… Voyons, quelle heure est-il ?

LE VAGABOND. Prenez votre temps. Je préfère que vous soyez encore plus en retard dans l'autre monde que dans celui-ci.

Ils se contemplent.

EINSTEIN. Je dois rentrer, j'ai plusieurs lettres à rédiger, et je veux signer l'appel à la Paix qu'a élaboré Bertrand Russel, un Anglais.

LE VAGABOND. Quoi, vous allez travailler ?

EINSTEIN. La vie ressemble au vélo, il faut continuer à avancer si l'on ne veut pas perdre l'équilibre.

LE VAGABOND. Vous pourriez vous reposer, enfin.

EINSTEIN. Je vais vous livrer une confidence, mon ami : j'ai été très heureux. Oui, je ne sais pas comment j'y suis arrivé en menant tant de batailles intellectuelles, en recevant tant d'insultes, en traversant deux guerres mondiales et deux mariages, mais c'est un fait, une réalité ravissante, étrange : j'ai été insolemment heureux.

Einstein s'écarte lentement, à regret.

EINSTEIN. Adieu.

LE VAGABOND. Je vais beaucoup souffrir, docteur Einstein, quand vous ne serez plus là.

EINSTEIN. Je serai là.

LE VAGABOND. Pardon ?

EINSTEIN. Regardez le ciel. Je serai là.

LE VAGABOND. Où ?

EINSTEIN. Dans le vide. Entre les étoiles. Tout le vide ce sera moi. Je vous ferai signe comme ça.

La voix insiste au lointain.

LA VOIX D'HELEN DUKAS. Docteur Einstein ! Docteur Einstein !

EINSTEIN. J'arrive. *(Il se tourne vers le vagabond.)* La vie, en apparence, n'a aucun sens. Et pourtant il est impossible qu'il n'y en ait pas un. *(Désignant le ciel.)* À plus tard…

Ils se font un signe d'adieu puis Einstein sort.
Le vagabond se rassoit et regarde le ciel.
Tout d'un coup, les étoiles disparaissent.

LE VAGABOND. Quoi ? Docteur ? Docteur ! Docteur Einstein…

Il n'y a plus que le vide sidéral au-dessus du vagabond. Einstein vient de mourir.
Tel un souvenir, le chant d'un violon s'élève, sublime, emplissant l'espace.
Les larmes aux yeux, le vagabond regarde le désert céleste mais s'efforce, cependant, de lui sourire.

La Trahison d'Einstein a été créée au Théâtre Rive-Gauche le 30 janvier 2014. Mise en scène de Steve Suissa, décors de Stéphanie Jarre, lumières Jacques Rouveyrollis, costumes Pascale Bordet, avec Francis Huster (Einstein), Jean-Claude Dreyfus (Le Vagabond) et Dan Herzberg (O'Neill).

Table

Oscar et la dame rose, 2002.
L'Enfant de Noé, 2004.
Le sumo qui ne pouvait pas grossir, 2009.
Les dix enfants que madame Ming n'a jamais eus, 2012.

Le bruit qui pense

Ma vie avec Mozart, 2005.
Quand je pense que Beethoven est mort alors que tant de crétins vivent, 2010.
Le Carnaval des animaux, 2014.

Essai

Diderot ou la philosophie de la séduction, 1997.

Théâtre

La Nuit de Valognes, 1991.
Le Visiteur (Molière du meilleur auteur), 1993.
Golden Joe, 1995.
Variations énigmatiques, 1996.
Le Libertin, 1997.
Frédérick ou le boulevard du Crime, 1998.
Hôtel des deux mondes, 1999.
Petits crimes conjugaux, 2003.
Mes évangiles (La Nuit des Oliviers, L'Évangile selon Pilate), 2004.
La Tectonique des sentiments, 2008.
Un homme trop facile, 2013.
The Guitrys, 2013.
La Trahison d'Einstein, 2014.

Au Livre de Poche :

*Le Grand prix du Théâtre de l'Académie française 2001
a été décerné à Eric-Emmanuel Schmitt
pour l'ensemble de son œuvre.*
Site Internet : eric-emmanuel-schmitt.com

Le Livre de Poche s'engage pour
l'environnement en réduisant
l'empreinte carbone de ses livres.
Celle de cet exemplaire est de :
500 g éq. CO_2
Rendez-vous sur
www.livredepoche-durable.fr

PAPIER À BASE DE
FIBRES CERTIFIÉES

Composition réalisée par Nord Compo

Imprimé en France par CPI
en août 2016
N° d'impression : 3019001
Dépôt légal 1ʳᵉ publication : septembre 2016
LIBRAIRIE GÉNÉRALE FRANÇAISE
21, rue du Montparnasse - 75298 Paris Cedex 06

72/6646/6